Inhalt

Vorwort: mit neuen Erkenntnissen

Lieber Leser,

unser Buch GEHIRN-JOGGING fand schon kurz nach dem Erscheinen 1984 großes Interesse bei den Lesern, in der Fach- und Tagespresse, sowie in Rundfunk- und Fernsehsendungen.
Anrufe, Zuschriften und Einladungen zu Vorträgen bestätigten den Autoren und dem Verlag den geleisteten Beitrag zur "Entdeckung" des Gehirns als trainierbarem Organ. Damit verbunden sind auch Erkenntnisse für erfolgreiche Therapien, zur Behebung von Lernschwäche und nicht zuletzt für die Schulung einer positiven Lebenseinstellung.

GEHIRN-JOGGING wird inzwischen betrieben:

- von unseren Lesern, die sich geistig fit halten wollen. (Übrigens - die Aufgaben können mehrfach genutzt werden, wenn Sie beim "Joggen" ein Blatt Transparentpapier über die Übungen decken.)
- von Patienten auf Empfehlung der Ärzte
- in Jugenddörfern zum erfolgreichen Abbau von Lernstörungen
- in Volkshochschulen und Begegnungszentren
- in Rehabilitationskliniken zur schnellen Genesung
- von Seniorenkreisen, um dem Abbau geistiger Leistungsfähigkeit vorzubeugen.

Die Forschung wurde inzwischen weiter vorangetrieben. Es gibt neue, von Experten sogar als sensationell bezeichnete Erkenntnisse über das Gehirn. So weiß man jetzt, daß die Nervenzellen mit zunehmendem Alter nicht zwangsläufig absterben. Auch mit Ernährung und Bewegung kann man die geistige Leistungsfähigkeit fördern. Diese Erkenntnisse der Wissenschaft wurden in diese Neuauflage eingearbeitet.

Das Autoren-Team und der Verlag danken auf diesem Wege allen Wissenschaftlern und aufmerksamen Lesern, die durch Anregung zur Erweiterung und Vertiefung des Themas beigetragen haben.

Wehrheim im März 1987 Autoren und Verlag

Vorwort zur 6. neubearbeiteten Auflage

Lieber Leser,

dem letzten Vorwort gibt es nicht mehr viel hinzuzufügen. Die wichtigste Änderung in der diesmaligen Bearbeitung ist der Praxis gewidmet: Zusammenstellen von Übungseinheiten und deren Erfolgsprüfung in ärztlichen Praxen. Ergebnis: Erfolg bestätigt. Alles auf der letzten Seite.

Viel Spaß beim GEHIRN-JOGGING!

Wehrheim im März 1992 Autoren und Verlag

Wie die Autoren ihr Buch heute sehen:

Seit dem Ersterscheinen des vorliegenden Buches hat sich die Zahl der Bücher zur Erhaltung und Steigerung der geistigen Fitneß boomartig erhöht, wohl weil die Bevölkerung einen großen Bedarf an Gehirntraining erkannte. Viele dieser Bücher sind nur journalistische Variationen, meist ohne eigene wissenschaftliche Recherchen oder gar wesentliche neue Erkenntnisse. Einige enthalten sogar Falsches.
Der hier erstmals mit journalistischer Hilfe aufbereitete Kern von „Gehirn-Jogging" hat sich nach wie vor erhalten. Allerdings wurde der Ausdruck wissenschaftlich durch „Mentales Aktivierungs-Training" (MAT) präzisiert, weil unser alter Begriff durch die Popularität verwässert wurde. Wenn es nicht sehr wissenschaftlich zugeht, sprechen wir dennoch weiterhin von „Gehirn-Jogging".

Auch unsere späteren Bücher zu diesem Thema haben das vorliegende Buch nicht ersetzt. Unter diesen schlagen wir es daher für den genüßlichen Einstieg in die Erkenntnisse über „Gehirn-Jogging" vor. Dies um so lieber, als zwischenzeitlich wissenschaftliche Studien zu den Übungen im Anhang vorliegen, die deren Wirksamkeit nachgewiesen haben.

Apropos Wirksamkeit: Jüngere Menschen haben am häufigsten Angst vor Krebs. Diese gerät ab etwa dem 55. Lebensjahr gegenüber der zunehmenden Furcht vor einer Demenz im Alter wie dem berüchtigten „Alzheimer" in den Hintergrund. Die Forschung zeigt immer deutlicher, daß der wirksamste Schutz vor dem „Alzheimer" ein trainiertes Gehirn ist. Da Demenzen im Alter den größten Anteil an Pflegefällen bilden, würde frühzeitiges Gehirntraining die Lebensqualität erhöhen und die Pflegekosten erheblich senken. Doch diese Altersvorsorge durch Gehirn-Jogging ist, wie Sie im Buch erfahren, nur einer der Effekte. Vielen Lesern und Anwendern kommt es vor allem darauf an, gegenwärtig fit zu werden und zu bleiben, geistig fit für die Anforderungen unserer Informationsgesellschaft.

Wir wünschen Ihnen viel Spaß und Erfolg.

Wehrheim, Nov. 1997

Wirksame Waffe gegen das Altern

Instinktiv befinden sie sich auf dem richtigen Weg - der Lehrer, der die Kreuzworträtsel in den Urlaub nimmt, der Arbeiter, der mit seinen Stammtischbrüdern Skat bis zur Polizeistunde spielt, der Nachtwächter, der zwischen seinen Rundgängen Patiencen legt. Sie alle verbinden mit ihrer Tätigkeit oder der Freizeitgestaltung ein Training fürs Gehirn. Die Reihe der privaten und individuellen Gehirn-Trainingsübungen ließe sich noch beliebig fortsetzen: So der Abiturient, der bei der Bundeswehr mit seinen Stubenkameraden im Lösen von kniffligen Denksportaufgaben wetteifert, die Sekretärin, die einige Tage zur Diagnose in die Klinik muß und ein Memory-Spiel mitnimmt.

Seit einiger Zeit ist Training des Geistes und des Gedächtnisses besonders gefragt, um sich im Leben behaupten, um

die anfallenden Probleme lösen zu können.

Der moderne Mensch setzt neben die körperliche Fitness, erworben durch Jogging - die geistige Fitness und Beweglichkeit. Auch sie ist durch Jogging zu erreichen, durch Gehirn-Jogging.

Jogging - Gehirn-Jogging könnte zum Volkssport werden, denn diese Art Training des Geistes und des Gedächtnisses hält den Menschen jung, ist ein wirksames Mittel gegen das Altern.

Es gibt eine Gruppe von Menschen, für die ist Gehirn-Jogging lebenswichtig, um nach schwerer körperlicher Krankheit oder einem psychischen Zusammenbruch wieder Anschluß an das Leben zu finden. Da ist der Rentner, den der Tod der Ehefrau aus der Bahn geworfen hat, der Essen und Trinken ablehnt und teilnahmslos herumsitzt. Unter Anleitung eines Beschäftigungstherapeuten lernt er wieder zu denken, sich mit Umweltproblemen leichter Art auseinanderzusetzen. Er lernt durch Gehirn-Jogging wieder zu leben (3,11,13).

Da ist der jugendliche Motorradfahrer, der nach einem schweren Verkehrsunfall und Wochen auf der Intensivstation unter der Anleitung eines Diplom-Psychologen seine geistigen Fähigkeiten durch ein Trainingsprogramm zu gebrauchen lernt (11,12,13).

Diese Menschen müssen Gehirn-Jogging betreiben, sie wollen durch die Trainingsprogramme den alten geistigen Leistungsstand erreichen oder das Niveau noch verbessern.

Der Gesunde ist nicht auf Gehirn-Jogging angewiesen. Er glaubt, nicht darauf angewiesen zu sein. Er fühlt sich im Vollbesitz seiner geistigen Kräfte. Aber die wissenschaftliche Erfahrung lehrt, daß bei zu geringer oder einseitiger Belastung die Fähigkeiten von Geist und Gedächtnis nachlassen, abnehmen (5,7). Leider lassen sie - so stellen die Alternsforscher J.E. Blum und L. F. Jarvik (1) fest - bei den Personen am schnellsten nach, die es sich in unserer Gesellschaft am wenigsten leisten können. Zudem wird die Abnahme von Geist und Gedächtnis im Alter zum Problem, wenn der Mensch den Kontakt zur Umwelt verringert. Mit dem Nachlassen der geistigen Fähigkeiten nimmt das Altern rapide zu (2,8).

Umgekehrt kann man den Alterungsprozeß durch Gehirn-Jogging verlangsamen, ja teilweise sogar stoppen (6).

Was trainiert Gehirn-Jogging? Es trainiert die Fähigkeiten von Geist und Gedächtnis. Bei zahlreichen Untersuchungen hat sich herausgestellt, daß nicht ein Training, das dem Zufall überlassen ist, zum Erfolg führt, sondern daß nur mit einem systematisch aufgebauten Trainingssystem - dem Gehirn-Jogging - das Ziel erreicht wird: einmal Eingliederung in das tägliche Leben nach schwerer körperlicher, geistiger, seelischer Erkrankung zum anderen - für den gesunden Menschen - Halten des Niveaus und den Kampf gegen das Altern durch Gehirn-Jogging aufnehmen.

Diplom-Psychologen, Ärzte und Diplom-Ingenieure haben gemeinsam das „Basisprogramm Gehirn-Jogging" entwickelt, das in erster Linie die Grundfunktionen von Geist und Gedächtnis trainiert (6).

Denn diese Grundfunktionen stellen die Verbindung zur Umwelt her. Sie ermöglichen dem Menschen, sich in der Umwelt verständlich zu machen, die Situationen zu verstehen und richtig zu deuten, ein Gespräch mit Kollegen zu führen, einen Geschäftsbrief zu diktieren und zu schreiben, die Planung eines Bauprojektes durchzuführen oder eine ärztliche Diagnose zu stellen.

Der Mensch lebt in der Umwelt, in seiner Umwelt. Meist in derselben Umwelt. Sie beansprucht Geist und Gedächtnis fast immer in der gleichen Weise und Einseitigkeit. Die Folge: Funktionen von Geist und Gedächtnis werden nicht gebraucht und verkümmern (5). Hier läßt sich der Vergleich mit einem Hochleistungssportler ziehen. Er ist in Bestform und springt 7,30 m weit. Jetzt vernachlässigt er das Training. Nach kurzer Zeit schon lassen seine Sprungfähigkeiten nach. Es ist ihm so gut wie unmöglich, auf Anhieb an seine Bestleistung anzuknüpfen.

Wer einen geistig wenig anstrengenden Beruf hat und sich abends in der „Spielhölle" damit begnügt, an Spielautomaten mit Raketen auf Ufos zu schießen, der trainiert wohl seine Konzentration, aber nicht sein Gedächtnis. Nach kurzer Zeit wird es ihm schwerfallen, sich an Telefonnummern oder an die Namen entfernter Verwandter zu erinnern. Er wird von sich behaupten, ein Gedächtnis wie ein Sieb zu haben, aber er wird nichts dagegen tun, weil er kein wirksames Mittel kennt, Gehirn-Jogging noch nicht kennt. Vielleicht wird er seine Zuflucht zu mnemotechnischen Tricks nehmen, die ein Schema mit den Dingen verknüpft, die man sich merken will. Aber dieses Schema kann kein Gedächtnis ersetzen.

Für diesen Menschen ist Gehirn-Jogging der alternative Weg, um neben der Konzentration die Fähigkeiten des Gedächtnisses zu trainieren. Denn das Basis-Programm für Gehirn-Jogging enthält Aufgaben, die das Gedächtnis beanspruchen, den Geist fordern.

Aber die Zielgruppe für Gehirn-Jogging besteht nicht nur aus Menschen mit einem schlechten Gedächtnis - jeder Fünfte über 60 Jahre leidet an Vergeßlichkeit, und in der Bundesrepublik beklagen sich insgesamt zwei Millionen Erwachsene (4) darüber - sondern alle Bevölkerungsschichten, deren geistige Fähigkeiten nur einseitig gefordert werden, gehören dazu. So auch der Bundeswehrsoldat, der Rentner, die

Hausfrau, der Lehrer, die Sekretärin, der Schüler.

Die Erfahrungen der Wissenschaft: Gehirn-Jogging fördert die Leistungskraft des Geistes und stärkt das Gedächtnis, bewirkt eine nachweisbare Gehirn-Durchblutung und ist damit eine wirksame Maßnahme gegen das Altern (3).

Es ist auch erwiesen, daß Menschen, die geistig rege sind, über eine robustere Gesundheit verfügen und wesentlich älter werden als unzufriedene Menschen, die nichts gegen ihren geistigen Zerfall unternehmen, die ihre geistigen Anlagen verkümmern lassen (5,9,10). Außerdem sind sie noch recht unangenehme Zeitgenossen. Sie sind nörgelig, ungerecht und aggressiv.

Demnach ist Gehirn-Jogging auch ein ausgezeichnetes Mittel für die innere Stabilität und Ausgeglichenheit.

(1) BLUM, J.E., L.F. JARVIK: Intellectual Performance of Octogenarians as a Function of Education and Initial Ability. Human Develop. 17 (1974) 364-375

(2) ERBER, J.T.: The Institutionalized Geriatric Patient Considered in a Framework of Developmental Deprivation. Hum. Dev. 22 (1979) 165-179

(3) FISCHER, B., U. FISCHER: Zerebrales Jogging: Neue Möglichkeiten zur Aktivierung des Patienten. In: FISCHER, B., S. LEHRL (Hrsg.): Gehirn-Jogging. Narr: Tübingen, 1983

(4) HOYER, S.: Physiologie und Pathophysiologie sowie therapeutische Beeinflussungsmöglichkeiten von Hirndurchblutung und Hirnstoffwechsel. In: FISCHER, B. (Hrsg.): Frühgeriatrie. Diagnostische und therapeutische Aspekte. Cassella Riedel: Frankfurt/Main, 1980

(5) LEHR, U.: Die Bedeutung der Lebenslaufpsychologie für die Gerontologie. akt. gerontol. 10 (1980) 257-269

(6) LEHRL, S., B. FISCHER, W. EISSENHAUER, H. ABRAHAM: Gehirn-Jogging. Fortschr. Med. 101 (1983) 1217-1218, 1259

(7) OERTER, R.: Moderne Entwicklungspsychologie. Auer: Donauwörth, 1968, 2. Aufl.

(8) ÖSTERREICH, K.: Psychiatrie des Alterns. Quelle und Mayer: Heidelberg, 1981, 2. Aufl.

(9) PALMORE, E., M. LUIKHART: Life satisfaction. In: PALMORE, E. (Hrsg.): Normal Aging II. Durham, N.C. 1974

(10) REICHERTZ, P.L., G. KRÜSKEMPER, W.D. FRÖHLICH, J. STADELER, D. KONRAD, W. SCHAAR, J.E. OVERALL, G. DICKHÖFER: Altersstudie „Bonn". Untersuchungen des physischen und psychischen Verhaltens und deren medikamentöse Beeinflußbarkeit bei Altersheiminsassen. Verhandlgn. Dt. Gesellsch. inn. Med. 73. Kongreß 1967. Bergmann: München, 1967

(11) SCHLÖSSER, E.: Gedächtnistraining im Rahmen der Rehabilitation von Hirngeschädigten. In: FISCHER, B., S. LEHRL (Hrsg.): Gehirn-Jogging. Narr: Tübingen, 1983

(12) SCHMIEDER, F.G.: Möglichkeiten und Mängel der Rehabilitation Hirngeschädigter. Rehabilitation 11 (1972) 90-93

(13) WÖLFERSDORFER, E.: Neupsychologisches Reaktionstraining und Verlaufskontrolle. In: FISCHER, B., S. LEHRL (Hrsg.): Gehirn-Jogging. Narr: Tübingen, 1983

Ge-Jo trainiert spielend Geist und Gedächtnis

Die Welt ist voller - nicht nur visueller - Reize. Sie als Mensch reagieren auf diese Umweltreize. Sie nehmen die Reize durch Ihre Sinnesorgane wahr. Aber Sie nehmen die Reize nicht nur auf, sondern Sie verarbeiten das Aufgenommene. Sie speichern die für Sie wichtigen Informationen, um sie im Bedarfsfall wieder abzurufen und zu gebrauchen. Geist und Gedächtnis versetzen Sie in die Lage, entsprechend auf die Reize der Umwelt zu reagieren.

Gehirn-Jogging will die Tätikeiten von Geist und Gedächtnis trainieren. Was versteht man unter den Tätigkeiten von Geist und Gedächtnis? Worin bestehen sie, wie laufen sie ab?

Geistige Vorgänge umfassen Denken, Erkennen, Einsicht, Kreativität, zentrale menschliche Informationsverarbeitung (1,2,3,5,6,7).

Um das Ergebnis einer Rechenaufgabe herauszufinden, muß man denken.

Beispiel 5 + 4 = . . . 9

Auch wenn Sie die Lösung aus dem Gedächtnis reproduziert haben, wie das kleine Einmaleins, war ein Denkvorgang notwendig. Der Vorgang beginnt mit der sinnlichen Wahrnehmung der Aufgabe, entweder über die Augen (Lesen) oder über die Ohren (Hören). Sie erkennen, daß es sich um eine mathematische Aufgabe handelt. Dann stellen Sie die Kategorie fest: Additionsaufgabe. Schritt für Schritt denken Sie sich zur Lösung vor.

Zusammenzählen und Malnehmen sind charakteristische Denkvorgänge.Komplizierter wird die Aufgabe schon, wenn sie ein Problem darstellt wie hier:

5 + 4 x 9 =. . . .

Sie befinden sich jetzt in einer echten Konfliktsituation, denn von der Aufgabe wird einmal ein Addieren, dann ein Multiplizieren verlangt (Zusammenzählen und Malnehmen). Sollen Sie zuerst 5 und 4 = 9 rechnen und diese 9 mit der 9 multiplizieren (malnehmen), um 81 zu erhalten, oder müssen Sie zuerst multiplizieren (malnehmen) - 4 mal 9 ist 36 - und dann die 5 zuzählen, um 41 zu erhalten?

Um das Problem zu lösen, befragen Sie Ihren „Speicher".

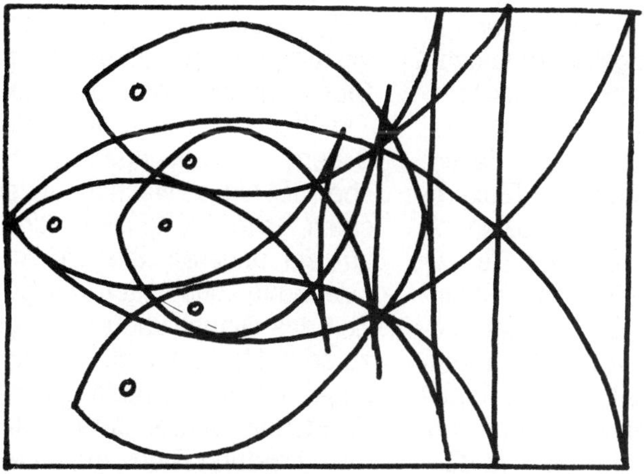

Wie viele Fische schwimmen hier nebeneinander?

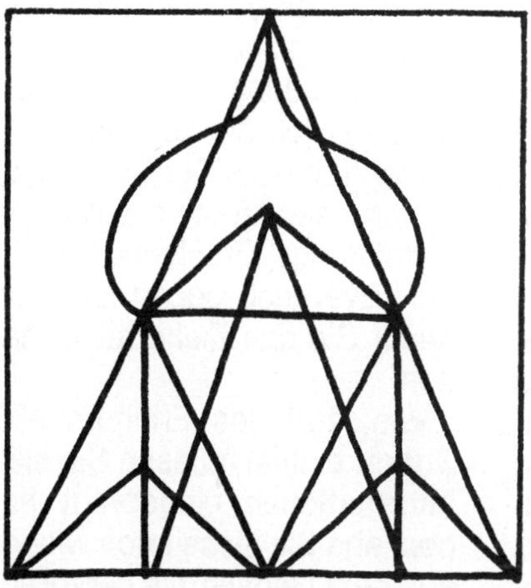

Wie viele Kirchturmspitzen erkennen Sie?

Abbildungen: Beispiele von Aufgaben, die geistige Tätigkeiten erfordern.

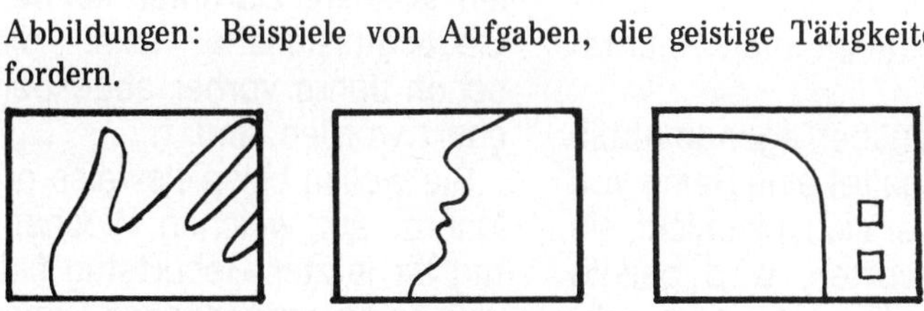

Was ist in den Ausschnitten dargestellt?

Zum Vergleich: diese Aufgaben wenden sich weniger an geistige Tätigkeiten als an die Wahrnehmung.

Auflösungen der Aufgaben

Fische: 10
Türme: 11
Hand, Gesicht, Fernsehen

Aus dem Mathematikunterricht haben Sie einige Informationen - vielleicht noch - im Gedächtnis. Da heißt es - Punktaufgaben (Malnehmen und Teilen) vor Strichaufgaben (Zusammenzählen und Abziehen). Demnach entscheiden Sie: zuerst malnehmen, dann zusammenzählen . Die richtige Lösung heißt also 41.Sie erkennen, es handelt sich bei relativ kleinen Aufgaben schon um eine Reihe von Denkvorgängen.

Geistige Tätigkeiten sind verknüpft mit Vergleichen und mit In-Beziehung-Setzen. Angeregt wird die Tätigkeit oft von außen, durch Probleme und Aufgaben. Aber auch ohne Außenprobleme können Sie - auf dem Rücken liegend - mit geschlossenen Augen denken, sich mit dem beschäftigen, was im Gedächtnis ist, was Sie bewegt. Denn das Gehirn ist im Gegensatz zum Computer produktiv. Es besitzt eine Eigenaktivität. Dieses geistige Tätigwerden im Bereich der Luftschlösser nennt man Phantasie.

Die gegenüberliegende Abbildung beinhaltet eine Reihe von Fragen. Wer sich anschickt, sie zu beantworten, wird geistig aktiv. Allerdings in einem sehr begrenzten Bereich. Weitere Aufgaben enthält die vorherige Seite.

Das Leben hält eine größere Vielfalt von Aufgaben bereit. Gibt man sich den geistigen Tätigkeiten - Betrachten von Bildern, nach Lösungen suchen - bewußt hin, so wächst auf der einen Seite die Konzentration, auf der anderen aber die Anstrengung und nach einiger Zeit das Gefühl, überanstrengt zu sein. Man erkennt, daß geistige Aktivität ermüdet. Diese Erkenntnis deutet darauf hin, daß Leistung und Ausdauer durch Training verbessert werden können. Mit einer verbesserten Kondition tritt eine spätere Ermüdung ein, somit verbessert sich die Leistung.

Wenn Sie das Gedächtnis beanspruchen, treten die gleichen (Ermüdungs-)Erscheinungen auf. Eventuell geben Sie auf, bevor Sie das Ziel erreicht haben.

Wie läuft das Erinnern ab? Zuerst einmal müssen Sie sich Informationen eingeprägt haben, ehe Sie diese Infos wieder aus dem Gedächtnis hervorholen können. Darunter können Gedächtnisinhalte sein, die schon Jahre vorher abgespeichert worden sind.

Sie wollen beispielsweise erinnern, auf welchen Wochentag Ihr letzter Geburtstag fiel, was es am vergangenen Sonntag zu essen gab oder welchen Inhalt der Brief an die Firma A. hatte. Sie schicken Ihre Gedan-

Beispiele von Aufgaben, die geistige Tätigkeiten erfordern

1 2 3 4 5 6 7 . . . .

2 4 6 8 10 12 . . . .

5 8 11 14 17 20 . . . .

1 4 9 16 25 . . . .

3 4 6 9 13 18 . . . .

27 20 14 9 5 2 . . . .

Aufgabe: In jeder Zeile die nachfolgende Zahl finden und eintragen.

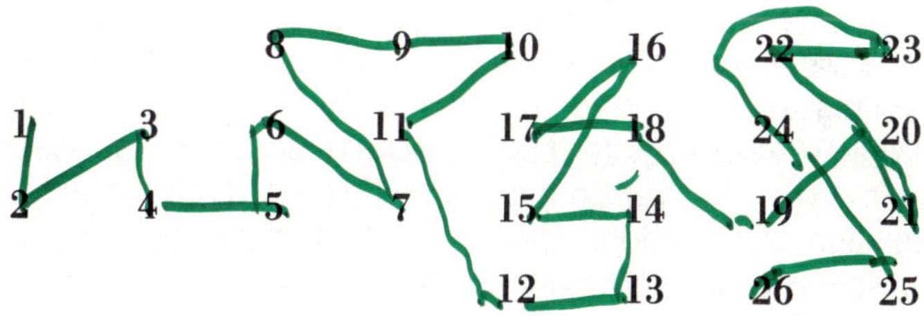

Aufgabe: Die fortlaufenden Zahlen (1, 2, 3, 4, ...) sollen mit Strichen so schnell wie möglich verbunden werden. Die letzte Zahl ist 26.

ken auf die Reise, sie geben ihnen einen „Suchbefehl". Die Gedanken durchsuchen die Gedächtnisinhalte, um fündig zu werden. Wie bei Prüfungen, bei der Suche nach dem Namen eines Popstars oder nach den Einkaufsteilen.

Nicht immer wird die Suchaktion innerhalb des vorgegebenen Zeitlimits von Erfolg gekrönt. Häufig kommt die gesuchte Information wesentlich später wie von selbst an die Oberfläche.

Das Gedächtnis hat offenbar viele Infos gespeichert. Bei einem schnellen Erinnern kommt es darauf an, wie geübt das Gedächtnis ist im Zur-Verfügungstellen der Information. Und dieses schnelle Zur-Verfügungstellen kann man trainieren.

Im Grunde hält das Leben unerschöpflich viele Situationen bereit, die Geist und Gedächtnis aktivieren. Viele Menschen gehen aber aktivierenden Situationen aus dem Weg und richten sich auf einen sehr engen Ausschnitt ein. Sie beschränken sich auf eine möglichst geringe Informationsmenge. Sie scheinen damit zufrieden, diesen winzigen Ausschnitt zu überblicken und meiden die Herausforderung des Neuen. Geist und Gedächtnis werden „geschont". Dabei überlegen diese Menschen nicht, daß damit auch die geistigen Fähigkeiten nachlassen und verkümmern.

Beobachtungen dieser Art können Sie vor allem bei älteren Menschen machen, die irrtümlich das Nachlassen der Fähigkeiten nicht als eigene Schuld ansehen, sondern es als Folge des Alterungsprozesses betrachten. Aber das Nachlassen der geistigen Fähigkeiten ist nicht eine Frage des Alterns, sondern des Resignierens vor dem aktiven Leben.

Gehirn-Jogging kann ihm sogar wieder zu einer Leistungsfähigkeit verhelfen, wie er sie in jungen Jahren hatte (4).

---

(1) FRANK, H.: Kybernetische Grundlagen der Pädagogik, Bd. 2. Agis: Baden-Baden, 1969, 2. Aufl.

(2) FRANK, H.: Derzeitige Bemühungen um Erweiterungen des Informationspsychologischen Modells. Grundlagenstudien aus Kybernetik und Geisteswissenschaft 18 (1977) 61-72

(3) LEGEWIE, H., W. EHLERS: Knaurs moderne Psychologie. Droemersche Verlagsanstalt: München-Zürich, 1972

(4) LEHRL, S., E. JARMARK: Informationsverarbeitung im höheren Lebensalter. In: FISCHER, B., S. LEHRL (Hrsg.): Gehirn-Jogging. Narr: Tübingen, 1983

(5) NORMAN, D.: Memory and Attention. Wiley & Sons: New York, 1969

(6) ROTH, E., W.D. OSWALD, K. DAUMENLANG: Intelligenz. Kohlhammer: Stuttgart, 1972

(7) STEINBUCH, K.: Automat und Mensch. Heidelberger Taschenbücher: Heideberg, 1971

Zauberwort Ge-Jo - ein Nebenprodukt

Gehirn-Jogging ist eigentlich das Nebenprodukt eines umfangreichen mehrjährigen Forschungsprogrammes. Die Landesversicherunganstalt Baden nämlich gab Ende der Siebziger Jahre einem Team von Wissenschaftlern, Forschern und Praktikern aus den Disziplinen Medizin, Biologie, Psychologie, Psychopathometrie, Medizinische Dokumentation und Statistik den Auftrag, in drei badischen Kliniken die Wirkung von Nachsorgemaßnahme zu untersuchen (1).

Nachsorgemaßnahme bedeutet einmal physikalische Therapie wie medizinische Bäder, Massagen, Wassertreten, körperliche Betätigung bis hin zum Sport. Zum anderen psychologische Therapie, das sind Gruppen- und Einzelgespräche, Beschäftigungen und Rollenspiele. Natürlich gehören zur Nachsorge auch chirurgische Eingriffe und/oder Behandlung mit Medikamenten. Weniger Therapie als Vorsorge ist die Gesundheitserziehung in den Kurkliniken. Sie beginnt bei der richtigen Ernährung - mehr Eiweiß als Kohlehydrate - und endet bei den Empfehlungen zum sinnvollen Körpertraining. Dieser Katalog von ernährungs-physiologischen Empfehlungen wird sogar schon mit der Behandlung im Krankenhaus verbunden (1,4).

Als Ergebnis dieser umfangreichen Untersuchungen und Befragungen, die noch nicht vollständig abgeschlossen sind, zeichnet sich eine günstige Wirkung der Nachsorgemaßnahmen auf die Gesundheit und berufliche Leistungsfähigkeit ab (1).

Die Teilnehmer am Forschungsprojekt und auch Angehörige der LVA Baden trafen sich mehrmals jährlich. Ein wichtiges Treffen fand im April 1981 statt, in Gailingen, dicht an der deutsch-schweizerischen Grenze.

Ein Ergebnis der Auswertung: Bei vielen älteren Patienten arbeitet das Gehirn nicht mehr so wie im jugendlichen Alter. Teilweise ist die Durchblutung gestört, der Stoffwechsel verändert. Und mit zunehmendem Alter steigt die Wahrscheinlichkeit einer solchen Erkrankung.

Allerdings - auch das fanden die Mitglieder der Forschungs-Kommission heraus, diese Störungen sind kein unausweichliches Schicksal, sondern der Mensch kann einiges dagegen tun, nämlich durch Medikamente, durch die physikalische Therapie - Bäder, Wassertreten, körperliche Bewegung bis zum Sport (1,10).

Seit einiger Zeit steht als „Gegenmaßnahme" auch das Hirnleistungstraining auf dem Programm der Behandlungspläne (2,3,4,7,9,11). Dieses Hochleistungstraining belastet den Patienten bis an die Grenzen der geistigen Kapazität. Es hat sich herausgestellt, daß dieses Training eine wertvolle Ergänzung zu den sonstigen Behandlungen sein kann. Allerdings schloß dieses Training auch die Gefahren eines Hochleistungstrainings mit ein, näm-

lich Versagen, Frustration, Enttäuschung mit einer Reihe von negativen Auswirkungen (6).

Unwillkürlich drängte sich der Vergleich mit dem Körper-Muskeltraining auf. In dem Fall wurde statt des Hochleistungssports die positive Wirkung von Jogging erkannt, dem ge-

Anti-Ge-Jo: möglichst früh nichts mehr tun

mächlichen Körperbewegungstraining, das richtig angewandt, selten zur Überforderung führt.

Dr. med. Wolfgang Eissenhauer, Dezernent der Landesversicherungsanstalt gab die Richtung an: „Das Gehirn bedarf des Trainings, der Übung. Aber - wie ich meine - nicht des Hochleistungstrainings, sondern einer Art des Trainings, das der Volksmund mit Jogging bezeichnet... als Übung von Spannung und Entspannung, als Training von Elastizität und Reaktivität. Gerade bei der zerebrovaskulären Insuffizienz (Hirnleistungsschwäche) bedarf es einer Stärkung, einer Rehabilitation der geistigen Aktivitäten , einer Steigerung von Reaktion, Konzentration, Gedächtnis und wahrscheinlich auch einer Neueinübung von emotionalen Schwingungen. Ein derartiges Rehabilitationsbemühen muß zu vermehrtem Selbstvertrauen und auch zu einer Steigerung des Leistungswillens führen."

Dr. Eissenhauer sieht das Gehirn-Jogging als das ideale Selbsthilfetraining an. Nicht als „Spielerei", sondern als menschliche und medizinische Notwendigkeit in der gesundheitlichen Vorsorge (Prävention) und Wiedereingliederung (Rehabilitation). Als Wiedereinübung der „Hirnbeweglichkeit" muß es seinen wichtigen Platz neben der bekannten medikamentösen und chirurgischen Behandlung haben.

Damit war das Ziel vorgegeben, ohne daß allerdings die Einzelheiten festgelegt waren. Im Vorfeld der Überlegungen (Brainstorming) dachte man sowohl an unterhaltende Spiele wie auch an Spiele, die Konzentration verlangen, wie Rommé, Skat oder an das Lösen von Kreuzworträtseln.

Allerdings stieß man bei der Realisierung, bei der Umsetzung in ein Trainingsprogramm für Gehirn-Jogging (Ge-Jo) schnell an die Grenzen des Möglichen. Denn viele Menschen kennen kein Kartenspiel oder haben noch nie ein Kreuzworträtsel gelöst. Außerdem sind die Steigerungsmöglichkeiten nicht klar überschaubar. Außerdem sind die Frustrationsmöglichkeiten beim Nichtgelingen der Aufgaben zu groß. Die Abhängigkeit vom (Glücks-) Zufall wirkt sich nicht immer günstig auf das Psychische aus.

Geübt werden sollten die Grundfunktionen von Geist und Gedächtnis; es sollten Funktionen trainiert werden, die im Alltag häufig eingesetzt werden.

Und wieder lud man Wissenschaftler ein, die bisher auf diesem Feld gearbeitet hatten.

Die Tagung fand im Oktober 82 in der Fachklinik für Frühgeriatrie in Klausenbach (Schwarzwald) statt (5). Dabei kristallisierte sich heraus, von welcher Art solche Aufgaben für die Schulung der Grundfunktionen sein müssen. Wie das Training beschaffen sein muß, um alle sozialen Schichten anzusprechen, auch den geschwächten Kranken.

Das Institut für Kybernetik Paderborn beschäftigte sich schwerpunktmäßig mit dem Gehirn-Jogging. Und zwar unter dem informationspsychologischen Aspekt und in enger Zusammenarbeit mit der Fachklinik Klausenbach und der Landesversicherungsanstalt Baden.

Das Ergebnis ist ein Trainingsprogramm für Gehirn-Jogging (8). Und so funktioniert es: Über einen Kleincomputer werden dem Patienten im Dialogverfahren Aufgaben gestellt, die geistige und Gedächtnisfähigkeiten trainieren.

Der Dialog spielt sich zwischen dem Gehirn-Jogger, der vor dem Bildschirm sitzt, und dem Computer über eine breite grüne Taste ab.

Auf dem Bildschirm erscheinen alle Anweisungen und Aufgaben. Der Gehirn-Jogger antwortet, indem er auf die grüne Taste drückt. Weil alles so einfach geht, haben sowohl die

„Ich halte nichts vom Lernen – wo man doch im Alter Gehirn-Jogging machen kann."

Aus: ÄRZTE ZEITUNG 153 (18. Aug. 1983), Seite 2

Senioren als auch die Jugendlichen ebenso viel Spaß an dem Training.

Wie läuft ein solcher Dialog zwischen dem Übenden und dem Kleincomputer ab?

Der Computer ist mit einem Programm gespeist, das aus Aufgaben besteht. Diese Aufgaben präsentiert er seinem Gegenüber auf Tastendruck. Auf die gleiche Weise gibt der Jogger dem Kleinrechner die Antworten. Nun zählt der Computer nicht nur die Treffer, sondern mißt auch die Reaktionszeit in diesem Trainingsprozeß. Er gibt dem Übenden eine Rückmeldung und verstärkt dessen Erfolgsgefühl. Überhaupt wurde der Tastendruck-Computer bei den Versuchspersonen problemlos angenommen.

Über 400 Patienten bestätigten das und gaben ihre Erfahrungen weiter. Einige sagten spontan: „Diese Trainingscomputer sollte man überall aufstellen, wo man warten muß, bei den Behörden, im Wartezimmer der Ärzte, in Altersheimen." Das Ergebnis bei dem Kliniktest: Die Gruppe mit Gehirn-Jogging am Bildschirm und medikamentöser Behandlung zeigte einen schnelleren Fortschritt als die Vergleichsgruppe.

Der Computer wurde nicht zuletzt deshalb gewählt, weil er die Erfolgsquote des Trainierenden festhält, ihn belobigt oder aber wie ein „weiser Lehrer" zur Wiederholung auffordert. Gleichzeitig lassen sich weitergehende Aufzeichnungssysteme anschließen, die eine langfristige Leistungssteigerung des Trainierenden erkennen lassen.

Aber - es muß nicht immer ein Computer sein!

Die Übungen des Programms finden Sie auch in diesem Buch. Mit den Anleitungen und Gebrauchsanweisungen, die Sie in die Lage versetzen, in gleicher Weise wie am Bildschirm zu trainieren. Und Sie sind unabhängig vom Gerät. Sie können Ihren Geist, Ihr Gedächtnis in der Straßenbahn, im Flugzeug, im Zug, in der Arbeitspause oder im Wartezimmer des Arztes trainieren.

Oder im Bett.

Die geistigen Väter von Ge-Jo sind der Meinung, daß dieses Training zum Volkssport werden kann. Und dazu will dieses Buch mit dem praktischen Übungsteil maßgeblich beitragen.

Das einzige zusätzliche Handwerkszeug für das Gehirn-Jogging ist ein weicher Bleistift.

(1) BECK, W. EISSENHAUER, B. FISCHER, H. LÖFFLER (Hrsg.): Rehabilitation-Gesundheitsbildung-Effektivität-Nachsorge. Braun: Karlsruhe, 1982

(2) DEUSINGER, I.M.: Zur Steigerung zerebraler Leistungen durch spezifisches Gedächtnistraining. In: FISCHER, B., S. LEHRL (Hrsg.): Gehirn-Jogging. Narr: Tübingen, 1983

(3) EISSENHAUER, W.: Zerebrales Jogging: Notwendigkeit oder Hobby? In: FISCHER, B., S. LEHRL (Hrsg.): Gehirn-Jogging. Narr: Tübingen, 1983

(4) FISCHER, B., U. FISCHER: Zerebrales Jogging: Neue Möglichkeiten zur Aktivierung des Patienten. In: FISCHER, B., S. LEHRL (Hrsg.): Gehirn-Jogging. Narr: Tübingen, 1983

(5) FISCHER, S., S. LEHRL (Hrsg.): Gehirn-Jogging. Biologische und informationspsychologische Grundlagen des zerebralen Joggings. Narr: Tübingen, 1983

(6) JESKE, H., U. EHMKE: Das Paderborner Testsystem: Zerebrales Jogging oder Hirnhochleistungsanforderungen? In: FISCHER, B., S. LEHRL (Hrsg.): Gehirn-Jogging. Narr: Tübingen, 1983

(7) KERN, I., R. LUHR: Konzentrations- und Gedächtnistraining mit frühgeriatrischen Patienten. In: FISCHER, B., S. LEHRL (Hrsg.): Gehirn-Jogging. Narr: Tübingen, 1983

(8) LEHRL, S., B. FISCHER, W. EISSENHAUER, H. ABRAHAM: Gehirn-Jogging. Fortschr. Med. 101 (1983) 1217-1218, 1259

(9) SCHLÖSSER, E.: Gedächtnistraining im Rahmen der Rehabilitation von Hirngeschädigten. In: FISCHER, B., S. LEHRL (Hrsg.): Gehirn-Jogging. Narr: Tübingen, 1983

(10) WIECK, H.H.: Neurologie und Psychiatrie in der Praxis. Notfälle-Sprechstunde. Schattauer: Stuttgart-New York, 1974, 2. Aufl.

(11) WÖLFERSDORFER, E.: Neuropsychologisches Reaktionstraining und Verlaufskontrolle. In: FISCHER, B., S. LEHRL (Hrsg.): Gehirn-Jogging. Narr: Tübingen, 1983

Pille für die Klugheit

Der Mensch ist geneigt, durch das „Einnehmen“ von Medikamenten Wirkungen in seinem Organismus auszulösen. Er wartet auf die automatische Reaktion des Körpers. Diese passive Art erscheint ihm wesentlich einfacher, als äußere Anstregungen zu unternehmen. So glaubt er auch, sich mit einer Pille Klugheit veschaffen zu können.

Das Kind erhält das Medikament gegen die Lernschwäche, der Erwachsene, der sich ausgebrannt fühlt, nimmt es gegen Leistungseinbuße und Erschöpfung. Ältere Personen, deren Lebenslust, Gedächtnis, und Orientierungsfähigkeit nachlassen, versuchen ihre Lage durch eine Wunderpille zu verbessern.

Aber die Medikamente helfen nicht beim gesunden Menschen, sondern sind entwickelt worden, um gegen Störungen der Hirnfunktionen anzugehen und eine Besserung zu erzielen. Einige Medikamente fördern die Durchblutung des Gehirns (2,5,7). Das Blut vermag rascher und leichter alle Gehirnpartien zu erreichen. Und damit gelangen die notwendigen Versorgungsstoffe wie Zucker und Sauerstoff bequem in alle Gehirnzellen.

Ein anderer Teil der Substanzen fördert den Stoffwechsel in den Zellen (1,3,4,5). Zu ihrer Tätigkeit benötigen die Zellen Energie. Diese erhalten sie aus Zucker und Sauerstoff. Als Ergebnis wird Kohlendioxyd frei, das die Blutgefäße erweitert und wieder zum verstärkten Blutdurchfluß führt. Auf diese Weise reguliert das Gehirn seinen Blutdurchfluß automatisch.

Es ist unbestritten, daß Medikamente die Bereitschaft des Gehirns erhöhen, mehr Leistung zu erbringen. Aber das Bereitstellen für die Leistung allein reicht nicht. Das Gehirn muß durch Aufgaben gefordert werden, durch Aufgaben des Gehirn-Joggings.

Die höchste Wirksamkeit erzielen die Medikamente gegen das Gehirn-Altern und gegen Störungen der Gehirnfunktionen erst in Kombination mit psychischen Anforderungen. Von dieser Überlegung gingen die Salzkottener Ärzte Dr. R. Teigeler und Dr. L. Pieprzyk aus (6). Sie untersuchten zwei Patientengruppen, die sich zwei Wochen in der Klinik aufgehalten haben. Die erste Gruppe erhielt ein Medikament gegen das Gehirn-Altern, die zweite Gruppe erst eine wirkungslose Placebo-Pille, später allerdings auch das richtige Präparat. Am Ende des Klinikaufenthalts zeigte die Gruppe, die das Medikament genommen hatte, eine Verbesserung der geistigen Leistungsfähigkeit.

Die Versuchsgruppe - Medikamenten-Einnehmer - konnte jetzt schneller, besser Informationen als vor der Behandlung aufnehmen.

Richtig deutlich wurde der Unterschied zwischen beiden Gruppen erst außerhalb der Klinik, im häuslichen Bereich. Hier trat die Gruppe mit der wirksamen Pille gegen das Gehirn-Altern den sonst unsicher machenden Alltagsproblemen furchtlos gegenüber. Die Patienten entwickelten Lösungsstrategien und verbesserten sich in den Denkleistungen im Gegensatz zur Kontrollgruppe signifikant. Auch auf das Gedächtnis hatte das Medikament einen positiven Einfluß.

Das Ergebnis der Untersuchung: Medikamente wirken gegen das Gehirn-Altern dann optimal, wenn eine allseitige Beanspruchung von Geist und

Gedächtnis den Patienten fordert. Auch hier - **Fördern durch Fordern!**

Welche Medikamente (8) fördern den Hirnstoffwechsel und die Hirndurchblutung? Eine Kommission des Berufsverbandes der Allgemeinärzte hat ihren Kollegen im Manual des Hausärzteverbandes (1995) Vorschläge unterbreitet, die hier angeführt sind.
Es werden nur die internationalen Namen (generic names) wiedergegeben. Die Handelsnamen kann Ihr Arzt, den Sie ohnehin bei derartigen Fragen aufsuchen sollten, anhand dieser Liste leicht ermitteln.

Internationaler Name (generic name) oder nähere Beschreibung	
Dihydroergotoxin	Nimodipin
Donepezilhydrochlorid *	Piracetam
Ginkgo-biloba-Extrakt (standardisiert)	Pyritinol
Memantin	Tacrin
Nicergolin	

*Dieser Wirkstoff kam erst 1997 auf den deutschen Markt und war bei Druck noch nicht im Manual aufgeführt.

(1) BENTE, D., H. Coper, S. Kanowski (Hrsg.): Hirnorganische Psychosyndrome im Alter. Springer: Berlin-Heidelberg-New York, 1982

(2) BERGENER, M. (Hrsg.): Erkennung und Behandlung des organischen Psychosyndroms in Klinik und Praxis. Vieweg: Braunschweig-Wiesbaden, 1981

(3) BLAHA, L.: Zur psychopathometrischen Erfassung der leichten cerebrovaskulären Insuffizienz. In: FISCHER, B. (Hrsg.): Frühgeriatrie, Diagnostische und therapeutische Aspekte, Cassella-Riedel: Frankfurt/M., 1980

(4) FISCHER, B., S. Lehrl, (Hrsg.): Gehirn-Jogging. Biologische und informationspsychologische Grundlagen des zerebralen Joggings. Narr: Tübingen, 1983

(5) HOYER, S.: Physiologie und Pathophysiologie sowie therapeutische Beeinflussungsmöglichkeiten von Hirndurchblutung und Hirnstoffwechsel. In: FISCHER, B. (Hrsg.): Frühgeriatrie. Diagnostische und therapeutische Aspekte, Cassella-Riedel: Frankfurt/M., 1980

(6) TEGELER, R., L. PIEPRZYK: Testing Information Psychological Capacities under Hospital and Home Conditions, Proceedings of the 10th International Congress on Cybernetics, Namur, 1983

(7) WIECK, H.H. (Hrsg.): Zerebrale und periphere Durchblutungsstörungen. Aesopus: Milano-München-Lugano, 1974

(8) HERRSCHAFT, H.: Können Hirnleistungsstörungen medikamentös verbessert werden? Fortschr. Med. 105 (1987) 637-640

Programm der Astronauten: Neben Muskeltraining - Gehirn-Jogging

Die Astronauten haben auf ihren tagelangen, wochenlangen Flügen ein festgelegtes Programm - ein Trainingsprogramm für Muskeln und Geist (9,14,31). Dafür gibt es zwei Gründe. Die Mediziner haben festgestellt, daß sich die Muskeln im Ruhezustand (Krankenhaus-Aufenthalt) zurückentwickeln, verkümmern. Die Psychologen haben mit Recht vorausgesagt, daß in der Weltraumkapsel auch die geistige Beweglichkeit nachläßt - wie eben bei Menschen in eintöniger, reizarmer Umgebung. Die Astronauten betreiben eine Art Gehirn-Jogging, führen Übungen aus, die die Fähigkeiten des Gedächtnisses und des Denkens fördern.

Das Gehirn-Jogging - mehrere hundert Kilometer über uns - ist für die Astronauten lebenswichtig, gleichermaßen für Aquanauten (10) - viele Meter unter der Meeresoberfläche. Ebenso wichtig ist dieses Gehirn-Jogging für Menschen, die nach einer Krankheit (Störung der Hirnfunktionen) wieder Anschluß an das „normale Leben" finden wollen.

Subjektive Wahrnehmungen über die eigene Fitness sind oft weit von der objektiven Feststellung entfernt (19). Der Befragte antwortet: „Ich fühle mich topfit." Sobald allerdings objektive Maßstäbe angelegt werden, stellt sich oft ein anderes, weniger gutes Ergebnis ein. So dürfte auch einem Patienten, der wegen einer leichten Erkrankung im Hospital liegt, kaum auffallen, daß er schon nach wenigen Tagen in seiner geistigen Leistungsfähigkeit nachläßt und zwar bereits meßbar nachläßt. Das hat übrigens weniger mit der Krankenhaus-Atmosphäre zu tun als vielmehr mit der Einschränkung von Fremdreizen. Der Patient im Krankenhaus gleicht dem Astronauten, Aquanauten und Polarforscher - eine reizarme, eintönige Umgebung.

Ähnlich geht es allen Menschen, deren Aktivität in einer dazu noch „langweiligen" Umgebung stark eingeschränkt wird. Dafür sprechen viele Befunde (16,18,20,29,30,32).

Ein Astronaut landet wieder - der Reizentzug war also nur relativ kurzfristig. Der Patient wird aus dem Krankenhaus entlassen - nach kurzer Zeit. Er kommt in seine interessante

Umgebung zurück. Er wird mit Eindrücken und Problemen konfrontiert, die seine Reaktion anregen und verlangen.

Wie sieht es dagegen bei langfristigem Reizentzug - eintönige Umwelt, keine Abwechslung - und bei Einschränkung der Aktivität aus ?

Die Wahrscheinlichkeit ist groß, daß sich im letzten Fall ein Nachlassen der geistigen und Gedächtnisleistung einstellt, die nicht mehr umkehrbar ist, d. h. daß der Mensch einen bleibenden Schaden davonträgt.

Diese Befürchtungen haben den Psychologen keine Ruhe gelassen, und sie haben Gruppen von Kindern und Erwachsenen untersucht, die in einer reizarmen Umwelt lebten, an die keine großen geistigen Anforderungen gestellt wurden (1,25).

Was die Wissenschaftler feststellten: Bei dieser Gruppe nahm die Neugier ab, die Kreativität ließ nach, die Ergebnisse des schöpferischen Denkens waren kümmerlich, und sie wurden im Laufe der Zeit auch immer kümmerlicher. Selbst das Hirngewicht nahm im Vergleich zum Körpergewicht ab (23). Das heißt - es findet ein dauernder geistiger Rückschritt statt, eine Rückentwicklung im Gegensatz zu Kinder- und Erwachsenengruppen, die in einer anderen, interessanteren und anspruchsvolleren Umwelt lebten. Bei ihnen war eine Weiterentwicklung festzustellen.

Die Wissenschaftler haben noch einen Zusammenhang festgestellt: Erwachsene, die weniger aktiv sind, weniger unternehmungslustig sind, sind häufiger unzufrieden (3,17,21,26). Der Zusammenhang geht noch weiter: diese Menschen klagen häufiger über Krankheiten und - auch das ist abgesichert - sie sterben früher (22).

Wissenschaftlich nicht erwiesen ist, daß mit zunehmendem Alter die geistigen Kräfte des Menschen wie Gedächtnis und Lernen nachlassen. Im Gegenteil, zahlreiche Untersuchungen weisen nach, daß körperliche und geistige Übungen selbst beim älteren Erwachsenen positive Effekte haben können (2,4,5,6,7,8,11,12,13, 15,24,27,28,33).

Mehrfach hatte man Patienten in geriatrischen Kliniken körperliche Übungsprogramme angeboten. Die anschließenden wissenschaftlichen Analysen zeigten klar, daß Fitness-Training den geistigen „Abfall" aufhält oder gar rückgängig macht. Man zog den Schluß, daß die körperlichen Übungen einen positiven Einfluß auf das gesamte Gehirn haben und deshalb die geistigen Fähigkeiten des älteren Erwachsenen fördern.

Besonders eindrucksvolle Versuche führte man über die Lernfähigkeit älterer Menschen durch. Im Psychologischen Institut der Universität Queensland (Australien) erklärten sich 60- bis 90jährige Personen bereit, Deutsch zu lernen. Kenntnisse über grammatikalische Zusammenhänge waren nicht mehr vorhanden. Das Selbstvertrauen war zu Beginn sehr gering.

Aber schon nach drei Wochen bereits stieg ihr Selbstvertrauen, als sie einfache deutsche Sätze lesen und

Volkslieder singen konnten. Wenige Wochen später schon konnten die Kursteilnehmer Briefe von deutschen Verwandten selbst lesen.

Nach drei Monaten führte ein unabhängiges Universitäts-Institut eine allgemeine Sprachprüfung durch. Drei Viertel der Teilnehmer erzielte bessere Übersetzungsleistungen als Realschüler nach drei Jahren Deutsch. Bei der zweiten Prüfung nach einem weiteren Vierteljahr waren die Leistungen vergleichbar oder besser als bei Realschülern mit fünf Jahren Deutsch.

Das Vertrauen in die eigene Leistungsfähigkeit war so stark gestiegen, daß die älteren Teilnehmer nun vieles lernen wollten. Ihnen machte das Lernen Spaß. Sie hielten den Deutschunterricht bei, und nach zwei Jahren war ein Teilnehmer in der Lage, als Deutschlehrer zu wirken.

Die Altersforscherin Ursula M. Lehr gibt den Rat, das Alter generalstabsmäßig vorzubreiten (16). Zu diesen Vorbereitungen gehört ein frühzeitiges Gehirn-Jogging und das bereits in den Dreißiger, Vierziger und Fünfziger Jahren.

So hat es sich gezeigt, daß Gehirn-Jogging nicht nur eine Übung für Kranke mit Störung von Hirnfunktionen ist, sondern auch dem Gesunden dient. Jogging, um fit zu werden und zu bleiben. Körperlich und geistig. Daher auch Gehirn-Jogging.

Und das nicht nur für Astronauten.

---

(1) BLUM, J.E., L.F. JARVIK: Intellectual Performance of Octogenarians as a Function of Education and Initial Ability. Human. Develop. 17 (1974) 364-375

(2) BÖHM, E.: Übergangspflege. Eine neue Form der gemeindepflegerischen Betreuung gerontopsychiatrischer Patienten. Dtsche. Krankenpflegezeitschr. 2 (1983) 74-77

(3) BUTLER, R.N., M.I. LEWIS: Aging and Mental Health. New York: Mosby, 1977, 2. Aufl.

(4) DEUSINGER, I.M.: Zur Steigerung zerebraler Leistungen durch spezifisches Gedächtnis-Training. In: FISCHER, B., S. LEHRL (Hrsg.): Gehirn-Jogging. Narr: Tübingen, 1983

(5) FISCHER, B., U. FISCHER: Zerebrales Jogging: Neue Möglichkeiten zur Aktivierung des Patienten. In: FISCHER, B., S. LEHRL (Hrsg.): Gehirn-Jogging. Narr: Tübingen, 1983

(6) FLEISCHMANN, U. M.: Gedächtnistraining im höheren Lebensalter - Ansatzpunkte und Möglichkeiten. Z. Gerontol. 15 (1982) 53-62

(7) FOLKINS, C.H., W.E. SIME: Physical Fitness Training and Mental Health. Am. Psychol. 36 (1981) 373-389

(8) FRIEDRICH, C., P. BAUER, K. BOETTICHER, K. PFETZING, E. SIMAI: Auswirkungen von sportlichen Aktivitäten auf die psychische Situation älterer Menschen. Akt. Gerontol. 11 (1981) 96-99

(9) FUCHS, H.S.: Der Mensch im Zustand der Schwerelosigkeit. Physiologische Probleme, klinische Aspekte, Vorbeugung und Schutzmaßnahmen. Astronautik 4 (1980) 96-100

(10) HELMREICH, R.L.: Applying Psychology in Outer Space. Unfulfilled Promises Revisited. Am. Psychol. 38 (1983) 445-450

(11) HICKEY, T.: Stimulating age-related sensory impairments for practitioner education. Gerontologist. 15 (1975) 457-463

(12) HOFER, E., E. SCHERZER: Reaktionstraining in der Rehabilitation Hirnverletzter. Krankengymnastik 29 (1977) 664-670

(13) KERN, I., R. LUHR: Konzentrations- und Gedächtnistraining mit frühgeriatrischen Patienten. In: FISCHER, B., S. LEHRL (Hrsg.): Gehirn-Jogging. Narr: Tübingen, 1983

(14) KLEIN, K.E., J.R. HORDINSKY, L. VOGT: Auswahl und Training Europäischer Raumfahrer. Luft- und Raumfahrt 2 (1982) 35-42

(15) LABOUVIE-VIEF, G., J.N. GONDA: Cognitive strategy training and intellectual performance in the elderly. J. Gerontol. 31 (1976) 327-332

(16) LEHR, U.M.: Die Bedeutung der Lebenslaufpsychologie für die Gerontologie. akt. gerontol. 10 (1980) 257-269

(17) LEHR, U.M.: Depression und „Lebensqualität" im Alter - Korrelate negativer und positiver Gestimmtheit. Z. Gerontol. 15 (1982) 241-249

(18) OERTER, R.: Moderne Entwicklungspsychologie. Auer: Donauwörth, 1968, 2. Aufl.

(19) OLBRICH, E., H. THOMAE: Empirical findings to a cognitive theory of aging. Internat. J. Behav. Developm. 1 (1978) 67-82

(20) OWENS, W. A.: Age and mental abilities: a second follow up. J. Educ. Psychol. 57 (1966) 311-325

(21) PALMORE, E., V. KIVETT: Change in life-satisfaction - a longitudiual study of persons aged 46-70. J. Gerontol. 32 (1977) 311-316

(22) PALMORE, E., M. LUIKHART: Life satisfaction. In: PALMORE, E. (Hrsg.): Normal Aging II. Durham, N.C. 1974

(23) PASSINGHAM, R.E.: Brain Size and Intelligence in Man. Brain Behav. Evol. 16 (1979) 253-270

(24) POWELL, R.R.: Psychological effects of exercise therapy upon institutionalized geriatric mental patients. J. Geront. 29 (1974) 157-161

(25) PRESSEY, S.L., R.G. KUHLEN: Psychological development through the life span. Harper & Brothers: New York, 1957

(26) REICHERTZ, P.L., G. KRÜSKEMPER, W.D. FRÖHLICH, J. STADELER, D. KONRAD, W. SCHAAR, J.E. OVERALL, C. DICKHÖFER: Altersstudie „Bonn". Untersuchungen des physischen und psychischen Verhaltens und deren medikamentöse Beeinflußbarkeit bei Altersheiminsassen. Verhandlgn. Dt. Gesellsch. inn. Med. 73 Kongreß 1967. Bergmann: München, 1967

(27) SCHLÖSSER, E.: Gedächtnistraining im Rahmen der Rehabilitation von Hirngeschädigten. In: FISCHER, B., S. LEHRL (Hrsg.): Gehirn-Jogging. Narr: Tübingen, 1983

(28) STAMFORD, B.A., W. HAMBACHER, A. FALLICA: Effects of daily physical exercise on the psychiatric state of institutional geriatric mental patients. Res. Quarterly 45 (1974) 34-41

(29) STÖRMER, A.: Gerohygiene: Aktuelle Chancen der primär-präventiven Geriatrie. Akt. Gerontol. 12 (1982) 117-121

(30) VERNON, P.E.: The variation of intelligence with occupation, age, and locality. Brit. J. Psychol. 1 (1947) 52-63

(31) WEISS, G.: Ende einer Raumfahrtära. Pionierprogramm SKYLAB ebnete den Weg zu irdischen Außenposten im All. Astronautik 1 (1974) 14-17

(32) WELFORD, A.T.: Aging and human skill. Oxford Univ. Press: London, 1958

(33) WÖLFERSDORFER, E.: Neuropsychologisches Reaktionstraining and Verlaufskontrolle. In: FISCHER, B., S. LEHRL (Hrsg.): Gehirn-Jogging. Narr: Tübingen, 1983

Nach dem Faulenzer-Urlaub Schwierigkeiten beim Denken

Ein Alltagsphänomen, das häufig zu beobachten ist. Franz Maletzke, 32, Dipl.-Ingenieur in einem Baubüro, kommt aus dem Urlaub zurück und klagt über Konzentrationsschwäche. Das Arbeiten fällt ihm schwer. Er kommt sich begriffsstutzig vor und nimmt Aufputschmittel, um wieder „beizukommen." Er erinnert sich, daß es ihm nach dem Militärdienst ähnlich ergangen war. Er war aus dem „geistigen" Tritt geraten. Er redete sich ein, natürlich könne er in den Zwanzigern nicht mehr so gut lernen wie in der Schulzeit. - So ähnlich fühlte er sich jetzt nach dem Urlaub. Nach zwei bis drei Wochen hat er allerdings seine alte Kondition wieder.

Das Urlaubsverhalten von Franz M. kann Aufschluß geben. Hier die Rückblende: Wegen einer starken Überarbeitung beschloß er, einige Wochen in den Süden zu fliegen. Und zwar allein, da er unverheiratet ist und auch sonst nur schwer Anschluß findet. Franz M. fliegt von Frankfurt nach Palma, von dort bringt ihn ein Bus nach Cala D'or, wo er in einem Hotel der gehobenen Preisklasse absteigt.

Am nächsten Tag geht er zum Strand. In der Vorsaison bestehen die Badegäste aus älteren Leuten oder jungen Familien mit noch nicht schulpflichtigen Kindern. Weil Franz M. seine Ruhe haben will, sucht er sich einen Platz bei den Senioren.

Hier hat er wirklich seine „Ruhe“. Der Tag erschöpft sich in mehrmaligem Baden im Meer und in den Mahlzeiten. Das einzige Aufregende erlebt er am Abend - er hat einen mittelschweren Sonnenbrand. So gleicht ein Tag dem anderen. Bis auf die Farbveränderung seiner Haut. Das Krebsrot geht langsam in ein Nußbraun über. Franz M. fühlt sich am Ende des Urlaubs topfit und ist überzeugt, daß er einmal so richtig ausgespannt hat. Etwas enttäuscht ist er allerdings, daß er keinen (sozialen) Anschluß fand.

Dann in den ersten Arbeitstagen trotz des entspannenden Urlaubs (oder gerade deswegen?) die Schwierigkeiten, sich wieder an die geistige Tätigkeit zu gewöhnen.

Unwillkürlich stellt man sich die Frage, ob der Faulenzer-Urlaub etwas mit den Schwierigkeiten zu tun hat, die Franz M. bei der Wiederaufnahme seiner Arbeit „heimsuchen“.

Die Antwort der Wissenschaft: Ja, dieses Faulenzen hat damit zu tun. Bereits kurze Phasen mangelnder geistiger Aktivität, dazu noch eine ausgesprochene Bewegungsarmut (Faulenzen!) und mangelnde Anregung der Sinne führt zu einem Nachlassen der geistigen Fähigkeiten, zu einem gelinden - wie der Volksmund sagt - „Einrosten“ (1,2,3,4,5, 6,7,10,11).

Ähnlich ist die Situation für

Mütter, deren Kinder aus dem Haus gehen. Ähnlich die Situation für Männer, die aus dem Berufsleben ausscheiden. Ähnlich für ältere Leute, die sich zunehmend sozial isolieren. Bei allen - weniger Informationsaufnahme, -verarbeitung , weniger geistige Aktivität. Und daher verminderte Denkleistung. Damit verbunden das unangenehme Gefühl, nicht mehr geistig so fit zu sein (2,3,7,8,12).

Es gibt in der Psychologie einen Versuch, der den Beweis liefert, daß der Mensch die Außenreize braucht, daß seine Sinnesorgane beschäftigt sein müssen, um sich im „Gleichgewicht" zu fühlen, um geistig voll leistungsfähig zu sein. Bei diesem Versuch der mangelnden Sinnesanregung (sensorische Deprivation) begeben sich freiwillige Testpersonen in einen Raum, der mit schallschluckendem Material ausgekleidet ist. Er wird indirekt schwach beleuchtet. Hände und Füße werden in Manschetten gesteckt, so daß auch die Körperbewegungen und das Selbstempfingen (sich mit den Händen berühren, um künstliche Reize zu erzeugen) ausgeschaltet werden. Kein Wort, kein Ton, keine Informationen in einer vollkommen gleichförmigen Umwelt. Viele Versuchspersonen brechen nach kurzer Zeit ab, andere klagen über Übelkeit und Unwohlsein. Aus diesem Grunde war der Versuch in den USA zeitweise verboten.

Jedenfalls liefert er den Beweis, daß durch diese reizlose Umgebung das Denkvermögen leidet. Vor dem Versuch wurde ein Gedächtnis- und Intelligenztest durchgeführt. Und nachher natürlich auch. Ergebnis: Geist und Gedächtnis funktionieren schon nach drei Stunden erheblich schlechter (9,11,12).

Nicht wenige Menschen leben vorübergehend oder dauernd ohne große körperliche Bewegung - neben den Urlaubsfaulenzern und Dauerfernsehern (6) auch die Wachsoldaten, viele Altenheimbewohner oder gar die Kranken (Rheuma, Hirnschlag, Querschnittslähmung oder Parkinsonerkrankung). Ihre geistigen Fähigkeiten verkümmern.

Das gleiche Schicksal trifft Gefängnisinsassen, und Menschen, die sich aus Enttäuschung zurückgezogen haben: Witwer, Witwen, Alleinstehende.

(1) BEXTON, W., W. HERON, T. SCOTT: Effects of decreased variation in the sensory environment. Can. J. Psychol. 8 (1954) 70-76

(2) BURNSIDE, I.M.: Multiple losses in the aged: implications for nursing care. Gerontologist 13 (1973) 157-163

(3) ERBER, J.T.: The Institutionalized Geriatric Patient Considered in a Framework of Developmental Deprivation. Hum. Dev. 22 (1979) 165-179

(4) HICKEY, T.: Stimulating age-related sensory impairment for practitioner education. Gerontologist 15 (1975) 457-463

(5) LEHRL, S.: Einfluß vergangener und akuter Krankenhausaufenthalte auf fluide und kristallisierte Intelligenzleistungen. Vless: Vaterstetten-München, 1980

(6) LU: „Droge" Fernsehen läßt Gehirn verkümmern. Epistula. Praxis-Kurier 17 (1983) 14

(7) O'NEIL, P.M., K.S. CALHOUN: Sensory deficits and behavioral deterioration in senescence. J. abnorm. Psychol. 84 (1975) 579-582

(8) OSTER, C.: Sensory Deprivation in Geriatric Patients. J. Am. Geriat. Soc. 24 (1976) 461-464

(9) ROBERTSON, M.H., D.J. WOLTER: The Effect of Sensory Deprivation upon Scores on the Wechsler Adult Intelligence Scale. J. Psychol. 56 (1965) 213-218

(10) SUEDFELD, P., P.B. LANDON: Motivational arousal and task complexity: support for a model of cognitive changes in sensory deprivation. J. exp. Psychol. 83 (1970) 329-330

(11) ZUBEK, J.P., W. SANSOM, A. PRYSIAZNIUK: Intellectual changes during prolonged perceptual isolation (darkness and silence). Can. J. Psychol. 14 (1960) 233-243

(12) ZUCKERMAN, M.: Perceptual Isolation as a Stress Situation. Archs. gen. Psychiat. 11 (1964) 255-276

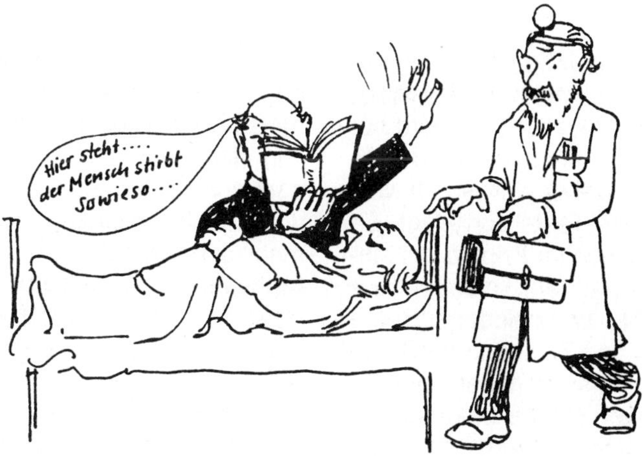

IQ sinkt bei Klinikaufenthalt

Bei Patienten, die längere Zeit im Krankenhaus lagen, sinkt der Intelligenz-Quotient. Das ergaben Untersuchungen in verschiedenen Kliniken (4,6,7). Macht ein Krankenhausaufenthalt dumm? Läßt die geistige Leistungsfähigkeit nach, wenn ein Mensch mehrere Tage im Krankenhaus liegt? Die Wissenschaft hat Tests entwickelt, die einen Leistungsabfall feststellen können. Allerdings muß der Patient dabei „mitspielen".

Welche Auswirkungen eine Erkrankung mit Klinikaufenthalt auf die geistige Leistung hat, kann man am Krankheitsbild von Hertha Behnhausen, 42, ablesen. Vor neun Wochen hatte sie zum erstenmal Magenschmerzen. Seitdem traten die Beschwerden täglich auf und wurden von Mal zu Mal stärker. Sie arteten in Koliken aus mit Übelkeit und Erbrechen. Nach einer medikamentösen Behandlung durch den Hausarzt wurde Hertha B. zur Untersuchung in eine Klinik eingewiesen.

Im Anfang ist der Klinikaufenthalt „abwechslungsreich". Frau B. ist innerhalb der Krankenanstalt viel „unterwegs", um verschiedene diagnostische Verfahren durchführen zu lassen.

Am zweiten Tag ihres Klinikaufenthalts wird Frau B. gebeten, an einer Untersuchung über die geistige Leistungsfähigkeit teilzunehmen. Sie willigt ein. Die Untersuchung wird auf ihrem Krankenzimmer durchgeführt. Dabei werden ihr verschiedene Tests vorgelegt. Es handelt sich im Prinzip um einfache Aufgaben. So soll sie aus 14 Reihen verschiedener Buchstaben und Zeichen den Buchstaben d herausfinden, an dem sich zwei Striche befinden (1).

In einem anderen Verfahren wird ihr Wortschatz getestet. Frau B. wird eine Liste vorgelegt, in denen sich neben „natürlichen" deutschen Wörtern auch künstliche, sinnlose Wortgebilde befinden wie Stel, Storn, Lod, Ikanastie. Die Aufgabe der Patienten: sie soll die ihr bekannten Wörter ankreuzen (5).

Außerdem soll Frau B. so schnell wie möglich eine Zeile von Buchstaben lesen (8), die z. B. so beginnt: r t b a w m f.

In einem anderen Fall sind angefangene Reihen zu ergänzen, die nach einem System aufgebaut sind.

Hier einige Beispiele:

0 00 000 0000 00000

xx xxxx xxxxxxxx

☆☆ ☆ ☆☆☆ ☆☆

Zusätzlich füllt Frau B. noch Fragebögen über ihren Zustand aus (10). Der Test dauert etwa eine Stunde. Frau B. ist über die Abwechslung froh und bittet, ihr das Testergebnis noch während des Krankenhausaufenthaltes mitzuteilen.

In den nächsten Tagen ändert sich ihr Verhalten. Sie wird wesentlich ruhiger, schläft mehr und fühlt sich müde. Ihre Motivation zu Gesprächen oder anderer Unterhaltung scheint von Tag zu Tag abzunehmen. Sie klagt über ihre Lustlosigkeit.

Am zwölften Tag ihres Klinikaufenthalts wird sie erneut gebeten, an einer Untersuchung über die geistige Leistungsfähigkeit mitzumachen. Im ersten Moment hat sie keine Lust. Aber dann gibt sie doch ihre Zustimmung - nicht zuletzt, um den behandelnden Arzt, der freundlich zu ihr ist, nicht zu enttäuschen.

Rückblickend räumt sie ein, daß ihr dieser zweite Test wesentlich schwerer gefallen ist.

Auch diesmal soll sie unter verschiedenen Buchstaben und Zeichen die „d mit zwei Strichen" herausfinden und ihr bekannte Wörter ankreuzen. Sie soll wieder so schnell wie möglich eine Zeile von Buchstaben lesen und erneut angefangene Reihen ergänzen, die nach einem System aufgebaut sind.

Am Tag vor der Entlassung aus der Klinik erfährt sie die Ergebnisse der beiden Tests. Frau B. hat im zweiten Test ein

IQ-Ergebnis, das deutlich niedriger liegt, nämlich um 11 Punkte.

Nach Test 1 hat sie den IQ 100, im zweiten Test dagegen nur den IQ 89; das ist ein erheblicher Leistungsabfall.

Auch die Konzentration hat stark nachgelassen. Nur der Wortschatz-Test hat das gleiche Ergebnis gebracht.

Nach der Entlassung findet sich Frau B. nur schwer im Alltag zurecht.

Wie in den Kliniktagen ist Frau B. schnell erschöpft. Selbst am hellichten Tagen legt sie sich ins Bett und hat ein ausgesprochenes Schlafbedürfnis. Im Gespräch mit den Angehörigen fühlt sie sich überanstrengt und schaltet schnell ab. Frau B. braucht fast zwei Wochen, ehe sie wieder richtig in den Alltag hineingefunden hat, ehe sie sich wieder heimisch fühlt.

Dann aber meistert sie den Alltag wieder. Ein dritter Test - davon kann man ausgehen - würde wieder annähernd das Ergebnis des ersten Tests bringen.

Die Leistungsminderung, der Leistungsrückgang ist so zu erklären: Frau B. erhielt in den einförmigen Krankentagen weniger Außen-Informationen, weniger Anregungen. Sie hatte weniger Aufregungen, weniger Probleme zu bewältigen. Sie hat auf „Sparflamme“ geschaltet und entweder ihre geistige Leistung zurückgenommen,

oder aber dieses Nachlassen ist automatisch erfolgt, weil sie - siehe oben - weniger Informationen als gewöhnlich zu verarbeiten hatte, weil die Klinik-Atmosphäre weniger Anregung bot.

Auch hier kann festgestellt werden, daß sich der kurzfristige „Reizentzug" nur vorübergehend nachteilig auswirkt.

Wesentlich schlimmer dagegen ergeht es Menschen, die durch eine Krankheit erheblich in ihrem Bewegungsdrang gehemmt werden (Rheuma, Querschnittslähmung, Multiple Sklerose, Endogene Depression, Parkinson-Syndrom usw.), die der Eintönigkeit ihres Daseins nicht entfliehen können (2,3). Da geht die Abnahme

der körperlichen Aktivität einher mit dem Nachlassen der geistigen Leistung und Spannkraft.

Aber auch gegen dieses Schicksal kann der Betroffene angehen. Nicht zuletzt durch Gehirn-Jogging, um geistig mobil zu bleiben.

(1) BRICKENKAMP, R.: Test d2. Aufmerksamkeits-Belastungs-Test. Hogrefe: Göttingen-Toronto-Zürich, 1975, 5. erw. Aufl.

(2) ERBER, J.T.: The Institutionalized Geriatric Patient Considered in a Framework of Developmental Deprivation. Hum. Dev. 22 (1979) 165-179

(3) GLICK, I.D., W.A. HARGREAVES, J. DRUES, J.A. SHOWSTACK: Short vs. Long Hospitalization. Arch. Gen. Psychiatriy 33 (1976) 78-83

(4) GUDERNATSCH, V.: Der Einfluß von Befindensstörungen auf Leistungs- und Intelligenztestergebnisse bei psychiatrisch unauffälligen Patienten. Diss. Erlangen, 1978

(5) LEHRL, S.: Mehrfachwahl-Wortschatz-Intelligenztest (MWT-B). Straube: Erlangen, 1977

(6) LEHRL, S.: Machen stationäre Krankenhausaufenthalte dumm? Klinikarzt 10 (1981) 789-796

(7) LEHRL, S.: Einfluß vergangener und akuter Krankenhausaufenthalte auf fluide und kristallisierte Intelligenzleistungen. Vless: Vaterstetten-München, 1980

(8) LEHRL, S., A. GALLWITZ, L. BLAHA: Kurztest für Allgemeine Intelligenz KAI. Handanweisung Vless: München-Vaterstetten, 1980

(9) WEISS, R.H.: Grundintelligenztest CFT 3 Skala 3. Westermann: Braunschweig, 1971

(10) ZERSSEN, D. von: Testsystem PSYCHIS - Allgemeiner Teil. Beltz: Weinheim, 1975

Nach drei Wochen auf dem Tiefpunkt

Die Astronauten - gleichgültig ob Amerikaner oder Russen - machten nach den Raumflügen zwei Beobachtungen: die Beinmuskulatur nahm ab und die gesamte Verfassung verschlechterte sich. (1,12,13). Das erste Phänomen, für das die Astronauten den Ausdruck „chicken legs“ (Kückenbeine, 1) prägten, können auch schon Patienten an sich erkennen, die längere Zeit gelegen haben, d.h. die Beine nicht benutzt haben. Das Nicht-Benutzen führt zur Abnahme der Muskulatur. Führt damit auch zu Schwierigkeiten, wenn der Patient wieder die ersten Schritte machen muß. Auch bei den Astronauten scheint es die gleiche Ursache zu sein - das geringe Körpergewicht im Zustand der Schwerelosigkeit kommt einem Nicht-benutzen der Beinmuskeln gleich.

Das Phänomen der schlechten Verfassung wurde am deutlichsten beim ersten, dem kürzesten der drei Skylab-Flüge. Er dauerte „nur" 28 Tage gegenüber dem zweiten mit 59 und dem dritten mit 84 Tagen. Mit zunehmender Flugdauer hatte man das tägliche Fitness-Training erhöht: von einer halben auf eine ganze und beim längsten Flug - auf eineinhalb Stunden. Auf dieses Training führt man zurück, daß die Astronauten mit der längsten Flugdauer in einer besseren Verfassung als ihre Vorgänger waren (12).

Auch das Nicht-benutzen des Geistes, der geistigen Fähigkeiten führt zu einem Nachlassen der Verfassung insgesamt, besonderes der geistigen Leistung. Um voll leistungsfähig zu bleiben, müssen Geist und Gedächtnis ständig„aktiviert", trainiert werden. Damit der Mensch auf dem optimalen Niveau bleibt, das er zwischen 15 und 20 Jahren erreicht, hat er zu kämpfen, muß er seinen Geist trainieren.

Ähnlich kämpfen wie um die Gesundheit. Um den Erhalt der Gesundheit.

Die Schwierigkeit und Unsicherheit beim Gehen nach längerer Bettlägerigkeit ist meist innerhalb von 24 Stunden überwunden. Wie sieht es mit dem In-Schwung-kommen nach längerer geistiger Ruhepause aus?

Zuerst einmal haben die Wissenschaftler festgestellt, daß der Intelligenzquotient in den ersten Tagen des Klinikaufenthaltes ziemlich rasch absinkt, d. h. die geistige Leistungsfähigkeit im Klinikbett erheblich nachläßt (3,4,5). Der absolute Tiefpunkt wird nach etwa drei Wochen erreicht. Dann ist der Intelligenz-Quotient um nahezu 20 Punkte gefallen. Das bedeutet: ein Mensch mit einem mittleren IQ ist in das Grenzgebiet des Schwachsinns geraten. Danach allerdings werden die geistigen Leistungen wieder besser. Dafür gibt es Erklärungen: der Patient hat sich „eingependelt", sich auf seine Umwelt eingestellt.

Die untersuchten Patienten befanden sich auf chirurgischen und internistischen Stationen und waren in der Mehrheit bettlägerig.

Sie durften nicht psychiatrisch auffällig sein. Falls sie

überhaupt operiert worden waren, lag die Operation längere Zeit zurück. Andere konnten (schon wieder) laufen und sich nach Gutdünken beschäftigen mit Kartenspielen, Schach, Unterhaltungen. Der durchschnittliche Aufenthalt der Patienten in den Kliniken betrug neun Tage.

Das Überraschende der Untersuchung: schon nach wenigen Tagen war der IQ um elf Punkte gesunken. Große Unterschiede zwischen bettlägrigen Patienten und solchen, die sich schon wieder bewegen konnten, gab es nicht. Bei allen hatten die geistigen Leistungen und die Konzentrationsfähigkeit stark nachgelassen.

Wer nach längerem Bettaufenthalt Schwierigkeiten mit dem Laufen hat, ist nach wenigen Tagen wieder voll auf den Beinen. Auch der ungeübte Geist - wird er erneut beansprucht - findet sich wieder in seine Rolle und die Leistung steigert sich. Deshalb konnten wissenschaftliche Untersuchungen keine Unterschiede in der geistigen Leistungsfähigkeit aufdecken zwischen Personen aus dem Alltag , die keine, beziehungsweise mehrwöchige frühere Klinikaufenthalte hatten (5). Was die Erfahrung jedoch lehrt und die Wissenschaftler ebenfalls schon beobachtet haben: Es gibt eine

Grenze - zumindest im geistigen Leistungsbereich - wo eine erneute Aktivierung nach einer längeren Ruhephase nur noch begrenzt oder überhaupt nicht mehr möglich ist. Längere Aktivitätsminderung kann zu ständig geistigen Defiziten führen (2). Dafür sprechen die Funde, die in „Frühe Intelligenz - hohes Alter“ dargestellt sind.

Der Mensch, der durch eine Krankheit längere Zeit an seiner körperlichen und geistigen Beweglichkeit gehindert wird, gerät in einen Teufelkskreis. Die Abnahme der körperlichen

Aktivität führt zur Leistungsminderung des Geistes. Dieses Phänomen wiederum führt dazu, daß er sich immer mehr in seine eigenen vier Wände, in sein Schneckenhaus zurückzieht und am Ende verkümmert.

Seine körperliche und geistige Inaktivität bewirken auf diese Weise die soziale Isolierung und die Reizarmut für seine Sinne, die sogenannte sensorische Deprivation. Er spürt seltener die Bewegung seiner Muskeln, er ergötzt sich nicht mehr an den farbenfrohen Auslagen der Geschäfte, an dem Geruch von frischgemähtem Gras und an dem Klopfen eines Spechtes. Alles das sind Grundlagen für eine optimale geistige Leistungsfähigkeit (6,7,8,9,10,11,14,15).

Hier soll - nein muß Gehirn-Jogging eine Hilfe sein.

(1) FUCHS, H.G.: Der Mensch im Zustand der Schwerelosigkeit. Physiologische Probleme, klinische Aspekte, Vorbeugung und Schutzmaßnahmen. Astronautik 4 (1980) 96-100

(2) GLICK, D., W.A. HARGREAVES, J. DRUES, J.A. SHOWSTACK: Short vs. Long Hospitalization. Arch. Gen. Psychiatry 33 (1976(78-83

(3) GUDERNATSCH, V.: Der Einfluß von Befindensstörungen auf Leistungs- und Intelligenztestergebnisse bei psychiatrisch unauffälligen Patienten. Diss. Erlangen, 1978

(4) LEHRL, S.: Machen stationäre Krankenhausaufenthalte dumm? Klinikarzt 10 (1981) 789-796

(5) LEHRL, S.: Einfluß vergangener und akuter Krankenhausaufenthalte auf fluide und kristallisierte Intelligenzleistungen. Vless: Vaterstetten-München, 1980

(6) O'NEIL, P.M., K.S. CALHOUN: Sensory deficits and behavioral deterioration in senescence. J. abnorm. Psychol. 84 (1975) 579-582

(7) OSTER, C.: Sensory Deprivation in Geriatric Patients. J. Am. Geriat. Soc. 24 (1976) 461-464

(8) RAHMANN, H.: Lernen und Gedächtnis sowie Aspekte der Gedächtnissteigerung vom Standpunkt der Neurobiologie. In: FISCHER, B., S. LEHRL (Hrsg.): Gehirn-Jogging. Narr: Tübingen, 1983

(9) ROSENZWEIG, M.R.: Environmental complexity, cerebral change, and behavior. Am. Psychol. 21 (1966) 321-332

(10) SUEDFELD, D.P., P.B. LANDON: Motivational arousal and task complexity: support for a model of cognitive changes in sensory deprivation. J. exp. Psychol. 83 (1970) 329-330

(11) VERNON, J., T. McGILL: The effect of sensory deprivation upon rote learning. Amer. J. Psychol. 70 (1957) 637-639

(12) WEISS, G.: Ende einer Raumfahrtära. Pionierprogramm SKYLAB ebnete den Weg zu irdischen Außenposten im All. Astronautik 1 (1974) 14-17

(13) WINTER, D.L.: Man in Space: A Time for Perspective. Astronautics & Aeronautics 13 (1975) 28-36

(14) ZUBECK, J.P., W. SANSOM, A. PRYSIAZNIUK: Intellectual changes during prolonged perceptual isolation (darkness and silence). Can. J. Psychol. 14 1960) 233-243

(15) ZUCKERMANN, M.: Perceptual Isolation as a Stress Situation. Arch. Gen. Psychiat. 11 (1964) 255-276

Frühe Intelligenz - hohes Alter

Es besteht ein Zusammenhang zwischen geistiger Regsamkeit und einer hohen Lebenserwartung (9). Damit haben die Wissenschaftler - wie es scheint - einen Schlüssel zum langen Leben gefunden: Der Mensch muß in seiner Jugend ein hohes Intelligenzniveau erreichen, es durch geistige Übung immer auf der gleichen Höhe halten, und die Wahrscheinlichkeit ist auf seiner Seite, daß er geistig rege ein „gesegnetes“ Alter erreicht (1,8,10,12,13,14).

Das Ergebnis verschiedener Untersuchungen an Personen, die hoher geistiger Anregung ausgesetzt sind: sie halten bis kurz vor ihrem natürlichen Tod das Niveau, das sie bereits im frühen Erwachsenenalter hatten. Die Erfahrungen aber nahmen selbstverständlich im Laufe der Zeit noch weiter zu (8,10,12,15). Außerdem - und das ist - laut E. Palmore und M. Luikhart - der entscheidende Punkt: diese Menschen haben eine höhere Lebenserwartung.

In verschiedenen Studien maß man die Intelligenz von Erwachsenen-Gruppen unterschiedlicher Altersstufen (1,5,6,8,10,12,14,15). Es zeigte sich überraschend, daß der Höhepunkt der geistigen Leistungsfähigkeit bereits mit 16 Jahren erreicht ist. Wer zu diesem Zeitpunkt eine hohe geistige Leistungsfähigkeit erreicht, etwa den IQ 115 und mehr, hält sie bis ins hohe Alter. Personen allerdings, die mit 16 Jahren eine geringe geistige Leistungsfähigkeit besitzen, fallen im mittleren Erwachsenenalter bereits stark ab.

„Verantwortlich" für die Größe der geistigen Leistung ist im nicht geringen Maße die Umwelt eines Menschen. Zu dieser Umwelt zählt vorrangig das Berufsleben. Auch hier hat man festgestellt: Personen, denen der Beruf nur geringe Umweltanregungen bietet, lassen auch bald in der geistigen Leistung nach - im Gegensatz zu den Menschen, die von Berufsseite geistig stark gefordert werden (5,6,7,10). Man könnte es auf folgenden Nenner bringen: weniger geistige Berufsanregung - weniger Leistung - geringere Lebensdauer. Fazit: Geistige Trägheit verkürzt - nach Erfahrungswerten der Wissenschaftler - das Leben.

Außerdem ist die höhere geistige Tätigkeit auch wiegbar - nämlich an der Gehirnmasse. Menschen mit hoher Geistesleistung haben im Vergleich zum Körpergewicht ein schwereres Gehirn (11).

Häufig werden Tierversuche durchgeführt, um Verhalten zu beobachten. Tiere, die sich für solche Versuche anbieten, sind die Ratten. Sie besitzen eine gewisse Lernfähigkeit. Diese Lernfähigkeit läßt sie auch die Außenweltreize sichtbar aufnehmen und verarbeiten. So wurde eine Rattengruppe in eine „reizvolle" Umwelt gesetzt und eine andere in eine „reizlose". Das Ergebnis: Bei Ratten, die viele Eindrücke zu verarbeiten hatten, vergrößerte sich das Gehirn - auch gewichtsmäßig (2).

Wenn das Intelligenzniveau mit 16 schon auf dem Höhepunkt sein kann, scheint die Förderung der Kinder wichtig zu sein, und zwar vor dem 16. Lebensjahr. Milieu und Förderung hängen zusammen. Die Wisssenschaftler haben vor allem in USA die Auswirkung des Milieus auf die Kinder untersucht. Man nahm Stichproben aus den verschiedensten Bevölkerungsklassen. So wurde bei einer Gruppe von Kindern aus „unauffälligen", normalbürgerlichen Familien der IQ untersucht. Damit verglichen wurde der Intelligenz-Quotient von Kindern aus gestörtem Milieu, vernachlässigten Kinder. Die dritte Gruppe waren Kinder aus der Berggegend von Tennessee und eine vierte aus den Bergen von Kentucky (12).

Und hier der Vergleich: Die Kinder aus dem gestörten Mi-

lieu und Kinder aus den abgelegenen Berggegenden in Tennessee zeigen bis zum 6. Lebensjahr die gleichen geistigen Leistungen wie die Stadtkinder. Also bis dahin in der Entwicklung scheinbar kein Unterschied. Mit 14 Jahren waren die IQ-Ergebnisse der beiden Gruppen allerdings weit auseinandergefallen, etwas über 20 IQ-Punkte. Die Stadtkinder aus den „unauffälligen" Familien waren den beiden anderen Gruppen hoch überlegen. Das Urteil für die gestörten Kinder und die Kinder aus den Bergen von Tennessee: niedrige Intelligenz.

Noch deutlicher war der Abfall der geistigen Leistungen bei den Kindern aus Kentucky. Die Umweltbedingungen waren für sie extrem schlecht: keine Zeit zum Spielen, kein Kindergarten, nur unregelmäßiger Schulbesuch, keine Zeit und kein Geld für Hobbies. Dafür waren sie sehr früh berufstätig und mußten Erwachsenenpflichten übernehmen. Sie hatten als 15jährige durchschnittlich den IQ 60; normalerweise liegt diese Punktzahl schon im

Bereich des leichten Schwachsinns.

Nun muß man diesen Randgruppen zugutehalten, daß sie Tests zu durchlaufen hatten, die eigentlich auf die Stadtkinder - Mittelschicht - abgestellt sind (3,4). Von daher müßte ein Vergleich eigentlich weniger krass ausfallen, d. h. den bevorzugten Stadtkindern müßten einige Punkte abgezogen werden, oder aber den anderen Kindern müßten einige Bonuspunkte gutgeschrieben werden.

Es gibt also Kindergruppen, die von ihrer Umwelt benachteiligt aufwachsen. Läßt sich dieser Schaden später ausbügeln? Kann Hans noch erwerben, wozu Hänschen keine Zeit und Gelegenheit hatte?

Es gibt Untersuchungen, die zu der Annahme Mut machen (1,2,6,7,8). Allerdings geht es dann nur wieder über den Weg des Trainings, des Gehirn-Joggings.

(1) BLUM, J.E., L.F. JARVIK: Intellectual Performance of Octogenarians as a Function of Education and Initial Ability. Human. Develop. 17 (1974) 364-375

(2) DIAMOND, M.C.: The Aging Brain: Some enlightening and Optimistic Results. Am. Scient. 66 (1978) 66-71

(3) HARRINGTON, G.M.: Intelligence tests may favour the majority groups in a population. Nature 258 (1975) 708-709

(4) LANGEVELD, M.J.: Intelligence as an Educable Conglomerate. A Synthesis. Human Development 10 (1967) 22-26

(5) LEHR, U.: Psychologie des Alterns. Quelle und Meyer: Heidelberg, 1974, 2. Aufl.

(6) LEHR, U.: Die Bedeutung der Lebenslaufpsychologie für die Gerontologie. akt. gerontol. 10 (1980) 257;269

(7) MATHEY, F.J.: Psychische Reaktionen auf experimentelle Belastungssituationen - Ergebnisse longitudinaler Studien. akt. gerontol. 1 (1971) 103-109

(8) MILES, C.C., MILES, W.R.: The correlation of intelligence scores and chronological age from to late naturity. Am. J. Psychol. 44 (1932) 44-78

(9) PALMORE, E., M. LUIKHART: Life satisfaction. In: PALMORE, E. (Hrsg.): Normal Aging II. Durham, N.C. 1974

(10) OERTER: Moderne Entwicklungspsychologie. Auer: Donauwörth, 1968, 2. Aufl.

(11) PASSINGHAM, R.E.: Brain Size and Intelligence in Man. Brain. Behav. Evol. 16 (1979) 253-270

(12) PRESSEY, S.L., R.G. KUHLEN: Psychological development through the life span. Harper & Brother: New York, 1957

(13) REICHERTZ, P.L., G. KRÜSKEMPER, W.D. FRÖHLICH, J. STADELER, D. KONRAD, U. SCHAAR, J.E. OVERALL, G. DICKHÖFER: Altersstudie „Bonn". Untersuchungen des physischen und psychischen Verhaltens und deren medikamentöse Beeinflußbarkeit bei Altersheiminsassen. Verhandlgn. Dt. Gesellsch. inn. Med. 73 Kongreß 1967. Bergmann: München, 1967

(14) WECHSLER, D.: Die Messung der Intelligenz Erwachsener. Huber: Bern-Stuttgart, 1956

(15) WEISS, R.H.: Grundintelligenztest CFT3. Westermann: Braunschweig, 1971

Jeder 5. leidet an Vergeßlichkeit

In der Bundesrepublik leben fast 10 Millionen Menschen über 65 Jahre. Davon hat jeder fünfte - also rund 2 Millionen - eine Störung der Hirnfunktionen (2,4). Das äußert sich in Vergeßlichkeit, Lustlosigkeit, Depressionen, Kopfschmerzen und einem Nachlassen der geistigen Fähigkeiten. Lange Zeit hat man dieses „Altern" für ein unausweichliches Phänomen gehalten. Inzwischen sind die Wissenschaftler anderer Meinung.

Es gibt eine Reihe von Gründen, die zu diesen Störungen führen, nicht zuletzt auch Veränderungen der Außenwelt, oder Einschränkungen der Außenreize (7,8,9,10).

Deutlich ist diese Feststellung an der Fallstudie von Herbert Klein zu sehen. Herbert Klein, 68, seit drei Jahren „in Rente" lebt mit seiner Frau in einem Vorort von München. Sie besitzen ein Einfamilienhaus mit einem kleinen Garten.

Über seine Pensionierung als Angestellter äußert sich Herbert Klein so: „Es ist mir schwerer gefallen als ich dachte - morgens aufstehen und nicht mehr ins Büro müssen - nein dürfen. Schließlich mußte ich etwas zu tun haben. Da habe ich meiner Frau Hausarbeit abgenommen. Erst etwas, dann immer mehr."

Sein Tag war auch ohne Büro stark strukturiert. Nach dem Frühstück las Herbert K. die Tageszeitung. Anschließend stand das Einkaufen auf dem Tagesplan. Dann half er seiner Frau bei den Essensvorbereitungen. Seine alltäglichen Standardarbeiten waren Kartoffeln schälen, Konservendosen öffnen, die Koteletts klopfen und nach dem Abschluß der Essenszubereitung das Beseitigen der Küchenabfälle.

Nach dem Essen Geschirr abtrocknen und dann ein bis zwei Stunden Mittagspause. Auch der Nachmittag verlief nach einem beinahe strengen Ritual: wann immer das Wetter es zuließ, ein Gang in den Stadtpark, um sich mit Bekannten zu treffen zum Austausch von Neuigkeiten.

Der Abend verlief ebenfalls gleichförmig: nach dem Abendessen Fernsehstunde bis gegen 23 Uhr. Das also war das sorglose Leben eines Pensionärs. Und bis vor einigen Wochen hat sich Herbert K. dabei auch wohlgefühlt.

Dann war plötzlich alles anders. Hatte er sich bis dahin seines guten und tiefen Schlafes gerühmt, mußte er jetzt über Schlafstörungen klagen . Es dauerte einige Zeit bis er einschlief. Dann wurde er völlig unmotiviert mitten in der Nacht mehrere Male wach. Gegen Morgen, wenn er so richtig tief „weg" war, weckte ihn seine Frau, weil sie mit ihm zusammen frühstücken wollte.

Der normale Tagesablauf schien gefährdet. Das Zeitungslesen fiel ihm schwer. Er fühlte sich ausgesprochen unlustig und schlecht gelaunt. Häufig begnügte er sich mit dem Lesen der Überschriften. Die oberflächliche Information reichte ihm.

Seine Einkaufsbereitschaft war stark unterkühlt. Das hatte seinen Grund. Er konnte sich nicht mehr auf sein Gedächtnis verlassen und genierte sich, einen Einkaufszettel mitzunehmen.

Dann kamen noch Ereignisse hinzu, die seiner Frau einen Schreck einjagten. Herbert K. kam im Verkehr nicht mehr zurecht, er lief über die Straße, ohne sich um die Kraftfahrzeuge zu kümmern, und um Haaresbreite hätte es einen Unfall gegeben. Er mäkelte am Mittagessen herum, weil es ihm nicht schmeckte. Am Nachmittag fand er Ausreden, um nicht in den Park gehen zu müssen. Er wollte sich nicht mit seinen Bekannten unterhalten. Auch das hatte seinen Grund: man hatte ihm mehrere Male mit allem möglichen Taktgefühl gesagt, daß er sich bei seinen Erzählungen häufiger wiederhole. Das hatte ihn geärgert.

Auch der Garten hatte für ihn keinen Aufforderungscharakter mehr. Er fand eine Fülle von Ausreden, um zu verheimlichen, daß er einfach keine Lust hatte auf die Gartenarbeit.

Selbst das gesellige Beisammensein im Kegelklub, dem er als Schriftführer seit Jahren angehörte, mied er. Als Frau K. das Verhalten ihres Mannes sehr merkwürdig vorkam, überredete sie ihn zu einem Arztbesuch.

Der Arzt stellte nach der Untersuchung und den Tests die Diagnose: „Cerebrale Insuffizienz“, das bedeutet: allgemeine Störung der Hirnfunktionen, wie sie bei der sogenannten Hirnverkalkung vorkommt.

Die Ursachen sind sehr verschiedenartig. Meist kommen mehrere zusammen: Fehlernährung, Bewegungsmangel, ungünstige Erbanlage, über-

mäßiger Nikotingenuß, mangelnde geistige Betätigung.

Eine Alterserkrankung und ein unausweichliches Schicksal?

Heute nicht mehr. Es kann - und so ging es auch bei Herbert K. weiter - einiges dagegen getan werden.

Fast so vielfältig wie die Ursachen sind die Gegenmaßnahmen. Hiermit sollte möglichst früh begonnen werden (5). Aber auch im höheren Alter ist noch einiges „drin" (3,6) So zeitgemäße Ernährung, Bewegung, Verzicht auf den übermäßigen Zigarettengenuß, sich an andere anschließen, ein geselliges Leben führen, sich um ein Tier kümmern, sich seine echte Neugier erhalten. Denn der Mensch ist auch noch im fortgeschrittenen Alter aufnahme- und lernfähig. So haben es australische Senioren bewiesen, die in verhältnismäßig kurzer Zeit Deutsch lernten und es besser beherrschten als die Jugendlichen (6).

Eine gezielte Maßnahme ist auch das Gehirn-Jogging.

(1) FISCHER, B., U. FISCHER: Beginnende und chronische zerebrovaskuläre Insuffizienz. Der praktische Arzt (Wien) 34 (1980) 312-352

(2) HOYER, S.: Diagnose und Differentialdiagnose des psychoorganischen Syndroms (biochemische Aspekte). In: FISCHER, B., S. LEHRL (Hrsg.): Differentialdiagnose Depression - beginnende sowie chronische zerebrovaskuläre Insuffizienz. Pharmazeutische Verlagsgesellschaft: München, 1982

(3) LABOUVIE-VIEF, G., J.N. GONDA: Cognitive Strategy Training and Intellectual Performance in the Elderly. J. Gerontol. 31 (1976) 327-332

(4) LAUTER, H.: Epidemiologie der großen psychiatrischen Störungen. In: BLOHMKE, M., C. FERBER (Hrsg.): Handbuch der Sozialmedizin, Bd. II. Enke: Stuttgart, 1977

(5) LEHR, U.: Die Bedeutung der Lebenslaufpsychologie für die Gerontologie. akt. gerontol. 10 (1980) 257-269

(6) NAYLOR, G., E. HARWOOD: Das akademische Lernen bei alten Menschen. akt. gerontol. 7 (1977) 397-400

(7) O'NEIL, P.M., K.S. CALHOUN: Sensory deficits and behavioral deterioration in senescence. J. abnorm. Psychol. 84 (1975) 579-582

(8) OSTER, C.: Sensory Deprivation in Geriatric Patients. J. Am. Geriat. Soc. 24 (1976) 461-464

(9) OWENS, W.A.: Age and mental abilities: a second follow up. J. Educ. Psychol. 57 (1966) 311-325

(10) ROSENMAYR, L., E. KÖCKEIS: Umwelt und Familie alter Menschen. Luchterhand: Neuwied, 1965

Konzentration fördert Durchblutung

Obwohl das Gehirn nur 2 v.H. des Körpergewichts ausmacht, fließen 20 v.H. des Blutes durch diese Region. Der Hauptgrund: um das Gehirn ausreichend mit der zum Denken erforderlichen Energie zu versorgen (7,8).

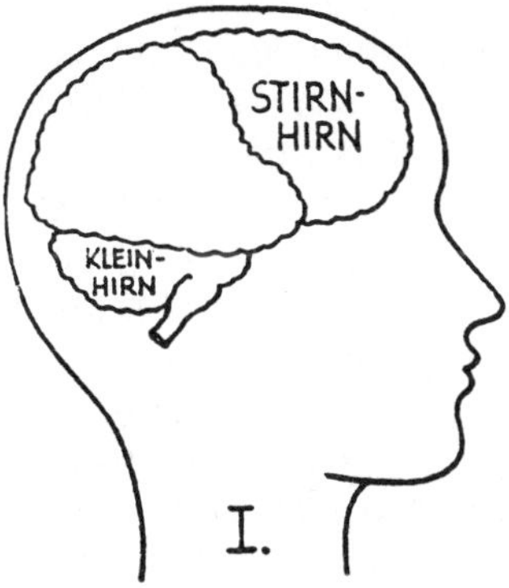

Energieträger sind Sauerstoff und Glukose. Sie ernähren das Gehirn, halten seine Strukturen aufrecht und sind verantwortlich für sein Funktionieren (1).

Die Wissenschaftler haben ein Verhältnis herausgefunden: Denktätigkeit hat einen direkten Einfluß auf den Hirnstoffwechsel und die Hirndurchblutung. Noch anzumerken ist,daß das Stirnhirn - „Ort" der Denktätigkeit - stärker vom Blut durchflossen wird als die anderen Hirnpartien (3,6,7).

Der Energiebedarf bei geistigen Tätigkeiten ist extrem hoch.

Im Versuch läßt sich genau nachweisen, daß geistige Akti-

Wenn die Hirndurchblutung durch Aktivität angeregt wird:

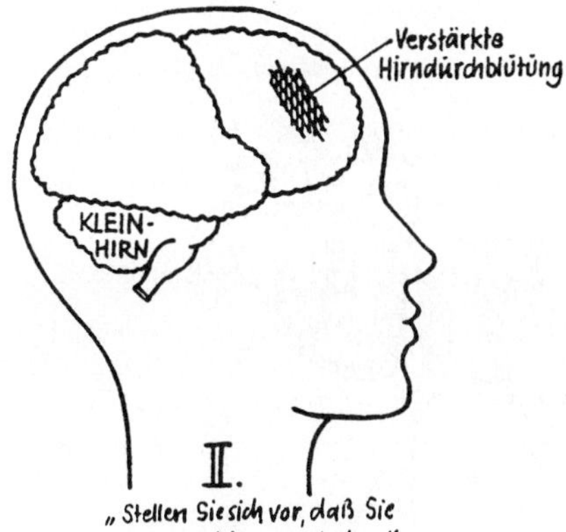

„Stellen Sie sich vor, daß Sie Ihren rechten Arm heben" (Vorstellung)

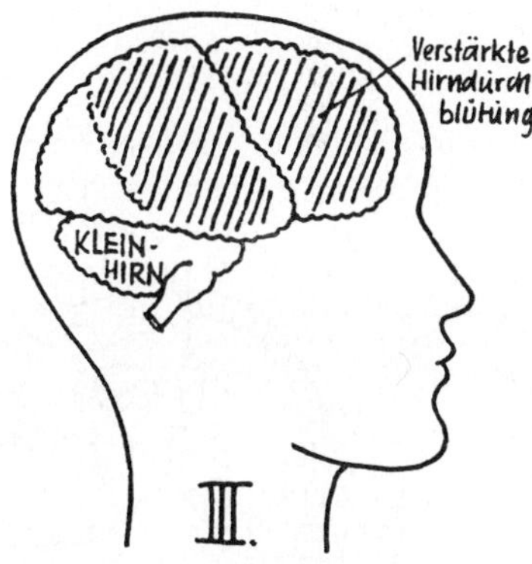

Arm wird gehoben

vität den Stoffwechsel im Gehirn mobilisiert, so durch ein einfaches Experiment. Versuchspersonen stellen sich vor, daß sie den Arm heben. Sie stellen sich diese Handlung nur vor und führen sie (noch) nicht aus!

Schon in diesem Augenblick erhöht sich im Stirnhirn der Stoffwechsel (s. Abbildung). Um das zu messen, atmet man nach neuesten Methoden Xenon ein oder läßt es sich in eine Vene spritzen. Dieses Xenon, genaugenommen 133Xe, sendet Gammastrahlen aus, die man am Schädel messen kann. Ein Computer verarbeitet die Meßwerte. Erhöhungen, aber auch Minderungen des Stoffwechsels und der Durchblutung im gesamten Gehirn oder an bestimmten Hirnstellen lassen sich auf diese Weise rasch erfassen (2,3,4).

Jetzt kommt der Befehl zur Ausführung der vorgestellten Handlung. Die Versuchsperson hebt den Arm (Abbildung). In diesem Augenblick verstärkt sich der Hirnstoffwechsel über 3/4 des vorderen Gehirnteils. (Der hintere Gehirnteil hat mehr mit Sehempfindungen und Sehwahrnehmungen zu tun, wird durch die Denktätigkeit nicht so stark gefordert.)

Die Gehirndurchblutung ist direkt abhängig von dem Handlungsentwurf und anschließend von der Ausführung.

Ein ähnliche Situation entsteht bei einem Konzentrationstest, beispielsweise, wenn man eine halbe Stunde lang immer je zwei Zahlen so schnell wie möglich zusammenzählen

soll. Während des Tests wird aufgezeichnet, wie sich das Blut über das Gehirn verteilt.

Die Vermutung bestätigt sich: bei geistig aktiven Tätigkeiten wie Denken, Sich-etwas-vorstellen, Planen, Handlungen entwerfen wird vorzugsweise das Stirnhirn beansprucht (7).

Fazit: Bei der Denktätigkeit wird einmal der Stoffwechsel im Hirn gesteigert, zum anderen eine stärkere Durchblutung ausgelöst.

Beide Phänomene haben ein und denselben Grund: sie versorgen das Hirn mit den notwendigen Nährstoffen - Glukose und Sauerstoff. Das Blut transportiert diese Nährstoffe über das stark verzweigte Gefäßsystem an die Nervenzellen. Beim Verbrauch von Glukose und Sauerstoff entsteht Kohlendioxyd, das an das Blut zurückgetauscht wird. Dadurch erweitert sich das Gefäßsystem, und auf diese Weise können noch mehr Sauerstoff und Glukose über das Blut herangeführt werden (2,4,5,6,7,8).

Ein tätiges Gehirn regt die Durchblutung an. Gleichzeitig entsteht durch den Stoffwechsel Wärme, auch sie ist heute bereits nachweisbar.

(1) BRODY, H.: Organization of the cerebral cortex. III. A study of aging in the human cerebral cortex. J. Comp. Neurol. 102 (1955) 511-556

(2) FISCHER, B., U. FISCHER: Zerebrales Jogging: Neue Möglichkeiten zur Aktivierung des Patienten. In: FISCHER, B., S. LEHRL (Hrsg.): Gehirn-Jogging. Narr: Tübingen, 1983

(3) GAAB, M.R., U. PLENDL, A. BRAWANSKI, I. HAUBITZ, W. WIEDEMANN, R. WODARZ, J. BOCKHORN: Atraumatische Messung der Hirndurchblutung. Klinikarzt 11 (1982) 971-986

(4) HEISS, W.-D.: Hirndurchblutung und Hirnstoffwechsel im Alter und beim hirnorganischen Psychosyndrom. In: BENTE, D., H. COPER, S. KANOWSKI (Hrsg.): Hirnorganische Psychosyndrome im Alter. Springer: Berlin-Heidelberg -New York, 1982

(5) HOYER, S.: Diagnose und Differentialdiagnose des psychoorganischen Syndroms (biochemische Aspekte). In: FISCHER, B., S. LEHRL (Hrsg.): Differentialdiagnose Depressionsbeginnende sowie chronische zerebrovaskuläre Insuffizienz. Pharmazeutische Verlagsgesellschaft: München, 1982

(6) JACQUY, J., A. PIRAUX, P. JOCQET, J.P. LHOAS, G. NOEZ: Regional Cerebral Blood Flow during Voluntary Movements of Hand. Neuropsychobiology 3 (1977) 240-249

(7) OTT, E., K. MARGUC, H. LECHNER: Moderne Methoden zur Messung der globalen und regionalen Hirndurchblutung. In: Colloquium cerebrovaskuläre Insuffizienz. Parke, Davis & Co.: München, 1981

(8) WOELK, H.: Biochemische Befunde und therapeutische Aspekte der cerebrovaskulären Insuffizienz. In: FISCHER, B. (Hrsg.): Frühgeriatrie. Diagnostische und therapeutische Aspekte. Cassella-Riedel: Frankfurt/Main, 1980

Graue Zellen nehmen zu

Für alarmierend und beängstigend - aber auch für unabänderlich hielt man bis vor kurzem die Tatsache, daß der Mensch jeden Tag seines Lebens 100 000 bis 170 000 seiner Nervenzellen im Gehirn einbüßt (1, 5, 10). Täglich! Der 70jährige hat etwa 15 Prozent und der 90jährige 30 Prozent weniger Gehirnmasse als mit 20 Jahren. Der Lübecker Anatomieprofessor Dr. H. Haug hat jedoch jüngst nachgewiesen, daß trotz Abnahme der Gehirnmasse praktisch alle Nervenzellen erhalten bleiben. Sie sind nur kleiner geworden und dichter aneinandergedrückt (4).

Die neuere Forschung legt außerdem nahe: Man kann auch im Alter noch die Abnahme der Gehirnzellen stoppen oder zumindest abbremsen - durch Gehirn-Jogging. Durch eine anregende Umwelt, durch eine äußerst reizvolle Umgebung (2, 3, 4, 5, 8, 9, 10).

Weiter haben die Forscher herausgefunden, daß sich durch die geistige Tätigkeit die Gehirnmasse vergrößert. Aber nicht nur die Gehirnmasse.

Auch die Nervenzellen des Gehirns werden aktiviert. Zwar sind die Nervenzellen von Geburt an festgelegt. Sie können auch durch geistige Tätigkeit nicht vermehrt werden, im Gegensatz zur Gehirnmasse. Aber - die Verbindungen zwischen den Nervenzellen können zunehmen. Je mehr geistige Betätigung, um so mehr Verbindungen schalten sich zwischen den Nervenzellen. Also - diese Erkenntnis zeichnet sich ab: Umweltanregungen, die vom Gehirn verarbeitet werden, stärken das Geflecht der Nervenverbindungen zwischen den Zellen und vergrößern damit die Leistungsfähigkeit. Dafür sprechen Versuche an Tieren und an Menschen (2, 7, 8, 9).

Die Nervenzellen funktionieren nicht isoliert voneinander, sondern sie bilden Verbände. Durch das Speichern von Erfahrungen bilden sie ein kompliziertes Netz von Beziehungen zwischen den Nervenzellen.

Bisherige Forschungsergebnisse belegen also den positiven Einfluß von psychischer Aktivität und Umweltanregungen auf die Qualität der Nervenzellen, auf den Hirnstoffwechsel und die Hirndurchblutung.

Beim Alterungsprozeß lösen sich die Beziehungen zwischen den Nervenzellen wieder, läßt die geistige Leistungsfähigkeit

nach, wenn der Mensch sich passiv verhält. Betreibt er dagegen gezieltes Gehirntraining, so läßt sich dieser Vorgang stark abbremsen (10). Zum Vorteil des Menschen und zur Steigerung seines Lebensgefühls.

Die Forscher haben sich nicht damit begnügt, herauszufinden, daß das Stirnhirn durch geistige Betätigung schwerer wird, sondern sie wollten auch wissen, welche Substanz zunimmt (8,9). Derartige Untersuchung sind aus ethischen Gründen beim Menschen nicht durchführbar.

Wieder durften die Tiere hinhalten, und zwar die lernfähigen Ratten. Man setzte eine Gruppe dieser Tiere in eine anregende Umwelt, die die Neugier forderte und Leistungen provozierte (2,8,9).

Wie Mark R. Rosenzweig von der Berkely Universität in Kalifornien berichtet, wurden die Ratten ab dem 25. Lebenstag in zwei Gruppen aufgeteilt und je 80 Tage lang entweder anregenden oder langweiligen Bedingungen ausgesetzt. Die Ratten in der anregenden Umgebung lebten in Gruppen von 10 bis 12 Tieren in einem großen Käfig mit Spielsachen, wie Leitern, Rädern, Schachteln. Dreißig Tage später lernten sie, sich in einem Labyrinth zurechtzufinden. Die zweite Rattengruppe hatte ein einfaches, anregungsloses und „bequemes" Leben. Sie brauchte nichts zu lernen.

Die Ratten wurden wöchentlich gewogen. Das Ergebnis nach 80 Tagen: Das Körpergewicht der kaum angeregten Ratten lag 7 v.H. höher als das der stimulierten Tiere. Aber das Gehirn, die Hirnrinde, das Gewebe aus den grauen Zellen, das eng mit der Wahrnehmung verbunden ist, wog bei der Gruppe der angeregten Tiere 4 v. H. mehr. Und nicht nur die Hirnrinde mit den Grauen Zellen war schwerer geworden, sondern auch der Hippocampus in den tiefen Hirngebieten. Ihm kommen wichtige Aufgaben für die Gedächtnisfunktionen zu. Außerdem nahm der Durchmesser der feinen Blutgefäße, der Kapillaren, in diesem Hirnbereich zu. Die Folge ist eine schnellere Versorgung des Hirns.

Bei erwachsenen Ratten (im hohen Alter) wiederholte man den Versuch - und erzielte das gleiche Ergebnis.

Anatomische Studien an verstorbenen Menschen lassen ähnliche Schlüsse zu. Hirnteile, die am wenigsten gefordert werden, nehmen am stärksten ab. Bei 35jährigen ist das oft der Teil, der mit Aktivität eng zusammenhängt. Der Wissenschaftler drückt es so aus: Das sind die Projektionsfelder des extrapyramidal-motorischen Systems. Um das 60. Lebensjahr kommt noch das Stirnhirn hinzu, das mit Denken, Kreativität und geistiger Aktivität gekoppelt ist. Der Verlust beträgt teilweise 25 v.H. Kaum zurückgebildet sind dagegen die Schläfenlappen, die für die Hörwahrnehmung zuständig sind. Und auch das hat man festgestellt: Umgekehrt nehmen selbst im Alter noch Hirnteile zu, die stark gefordert werden.

Anschließend wurde - wie erwähnt - das Gehirn analysiert. Ergebnis: die Hirnrinde der geistig geforderten Ratten war schwerer als die Substanz einer Vergleichsgruppe in langweiliger Umgebung.

Bei dieser Hirnrinde handelt es sich um die berühmten grauen Zellen des bekannten Kommissar Poirot.....

Die grauen Zellen sind - wie die wissenschaftliche als auch die allgemeine Literatur erinnert - auch für die „hohen" geistigen Tätigkeiten zuständig.

Festgestellt wurde also wiederum, daß Anregungen, die aufgenommen und verarbeitet werden, das Gehirngewicht steigern (2, 6).

Und das nicht nur bei Ratten.

(1) BRODY, H.: Organization of the cerebral cortex, III. A study of aging in the human cerebral cortex. J. Comp. Neurol. 102 (1955) 511-556

(2) DIAMOND, M.C.: The Aging Brain: some Enlightening and Optimistic Results, Am. Scient, 66 (1978) 66-71

(3) ERBER, J.T.: The Institutionalized Geriatric Patient Considered in a Framework of Developmental Deprivation. Hum. Dev. 22 (1979) 165-179

(4) HAUG, H.: Die Alterung der menschlichen Hirnrinde. Welche Aspekte kann die quantiative Morphologie für die Funktion geben? geriatrics-pregeriatrics-rehabilitation 2.4 (1986) 79-94

(5) HOYER, S.: Physiologie und Pathophysiologie sowie therapeutische Beeinflussungsmöglichkeiten von Hirndurchblutung und Hirnstoffwechsel. In: FISCHER, B. (Hrsg.): Frühgeriatrie, Diagnostische und therapeutische Aspekte, Cassella-Riedel: Frankfurt/Main, 1980

(6) PASSINGHAM, R.E.: Brain Size and Intelligence in Man. Brain, Behav. Evol. 16 (1979) 253-270

(7) RAHMANN, H.: Lernen und Gedächtnis sowie Aspekte der Gedächtnissteigerung vom Standpunkt der Neurobiologie. In: FISCHER, B., S. LEHRL (Hrsg.): Gehirn-Jogging, Narr: Tübingen, 1983

(8) ROSENZWEIG, M.R.: Environmental complexity, cerebral change, and behavior. Am. Psychol. 21 (1966) 321-332

(9) ROSENZWEIG, M.R., E.L. BENNETT, M.C. DIAMOND: Brain Changes in Response to Experience. Scientific American 226 (1972) 22-29

(10) T.S.: Unterforderte Hirn-Areale altern schneller. Selecta Supplement 2 (1983)

Sich den Umweltreizen öffnen

In den einzelnen Altersabschnitten lebt der Mensch in einer unterschiedlich stimulierenden Umwelt (1,7,8,10,12,13). Das hängt auch von der Geschlechtsrolle ab. Eine Mutter mit zwei oder mehreren Kindern hat viele Probleme zu lösen. Sie hat den Tag zu organisieren, das Essen zu planen, den Kindern bei den Schulaufgaben zu helfen. Sie ist aktiv im Elternbeirat des Kindergartens tätig oder in der Schulpflegschaft. Zu den streng auf die Familie zugeschnittenen Problemen kommen auf dem Spielplatz die Anregungen von anderen Müttern, die Berührung zweier Erziehungswelten. Während sie ihre Kinder beobachtet - „Paß auf, fall nicht von der Rutsche!" - unterhält sie sich mit anderen Müttern. Über Preise und Erziehungsprobleme. Vom Denktraining her eine beneidenswerte Ausgangsposition!

Die Mutter bleibt in Schwung. Einige Jahre - wenn die Kinder größer werden, folgt die Zeit der kulturellen Veranstaltungen, Theaterbesuche, Konzerte, die Gesellschaftsspiele auf

dem Spielfilz oder im Umgang mit anderen jungen Menschen. Die Mutter steht immer mitten drin. Sie bleibt in Schwung.

Der Mann lebt nicht nur für die Familie, sondern auch für den Beruf. Die Umgebung seiner Tätigkeit, das Berufsumfeld birgt eine Fülle von ständig aktuellen Informationen, die von ihm aufnommen und verarbeitet werden. Informationsketten durchlaufen sein Gehirn. Optimal aus der Sicht des geistigen Trainings.

Dann gibt es Abschnitte im Leben, da scheint der Mensch mehr nach innen zu schauen (7,10). Das Schicksal der anderen interessiert ihn nicht mehr so stark. Das nachlassende Interesse kann sogar den eigenen Partner treffen. Der Mensch fühlt sich stumpf und ausgebrannt. Seine geistigen Aktivitäten lassen nach.

Bis das aufrüttelnde Ereignis kommt. Wie bei einer sommerlichen Kaffeetafel, an der sich die Unterhaltung dahinquält. Der Stich einer wütenden Wespe in die Oberlippe eines Gastes schreckt alle auf. Die Unterhaltung kommt in Gang, man erinnert sich an die Ratschläge von Ärzten und Bekannten, an ähnliche Situationen, nimmt Anteil.

Wie jemand seine Umwelt erlebt, hängt von seiner körperlichen Beschaffenheit ab, von seinen Gefühlen, seinen Wünschen und Erwartungen.

Wichtige Voraussetzungen für geistige Regsamkeit ist eine gute körperliche Verfassung, die wiederum von gesunder Ernährung abhängt (6,8), von körperlicher Bewegung (4,5), vom psychischen Zustand, den Gefühlen, Affekten, Stimmungen, von den Sinnesanregungen (11) und der Bereitschaft zur geistigen Tätigkeit (8,9,14,15).

Gehirn-Jogging übt Geist und Gedächtnis auf dem direkten Weg. Es fördert durch kognitives Fordern. Wer die Notwendigkeit eines solchen Trainings einsieht, wird die richtige positive Einstellung dazu haben, und somit auch eine günstigere emotionale Voraussetzung.

Aber auch das Gehirn-Jogging hat Grenzen. Mangelnde Anregung der Sinne - Leben in einer sterilen, gleichförmigen Umwelt - kann es nicht vollständig aufheben und ausgleichen (3). Das Gehirn-Jogging

braucht gewissermaßen als Katalysator die Sinnesanregungen, die der Mensch in gewissen Altersabschnitten suchen muß, sich verschaffen muß. So durch Wanderungen, Reisen, Beobachtung der Natur, Besuch von Kunstmuseen, Musik hören oder Sport treiben oder durch die Pflege eines Haustieres.

Die Sinne können vielfältig angeregt werden. Der Mensch muß sich öffnen für die Informationen und Reize, die sekundlich auf ihn einströmen über das Sehen, das Hören, den Tastsinn, den Gleichgewichtssinn, den Temperatursinn. Er muß sich bewußt, willentlich den Sinnesempfindungen hingeben.

Sich auch bewußt den Gefühlen öffnen, hingeben, den Kontakt zum anderen Menschen pflegen, sich für den anderen interessieren, mit ihm zusammen etwas unternehmen, gemeinsam die Sinnesreize der Außenwelt verarbeiten.

Diese Fülle von emotionalen Erlebnissen ist die Voraussetzung für die technische Intelligenz, die das Gehirn-Jogging übt.

Vielleicht sollte man neben dem Gehirn-Jogging auch so etwas wie ein seelisches oder emotionales Jogging durchführen...

(1) ABRAHAM, E.: Mögliche Auswirkungen der Arbeitstätigkeit auf den älteren Mitarbeiter. Akt. Gerontol. 12 (1982) 184-186

(2) A.F.: Schützen Haustiere vor Herztod? Selecta 26 (1983) 3

(3) ERBER, J.T.: The Institutionalized Geriatric Patient Considered in a Framework of Developmental Deprivation. Hum. Dev. 22 (1979) 165-179

(4) FOLKINS, C.H., W.E. SIME: Physical Fitness Training and Mental Health. Am. Psychol. 36 (1981) 373-389

(5) FRIEDRICH, C., P. BAUER, K. BOETTICHER, K. PFETZING, E. SIMAI: Auswirkungen von sportlichen Aktivitäten auf die psychische Situation älterer Menschen. Akt. Gerontol. 11 (1981) 96-99

(6) KAPLAN, B.J.: Malnutrition and Mental Deficiency. Psychol. Bull. 78 (1972) 321-334

(7) LEHR, U.: Psychologie des Alterns. Quelle und Meyer: Heidelberg, 1974, 2. Aufl.

(8) LEHR, U.: Die Bedeutung der Lebenslaufpsychologie für die Gerontologie. akt. gerontol. 10 (1980) 257-269

(9) MICHAEL, J.M.: The Second Revolution in Health: Health Promotion and its Environmental Base. American Psychologist 37 (1982) 936-941

(10) OERTER, R.: Moderne Entwicklungspsychologie. Auer: Donauwörth, 1968, 2. Aufl.

(11) OSTER, C.: Sensory Deprivation in Geriatric Patients. J. Am. Geriat. Soc. 24 (1976) 461-464

(12) PRESSEY, S.L., R.G. KUHLEN: Psychological development through the life span. Harper & Brothers: New York, 1957

(13) ROSENMAYR, L., E. KÖCKEIS: Umwelt und Familie alter Menschen. Luchterhand: Neuwied, 1965

(14) SCHÜTZ, R.-M.: Die Bedeutung von Intervention im Sinne der Prävention und Rehabilitation bei geriatrischen Patienten. Z. Gerontol. 14 (1980) 153-159

(15) STÖRMER, A.: Gerohygiene: Aktuelle Chancen der primär-präventiven Geriatrie. Akt. Gerontol. 12 (1982) 117-121

Ernährung beeinflußt Denken

Die Ernährung übt nicht nur unmittelbaren Einfluß auf die körperliche Gesundheit des Menschen aus, sondern auch auf den Geist und das Gedächtnis (2,3,6). Fehlernährung - Mangel an Vitamin-B12 beispielsweise - kann zu gravierender Störung der Hirnfunktionen führen (14). Unterernährung bewirkt bei Kindern sogar eine Reifeverzögerung oder -hemmung des Gehirns und mindert die psychische Reifung (6).

Mancher Vitaminmangel ist sichtbar, so Vitamin-C-Mangel. Er kann zum Skorbut führen mit Zahnausfall und anderen unangenehmen Erscheinungen. Auch auf Mineralmangel reagiert der Mensch empfindlicher als man es sich vorstellen kann.

Wie sehr Nahrung und Stimmung miteinander zusammenhängen, können Sie an sich selbst beobachten. Wenn Sie hungrig sind, befinden Sie sich in einer reizbaren Stimmung. Sie spüren eine innere Spannung, die ausgelöst wird durch den Blutzuckermangel. Das Defizit kann nur durch Nahrung aufgefüllt werden. Bei der „Unterzuckerung" ist wohl nur in den seltensten Fällen an einen geistigen Höhenflug zu denken. Denn dem Gehirn fehlt es dabei an einem der wichtigsten Stoffe zur Aufrechterhaltung seiner Funktion, und der Organismus mobilisiert alle Kräfte, um den erheblichen Zuckermangel durch Nahrungszufuhr auszugleichen.

In der Stunde nach dem Mittagsmahl verspüren Sie ebenfalls keine Lust nach „gehobener" geistiger Tätigkeit, unter anderem weil nicht das Gehirn sondern vorwiegend der Magen durchblutet ist. Wegen der Verdauungsarbeit. Die Nahrung übt - wie man sieht - einen Einfluß auf die geistige Tätigkeit aus.

Gewiß hängt das Übergewicht des Bundesbürgers nicht allein mit übermäßigem Eßgenuß zusammen. Sondern die Überschußkilos sind manchmal „Gegengewicht" für Streß und/oder seelische Belastung, die nur schwer abzuschütteln ist.

Am Anfang einer vernünftigen Ernährung muß auch nicht immer eine Hungerkur stehen. Man braucht sich nur einmal Gedanken zu machen über die Zusammensetzung der Nahrung. Nicht weniger essen, sondern bewußter essen und auf überflüssiges, verstecktes Fett verzichten.

Die Eßgewohnheiten haben sich in den letzten Jahren geändert. Der Anteil der günstigen Zucker- und Stärkestoffe (Vollkornbrot, Kartoffeln) ist deutlich zurückgegangen. Die Wissenschaftler haben die Eßgewohnheiten untersucht und danach folgende Forderungen (1,4,5,7,8,9,10,11,12,13) ausdrücklich für eine gesunde Ernährung aufgestellt:

1. Ein ausgeglichenes Verhältnis von pflanzlichem und tierischem Eiweiß (50:50). Die Gesamt-Eiweißmenge sollte pro Tag 70 bis 100 Gramm betragen.

2. Ein ausgeglichenes Verhältnis von gesättigten Fettsäuren (tierische Fette) zu ungesättigten (gute Pflanzenöle).

3. Langsam verwertbare Kohlehydrate bevorzugen. Das sind Vollkornbrot, Früchte, Kartoffeln, Buttermilch, Haferflocken, Joghurt, Gemüse und Salate. Wertvoll für die zeitgemäße Ernährung sind auch Sojaprodukte (Sojamehl und Sojakeime). Sie enthalten Stoffe, die den Zustand der Gefäße und des Gehirns günstig beeinflussen.

4. Der Mensch kann sich nicht auf Dauer mit Nahrung aus der Tube ernähren (wie die Astronauten). Er braucht Ballaststoffe für die Verdauung. Angenehme Ballaststoffe sind Äpfel oder Salate vor dem Essen. Zwei Löffel Weizenkleie oder Leinsamen erfüllen den gleichen Zweck.

5. Der Mensch braucht pro Tag etwa eineinhalb bis zwei Liter Flüssigkeit. Einen Teil davon nimmt er in der Nahrung zu sich (Kartoffeln, Gemüse).

6. Zur Verdauung ist ein Bewegungsprogramm vonnöten. Der gemächliche Verdauungsspaziergang reicht nicht aus. Da sollte der „Motor“ schon auf Touren kommen, und zwar Tempo 180 weniger das Alter. Ein Fünfzigjähriger sollte durch Bewegungstraining (siehe „Bewegungsmangel macht krank“) seinen Puls auf 180 weniger 50 gleich 130 bringen und zwar mehrfach wöchentlich. Voraussetzung für dieses Training ist allerdings ein gesundes Herz.

7. Gewürze benutzen, die günstig auf die Verdauung einwirken: Anis, Kümmel, Thymian, Knoblauch, Fenchel, Dill, Pfefferminz. Überhaupt, der Pfefferminztee wirkt Wunder, eine halbe Stunde vor der Mahlzeit getrunken, erhöht er die Verdauungsstoffe der Galle um das achtfache. (Wichtig für die Fettverarbeitung).

Weitere Tips von wissenschaftlicher, ernährungsphysiologischer Seite. Butter und gute Pflanzenmargarine in gleichen Mengen gebrauchen. Den strengen Maßstab wie an die Margarine sollte man auch ans Öl legen: Distelöl, Sonnenblumenöl und Olivenöl.

Zum fettarmen Fleisch gehören Beefsteak-Hack, Bündner-Fleisch, Brust und Keule vom Huhn (ohne Haut); Filet, Haxe, Schnitzel und Zunge vom Kalb; Rollbraten und Steak von der Pute; Filet, Gulasch, Tatar und Schmorbraten vom Rind; Filet und Schnitzel vom Schwein (!) und Wildbret ungespickt.

Wurst, die nicht zuviel Fett enthält: Bierschinken, Cornedbeef, Frankfurter und Wiener Würstchen, Weißwurst und magere Geflügelwurst.

Nicht alle Fischarten sind fettarm. Aber diese sind's: Dorsch, Forelle, Hecht, Kabeljau, Rotbarsch, Schellfisch, Schleie, Scholle, Seelachs, Seezunge.

Kein Fett enthalten Brot, Früchte, Gemüse, Pilze, Kartoffeln.

Unter den Milchprodukten sind zu bevorzugen: Magermilch und -quark, Buttermilch, Harzer Käse, Kochkäse, Mainzer Käse, Spitzkäse, Limburger, Romadur, Schnittkäse (außer Edamer und Trappisten).

Auch auf die Zubereitung kommt es an. Das Fleisch sollte trocken gebraten werden - in Spezialtöpfen mit dickem Boden, oder in Spezialpfannen wie auf dem Grill, in der Backfolie oder im Römertopf.

Fett sollte man nicht überhitzen, vor allem nicht zweimal erhitzen.

Es lohnt sich bestimmt, einige Gedanken an die Ernährung zu verschwenden. Denn - Ernährung und Denken sind voneinander abhängig.

Eine Diät zur speziellen Förderung der Gehirnleistung liegt allerdings (noch) nicht vor. So kann über eine Lezithin- oder Cholin-Substitution noch kein abschließendes Urteil gefällt werden. Immerhin ist bemerkenswert, daß Mäuse, die von Geburt an mit hohen Cholindosen gefüttert wurden, im Vergleich zu einer Kontrollgruppe von Mäusen keinen körperlichen und psychischen Abbau bis ins „hohe Alter" aufwiesen. Darin zeigen sich außer für die Therapie interessante Gesichtspunkte für die Alternsvorsorge an.

Die sogenannte Eskimo-Diät (Eikosopentaenoic-Säure) trägt zumindest dazu bei, das Risiko eines Herzinfarktes zu verringern, und vielleicht hat sie sogar eine fördernde Wirkung auf die Leistungsfähigkeit des Gehirns. Zwei umfangreiche Studien, eine aus Holland und eine aus Japan, zeigen übereinstimmend, daß die Herzinfarkt-Rate bei den Personen deutlich niedriger ist, die pro Woche wenigstens zweimal Fisch essen.

Sicher ist, daß die Eskimo-Diät die Fließfähigkeit des Blutes und den Spiegel der Blutfette (Triglyceride) günstig beeinflußt. Davon könnte auch die Leistungsfähigkeit des Gehirns profitieren.

Die Eikosopentaenoic-Säure ist in Form von Kapseln erhältlich. Sie ist außerdem hochkonzentriert im Nordmeer-Hering, in Makrelen und Walnüssen vorhanden.

Welche Einflüsse Knoblauch und Ginseng sowie Procain auf das Gehirn haben, läßt sich ebenso wie bei den anderen hier angesprochenen Substanzen noch nicht abschließend beurteilen, da sie erst jetzt durch sogenannte Doppelblindstudien untersucht werden.

(1) BÄSSLER, K.-H., W. FEKL, K. LANG: Grundbegriffe der Ernährungslehre. Springer: Berlin-Heidelberg-New York, 1973

(2) ELMADFA, I., D. SEELBACH: Ernährung und Konzentrationsfähigkeit bei Autofahrern. Fortschr. Med. 101 (1983(349-354

(3) GLATZEL, H.: Ernährung und Leistung. Arbeitsmed. Sozialmed. Präventivmed. 14 (1979) 210-211

(4) HEYDEN, S.: Bewußter essen. Kleins-Druck: Lengerich, 1972, 2. Aufl.

(5) HOLTMEIER, H.-J.: Diät bei Übergewicht und gesunde Ernährung. Thieme: Stuttgart, 1972, 5. Aufl.

(6) KAPLAN, B.J.: Malnutrition and Mental Deficiency. Psychol. Bull. 78 (1972) 321-334

(7) LANDGREBE-WOLFF, I.: Gesund durch richtige Ernährung. Hrsg.: Bundeszentrale für gesundheitliche Aufklärung. Im Auftrag des Bundesministers für Jugend, Familie und Gesundheit. Köln, 1976

(8) LANG, K.: Kalorienarme und kalorienfreie Lebensmittel. Steinkopff: Darmstadt, 1971

(9) LANG, K.: Biochemie der Ernährung. Steinkopff: Darmstadt, 1974, 3. Aufl.

(10) MAR, L., A. HOFF: Leichte Vollwertkost. Galle - Leber. Hädecke: Weil der Stadt, 1974

(11) NOWROUSI, B.: Monoplan. Rezeptservice für gesunde Ernährung, Bd. 1. Schlankheitskost. Monoplan: Genf, o.J.

(12) SCHLIEPER, C.A.: Ernährung heute. Hand und Technik: Hamburg, 1978, 4. Aufl.

(13) SCHLIERS, G.: Ernährungstherapie in der Praxis. Lehmann: München, 1975

(14) WIECK, H.H.: Lehrbuch der Psychiatrie. Schattauer: Stuttgart-New York, 1977, 2. Aufl.

Bewegungsmangel macht krank

Der Sport - selbst im Alter zwischen 50 und 70 Jahren wieder aufgenommen - hat einen positiven Einfluß auf das Wohlbefinden und die seelische Ausgeglichenheit. Das ergab eine Studie von C. Friedrich et al. (6). Allerdings nur bei der Voraussetzung, daß es sich um eine systematische körperliche Betätigung handelte, eine Art Jogging.

Der moderne Mensch leidet unter Bewegungsmangel. Dabei ist er von der „Konstruktion" her noch immer Jäger und Sammler wie in grauer Vorzeit (1).

Aber es wird kaum noch „gejagt" und noch weniger gesammelt. Stattdessen überbrückt das Auto weite Entfernungen, und die Streifzüge nach Wildbret sind harmlose kurze Einkaufswege.

Die Bewegungsarmut führt zu negativen Erscheinungsformen von der Mißstimmung bis zur echten Erkrankung.

Die Wissenschaft hat einen interessanten Zusammenhang festgestellt. Körperliche Bewegungsarmut macht auch geistig unbeweglich und führt zur allgemeinen Herz-Kreislauferkrankung. Diese Bewegungsarmut oder -trägheit kostet die Volkswirtschaft jährlich 64 Milliarden D-Mark (13).

Die Wissenschaftler haben deshalb die Vorteile der Trimm-Dich-Bewegung aufgezeichnet. Aerobic ist eine weitere (nicht unumstrittene) Art, sich fit zu halten. Dabei wurde ein sehr einfaches Fithalte-Rezept vorgeschlagen: Der Mensch braucht sich täglich nur zwei bis drei Minuten auf Pulsschlag 180 minus Lebensalter zu bringen, um den Kreislauf in Schwung zu halten. Solche Übungen sind Treppensteigen, Kniebeugen, eine Anhöhe hinauflaufen. Dann - atemlos? - den Pulsschlag zählen. Diese zwei bis drei Minuten täglich sind ein Vorschlag für den Beginn mit körperlichen Übungen. Der Präsident des Weltsportbundes, Prof. Dr. Wildor Hollmann, fordert aufgrund seiner wissenschaftlichen Erkenntnisse letztlich allerdings mehr (8, 9): pro Woche dreimal 30 Minuten Bewegung ohne maximale Anstrengung, das heißt, Pulszahl sollte 180 minus Lebensalter betragen.

Das wäre anstrebenswert. Aber für den Sportungewohnten könnte es eher abschrekkend sein. Nur bei hoher Motivation wird er sich dreimal zu dieser halbstündigen Bewegung aufraffen . Daher der obige Vorschlag: einmal täglich zwei bis drei Minuten. Aber diese Übung sollte man dann in den Tagesablauf einbauen wie Zähneputzen, Rasieren, Frühstücken. Sollte man zur lieben Gewohnheit machen. . .

Hat man nach 2 bis 3 Minuten genug, so kann man aufhören. Wenn es jedoch mehr Spaß macht, sollte man die Zeit ruhig ausdehnen - wenn man schon mal dabei ist - und zwar bis auf 30 Minuten (s.o.). Dabei sind Radtouren, Bergtouren, Gymnastik oder Jogging im großen und ganzen gleichwertig.

Allerdings - wer lange keinen Sport getrieben hat oder herzkrank ist, sollte sein Training nicht ohne Rücksprache mit dem Arzt beginnen.

Wie ist die Wirkung der körperlichen Anstrengung? Sie führt zur Durchblutung des ganzen Körpers, auch zur Mehrdurchblutung des Gehirns (8). Sie regt zudem die geistige Aktivität an und steigert die Fähigkeit zur Informationsverarbeitung, somit auch die Intelligenz (4, 7). So können Personen, die in die Pedale treten, 20 Prozent mehr Informationen verarbeiten als Personen in Ruhe (7).

Dazu paßt auch das Untersuchungsergebnis von Prof. Schönpflug, Berlin, der bereits 1964 feststellte, daß Personen beim Standradfahren einfallsreicher sind als eine Vergleichsgruppe, die in bequemen Sesseln schöpferisch denken konnte (14).

(1) BARNETT, A.: The Human Species, Penguin Books: Harmondsworth, 1961

(2) DIEM, L.: Aktiv bleiben - Lebenstechnik ab 40. Deutsche Verlagsanstalt: Stuttgart, 1974

(3) EITNER, S.: Die Vorbereitung auf das Alter als Problem der Gestaltung der Arbeits- und Lebensbedingungen. Z. Altersforsch. 31 (1976) 15-240

(4) FISCHER, B., W. WEIDEHAMMER, S. LEHRL: The Correlation Between Physical and Intellectual Performance in Old Age. geriatrics-pregeriatrics-rehabilitation 2, 3, (1986) 72-84

(5) FOLKINS, C.H., W.E. SIME: Physical Fitness Training and Mental Health. Am. Psychologist 36 (1981) 373-389

(6) FRIEDRICH, C., P. BAUER, K. BOETTICHER, K. PFETZING: Auswirkungen von sportlichen Aktivitäten auf die psychische Situation älterer Menschen. Akt. Gerontol. 11 (1981) 96-99

(7) HILMER, W., S. LEHRL, W. MOHR, H. DORNER: Beeinflussung des Kurzzeitgedächtnisses während standardisierter Ergometerbelastung. Kongreß des Deutschen Sportärzteverbandes in Kiel. 16. - 19. Okt. 1986. Kongreßband. Springer: Heidelberg-Berlin-New York. 1987

(8) HOLLMANN, W.: Dauerlauf steigert Hirndurchblutung um 25 Prozent. Interview mit dem Sportmediziner und Kardiologen Professor Dr. Wildor Hollmann. Ärztezeitung 1000 (13./14. Febr. 1987) S. 8

(9) HOLLMANN, W.,H. Liesen: Altern und körperliches Training. In: BÖHLAU, V. (Hrsg): Altern: körperliches und geistiges Training - medizinische Therapie. 16. Bad Sodenberger Geriatrisches Gespräch. Schattauer: Stuttgart-New York, 1984

(10) LEHR, U.: Turnen und Sport im Alter. Akt. Gerontol. 11 (1981) 100-105

(11) LEHR, U.: Körperliche und geistige Aktivität - eine Voraussetzung für ein erfolgreiches Altern, Z. Gerontol. II (1978) 290-299

(12) OSTER, C.: Sensory Deprivation in Geriatric Patients. J. Am. Geriat. Siciety 24 (1976) 461-464

(13) RASCH, A.: Eine Welle von Bewegung. Medizinische Aspekte des Breitensports, Selecta 25 (1983) 2356-2368

(14) SCHÖNPFLUG, W.: Retention und Aktivation bei zusätzlicher Beanspruchung durch körperliche Tätigkeiten. Zeitschr. für exper. und angew. Psychologie, 11 (1964) 130-154

Streß hängt von Einstellung ab

Bisher wurden Gruppen vorgestellt, die durch ihre mangelnde geistige (und meist auch körperliche) Aktivität auffielen, die unter Bewegungsarmut leiden, unter mangelnder Anregung der Gefühle und Sinne. Diesen Menschen steht eine Gruppe gegenüber, die von ihrer Umwelt überfordert zu sein scheint, Menschen, die unter Streß stehen. Schon der Schüler stöhnt über Streß, die Hausfrau klagt darüber, der Lehrer, der Manager, sogar der Rentner und der sozial Isolierte. Streß kann zum Tod führen.

In Amerika hat die Streßforschung erkannt, daß gewisse Situationen und Umweltbedingungen streßauslösend wirken. Sie hat Skalen von Streßpunkten aufgestellt. Danach ist Familienkrach „stressiger“ als ein harter Arbeitstag, und Schwierigkeiten mit dem Chef „stressen“ mehr als Weihnachten (3).

Was ist Streß? Die Bezeichnung für eine extreme psychische und physische Belastung unterschiedlicher Herkunft. Streß erzeugen Faktoren, sogenannte Stressoren. Das können Schockwirkungen, traumatische Ereignisse, Ärger, Angst, Konflikte Frustrationen, ja sogar Infektionen sein. Ausgelöst wird der Streß durch einen hohen Anforderungsdruck, der entweder wirklich gegeben oder persönlich nur so empfunden wird.

Gewöhnlich reagieren Sie so (4): der Organismus wird in Alarmzustand versetzt, dann mobilisiert er Gegenkräfte. Kann der aktive Widerstand die beängstigende Situation nicht abschütteln und aufheben, kommt es zur Erschöpfung. Der Mensch resigniert, leidet unter psychosomatischen Störungen.

Allerdings ist die Streßbewältigung auch abhängig von der inneren Einstellung (2). Was A. als lebensbedrohenden Streß ansieht, empfindet B. u.U. noch als erträglich. Das Persönliche - die Toleranz - spielt dabei eine wichtige Rolle. Und diese Toleranz kann durch Gehirn-Jogging gestärkt werden.

Eine gewisse Portion Streß ist motivations- und aktivitätsfördernd. Der Mensch jedoch, der sich dem Streß ausliefert, fühlt sich unwohl, obgleich ihm das Stigma Streß bisweilen auch den Schein von Wichtigkeit verleiht.

Ein Mensch im Streß, der ein riesiges Arbeitsprogramm und unheimliche Aktivität vorspielt, ist in seiner Leistung nicht bes-

ser als der ermüdete, schläfrige Mensch. Ein Mensch unter Streß leistet im Denken, Erinnern und Wahrnehmen nicht mehr als ein nur mittelmäßig Aktivierter.

Deshalb dürften die Streß-Menschen nur ein Ziel haben, eine Strategie zu entwickeln, die den Teufelskreis unterbricht, um aus der Streß verursachenden Situation herauszukommen. Er sollte wieder ein gesundes Verhältnis zu Spannung und Entspannung finden, und er sollte die Spannung trainieren - durch das geistige Training.

Es gibt eine Reihe von Entspannungstechniken: das Gebet, positive Gedanken und Einstellungen, Suggestion oder die Hypnose. Man wird durch die Entspannungsübungen, die allerdings mit System durchgeführt werden müssen, ruhiger, ausgeglichener aber gleichzeitig auch belastbarer.

Während der Entspannungsübungen und als Folge erzeugt das Gehirn bestimmte Wellen (Alpha-Rhythmus), die mit der

Beruhigung und Entkrampfung der Muskeln, des inneren Menschen verbunden sind.
Auch die seelische Spannung entkrampft sich. Auf diese Weise ist das Drosseln einer zeitweiligen Tätigkeit auch eine Art Training für das Gehirn. Es lernt abzuschalten, sich dann wieder zu konzentrieren, erneut abzuschalten und dann wieder zu konzentrieren und so weiter. Es scheint sich um eine unproduktive Tätigkeit zu handeln. Sie ist es allerdings nicht, sondern sie neutralisiert die Spannungszustände im Menschen und macht ihn dadurch innerlich wieder frei für produktive Leistung. Diese geistigen Übungen bestehen nicht aus dem Lösen von Mammutaufgaben, sondern im gemächlich dahinschlendernden Gehirn-Jogging, das mit leichten Aufgaben beginnt und auf doppelte Weise beim streßgeplagten Menschen wirkt. Einmal wird durch das Gehirn-Jogging nach der Entspannung der Denkapparat wieder in Bewegung gesetzt, zum zweiten verschafft Ge-Jo Erfolgsgefühl und bekämpft die depressive Stimmung, die Angst vor dem Streß, das Gefühl der Hoffnungslosigkeit.

Ge-Jo dient - ganz im Sinne des bekannten Mediziners Prof. Dr. H.E. Bock (1) - nicht nur der Entspannung, dem Aus-spannen, sondern auch dem Ein-spannen, dem Aufbau von Bewältigungskräften.

(1) BOCK, H.E.: Der Koronarkranke - Schicksal oder Schuld? In: ALY, F.W. (Hrsg.): Die Koronarsklerose - Entstehung, Verhütung, Therapie. Pharmazeutische Verlagsgesellschaft: München, 1980
(2) JANIS, I.L.: Psychological Stress. Wiley: New York, 1958
(3) SCHÜFFEL, W.: Arbeitsansätze in der heutigen Psychosomatik: Streß und körperliches Geschehen. Psychother. med. Psychol. 25 (1975) 1-15
(4) SELYE, H.: The Stress of Life. Mc Graw Hill: New York, 1956
(5) ZUCKERMAN, M.: Perceptual Isolation as a Stress Situation. Archs. gen. Psychiat. 11 (1964(255-276

Die Welt - eine Fülle von Informationen

Die Welt ist voller Informationen. Der Mensch steht mitten in diesem Informationsschwall. Und er hat Organe, diese Informationen aufzunehmen: Augen, Nase, Ohren, Mund, Hände, Haut. Informationen, die er sieht, hört, riecht, schmeckt und fühlt. Eine Informationsflut strömt durch den Menschen hindurch. Aber nur ein Bruchteil wird ihm davon bewußt.

Es gibt eine Rechnung - von 10 Millionen (!) Informationen, die seine Sinnesorgane aufnehmen, wird dem Menschen im Durchschnitt nur eine einzige bewußt (1,2). Allerdings müssen Sie dabei bedenken, daß die gesamte Umwelt ein Superangebot an Informationen ist. Stellen Sie sich eine Wiese vor. Informationen über Farbe, Gerüche, Formen; oder eine Verkehrskreuzung. Die „Breitwand" Umwelt ist zusammengesetzt aus Informationen jeglicher Art, die mosaiksteinartig das Bild erzeugen, das Bild, das speziell Sie wahrnehmen.

Aus diesem Überangebot

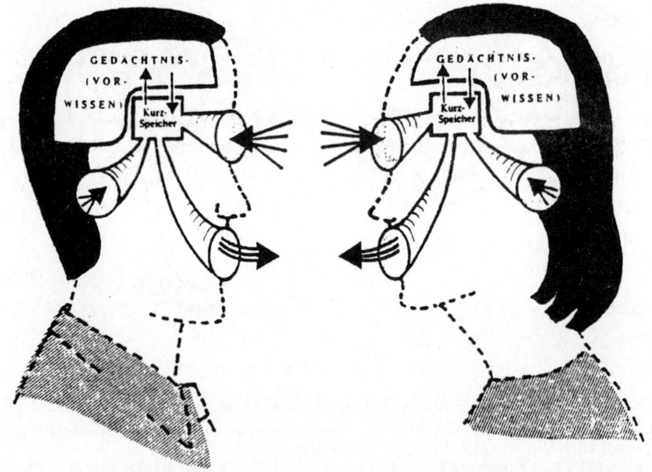

Informationsfluß und Informationsspeicher im Menschen

wählen Sie wie durch ein Filter eine für Sie wichtige Information aus, verarbeiten sie und speichern sie und zwar durch die Tätigkeit von Geist und Gedächtnis.

Man kann sich diesen Aufnahme-, Verarbeitungs- und Speicherprozeß als Modell vorstellen. Der Mensch steht mitten in dieser Informationsorgie. Durch die Sinnesorgane (Auge, Ohr, Nase, Mund, Haut) nimmt er die Informationen auf. Die Wissenschaft hat gemessen, daß der Durchschnittsmensch pro Sekunde ca 16 Informationen (=Bits) aufnimmt (1,3,4,5,6). Die Information wird erkannt, kategorisiert und anderen verwandten, bereits gespeicherten Informationen im Speicher zugeordnet. Hier können sich Ketten von Informationen bilden und zu einem Programm werden, das abgerufen werden kann, ohne das Bewußtsein zu strapazieren.

Denken Sie nur an solche Programme wie „Laufen", „Sprechen", „Sich-im-Straßenverkehr-zurechtfinden" oder „Verhalten-an-der-Ampel".
Sie handeln aus dem Unterbewußtsein. Das Programm erhält einen Anstoß und läuft automatisch ab. Sie erkennen an der Kreuzung das grüne Licht und wissen „automatisch", daß dann das Fahren erlaubt ist. Das ganze ist bei Ihnen gespeichert. Als Programm gespeichert. Kommen Sie an eine Ampel, wird Ihr Programm abgerufen, und Sie handeln entsprechend des gespeicherten Programms.

Die Geschwindigkeit der bewußten Informationsverarbeitung ist meßbar - sie beträgt 15 bis 16 Bits (= Informationen, Informationseinheiten, die jeweils einen Schritt in der Erkenntnis vorwärtsbringen). Die Geschwindigkeit der Informationsverarbeitung zeigt, wie schnell wir denken, wie kurz der Zugriff zu gespeichertem Material ist. Sie hat wesentlichen Anteil an den Intelligenzleistungen, wie wir die Umwelt wahrnehmen und auf sie reagieren (8).

Der Wissenschaftler spricht vom „Informationsfluß zum Kurzspeicher". Der Kurzspeicher liegt vor dem Langzeitspeicher, wo die Infos endgültig abgelegt werden. Während die Information im Kurzspeicher verarbeitet wird, bleibt sie dort. Die Dauer beträgt allerdings nur einige Sekunden, und zwar (beim Durchschnittsmenschen) 5,4 Sekunden. Der Wissenschaftler spricht von einer Gegenwartsdauer von 5,4 Sekunden. Das heißt, der Mensch nimmt für die Dauer von 5,4 Sekunden Informationen auf, so daß sich in dieser Zeit rund 80 Bits (5,4 x 16 Bits) im Kurzspeicher befinden. Man kann auch sagen, die Kurzspeicher-Kapazität beträgt 80 Bits.

Ohne dieses Auffüllen bis zu 80 Bits wäre es nicht möglich, einen längeren Satz zu lesen, zu hören oder zu verstehen. Sie müssen schließlich noch das erste Wort im Speicher haben, bevor das letzte gesprochen ist.

Oder wie wollte ein Fußgänger eine Straße überqueren, wenn er die Informationen über die Verkehrslage nicht mehrere Sekunden lang im Speicher behalten könnte. Zuerst schaut er nach links, dann nach rechts, wobei er das Geschehen von links im Kurzspeicher behält und mit den Informationen von rechts kombiniert. Funktioniert das nicht mehr in dieser Form - beim zu kurzen Kurzspeicher - dann wird das Überqueren der Straße zu einem (Un-)Glücksspiel. Häufig bei alten Leuten zu beobachten.

Die Gegenwartsdauer oder das „Unmittelbare Behalten" (im Kurzspeicher) ist eine wichtige Grundlage für viele geistige Tätigkeiten, für Intelligenzleistungen (5, 7, 9), für die zeitliche und räumliche Orientierung im Alltag.

Die Leistung des Kurzspeichers wird also beeinflußt von den Grundgrößen „Informationsfluß pro Sekunde" und „Gegenwartsdauer im Kurzspeicher". Trainiert man diese beiden Grundgrößen, so trainiert man den Kurzspeicher. Und ein hochleistungsfähiger Kurzspeicher bestimmt maßgeblich die Intelligenz, das Denkvermögen (1, 6, 11), aber auch die Kreativität (2).

Informationen, die für den einzelnen wichtig sind, werden ins Gedächtnis geschickt. Die Wissenschaft spricht vom „Mittelbaren Behalten". Dieses Mittelbare Behalten ist die dritte Grundgröße für eine wirkungsvolle Informationsverarbeitung (3, 8).

Wie sieht es nun mit dem Behalten aus? Von den Informationen, die innerhalb einer Sekunde bewußt werden, sind nach wenigen Minuten nur noch fünf bis zehn Prozent behalten. Das „Mittelbare Behalten" ist also die Fähigkeit, Informationen wirkungsvoll zu speichern und sie nach beliebiger Zeit wieder abzurufen. Ein Beispiel aus dem Alltag. Sie überlegen, was Sie einkaufen wollen. Sie merken sich die einzukaufenden Teile im Gedächtnis und verlassen - diesmal ohne Einkaufszettel - das Haus. Auf dem Weg zum Geschäft werden Ihre Sinnesorgane mit Millionen, ja Milliarden von Eindrücken überschüttet. Aber (hoffentlich) sicher im Speicher „liegt" der geistige Einkaufszettel. Im Geschäft können Sie aus dem Mittelbaren Behalten Ihre Teile abrufen - wenn Sie Glück oder Gedächtnis haben.

Sie greifen laufend auf ihren Langzeitspeicher zurück, z. B. bei Unterhaltungen, nach dem Motto: „Weißt du noch... "

Auch diese dritte Grundgröße - das „Mittelbare Behalten" kann man trainieren. Durch Gehirn-Jogging.

(1) EYSENCK, H.J.: The Theory of Intelligence and the Psychophysiology of Cognition. In: STERNBERG, R.J. (Hrsg.): Advances in the Psychology of Human Intelligence (Vol.3) Erlbaum: Hillsdale, NJ, 1986

(2) FISCHER, B., LEHRL, S.: Kreativität als Funktion von Gegenwartsdauer und Informationsfluß zum Kurzspeicher. grkg/Humankybernetik 27 (1986) 17-23

(3) FRANK, H.: Derzeitige Bemühungen um Erweiterungen des informationspsychologischen Modells. Grundlagenstudien aus Kybernetik und Geisteswissenschaft 18 (1977) 61-72

(4) KEIDEL, W.D.: Informationsverarbeitung. In: W.D. KEIDEL (Hrsg.): Kurzgefaßtes Lehrbuch der Physiologie. Thieme: Stuttgart, 1979, 5. Aufl.

(5) LEHRL, S.: Informationspsychologie. In: Enzyklopädie Naturwissenschaft und Technik. Jahresband 1982. Moderne Industrie: Landsberg/Lech, 1982

(6) LEHRL, S.: Intelligenz, informationspsychologische Grundlagen. In: Enzyklopädie Naturwissenschaft und Technik. Jahresband 1983. Moderne Industrie: Landsberg/Lech, 1983

(7) LEHRL, S., A. GALLWITZ, L. BLAHA: Kurztest für allgemeine Intelligenz. Vless: Vaterstetten-München, 1980

(8) RIEDEL, H.: Psychostruktur, Schnelle: Quickborn, 1967

(9) SULLWOLD, F.: Das unmittelbare Behalten und seine denkpsychologische Bedeutung. Göttingen: Hogrefe, 1964

(10) WEISS, V.: Psychogenetik, Humangenetik in Psychologie und Psychiatrie. VEB: Jena, 1982

(11) WEISS, V.: From Memory Span and Mental Speed Toward the Quantum Mechanics of Intelligence. Person. individ. Diff. 7, 5 (1986) 737-749

Alles geht zu schnell

Es gibt ein Phänomen im Alltag, das zu denken gibt. Menschen behaupten plötzlich, daß ihnen alles zu schnell geht. Die Autos fahren zu schnell. Die anderen Menschen sprechen zu schnell. Sie verstehen den anderen nicht mehr, weil seine Sätze zu lang sind. Am Ende des Satzes haben sie vergessen, wie der Anfang gelautet hat.

Auch mit den eigenen Tätigkeiten gibt es Probleme. Sie haben beim Lesen Schwierigkeiten. Das Schreiben geht nur mühsam und unsicher vor sich. Das Ergebnis: sie sind unsicher im Straßenverkehr und im Umgang mit anderen Menschen und ziehen sich frustriert zurück. Die oft gebrauchte Ausrede: „Das ist das Alter. Das ist der Tribut, den jeder zahlen muß. Es geht halt nicht mehr so schnell wie in jungen Jahren. Und außerdem die moderne Zeit mit ihrem Tempo..."

Aber damit gibt sich der Wissenschaftler nicht zufrieden. Für ihn besteht dieses „Zu-Schnell-Phänomen" aus inneren Abläufen. Der Psychologe erkennt, daß hinter dieser sogenannten „Alterserscheinung" ein Nachlassen der drei Grundgrößen steht: die Geschwindigkeit in der Informationsverarbeitung, das Unmittelbare Behalten (Gegenwartsdauer) und das Abspeichern (3,4,5,6,7,10,11). Bei diesen Tätigkeiten gibt es Störungen. Die Leistung dieser drei Größen hat erheblich nachgelassen, sie sind offenbar zum Teil verkümmert. Der Grund ist rasch gefunden: der mangelnde Gebrauch von Geist und Gedächtnis führt zum Nachlassen der Fähigkeiten. Denn im Gegensatz zu einer Maschine, die verschleißt und sich abnutzt, wird die geistige Funktion durch Gebrauch und stetige Nutzung in Schwung gehalten. Für ein Versagen dieser drei Grundgrößen können natürlich auch Fehl-Ernährung, Vitaminmangel, Bewegungsarmut, mangelnde Umweltanregung oder auf die Hirnfunktion einwirkende Krankheiten verantwortlich sein (1). Sie drücken die Leistungsfähigkeit von Geist und Gedächtnis in erheblichem Maße. Sie selbst kennen die Situationen. Die Menschen behaupten von sich, ein Gedächtnis wie ein Sieb zu haben. Man kann sich von sechs Teilen, die man einkaufen wollte, nur drei oder vier merken.

Sie können den Test selbst

machen. Sehen sie sich die Buchstaben

PDOLXR

an. Jetzt sehen Sie vom Buch auf und nennen die Buchstaben der Reihe nach!

Haben Sie noch einmal hinsehen müssen, um wirklich fehlerfrei reproduzieren zu können? Sie kennen die Schwierigkeit mit dem Merken von Telefonnummern. Während man die Nummer wählt, wiederholt man sie halblaut, um sie nicht zu vergessen.

Um Voraussagen über Leistung von Intelligenz und Gedächtnis zu machen, hat die Psychologie eine Reihe von Tests entwickelt. Aber man hat auch festgestellt, daß Intelligenz nicht der einzig bestimmende Faktor für den Erfolg im Leben ist. Es ist auch für den Laien sichtbar: die intelligentesten Schüler sind keineswegs die Karrieremenschen. Man weiß, daß Fleiß und Interesse oder Motivation einen eventuellen Mangel an Intelligenz ausgleichen können. So verfügt nach einer Untersuchung von W. Correll (Gießen) auch nicht jeder Nobelpreisträger über einen hohen Intelligenz-Quotienten.

Aber es gibt einen Zusammenhang zwischen Intelligenz, beruflichem Erfolg, Höhe des Einkommens und sozialer Stellung (2).

Intelligenz zu messen, hat

(1) BLAHA, L.: Information Psychological Procedures of Measurement within Psychiatry. In: Proceedings of the 9th International Congress on Cybernetics, Namur, 1980. Association Internationale De Cybernetique: Namur, 1981

(2) EYSENCK, H.-J.: Intelligenz. Struktur und Messung. Springer: Berlin-Heidelberg-New York, 1980

(3) FRANK, H.: Kybernetische Grundlagen der Pädagogik. Agis: Baden-Baden, 1969, 2. Aufl.

(4) FRANK, H., B.S. MEDER: Einführung in die kybernetische Pädagogik. dtv - Wissenschaftliche Reihe: München, 1971

(5) JESKE, H., E. JARMARK: Arzt-Patienten-Gespräch: Wissenschaftliche Analysen zeigen dem Arzt neue Wege. Psycho 8,9 (1982) 561-566

(6) KEIDEL, W.D.: Informationsverarbeitung. In: W.D. KEIDEL (Hrsg.): Kurzgefaßtes Lehrbuch der Physiologie. Thieme: Stuttgart, 1979, 5. Aufl.

(7) LEHRL, S.: Informationspsychologie. In: Enzyklopädie Naturwissenschaft und Technik, Jahresband 1982. Moderne Industrie: Landsberg/Lech, 1982

(8) LEHRL, S., A. GALLWITZ, L. BLAHA: Kurztest für allgemeine Intelligenz. Vless: Vaterstetten-München, 1980

(9) NETTLEBECK, T., M. LALLY: Inspection Time and Measured Intelligence. Br. J. Psychol. 67 (1976) 17-22

(10) RIEDEL, H.: Psychostruktur. Schnelle: Quickborn, 1967

(11) WELTNER, K.: Informationstheorie und Erziehungswissenschaft. Schnelle: Quickborn, 1970

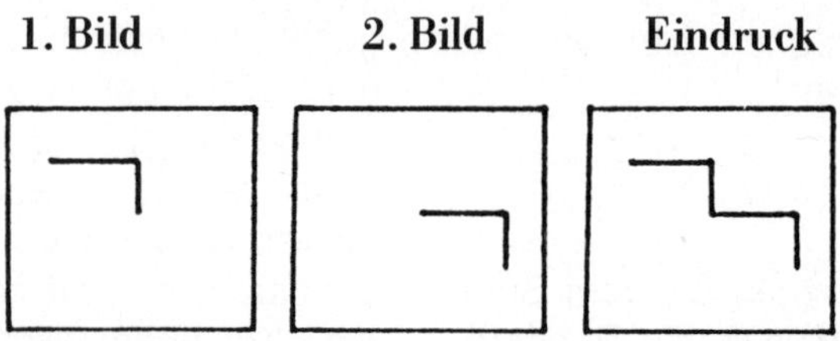

Das 1. Bild erscheint kurz auf einem Bildschirm, verschwindet, und das 2. Bild kommt. Gleich danach ist dieses weg und das 1. Bild ist wieder da. Ihm folgt erneut das 2. Bild usw. Der Wechsel zwischen den Bildern wird immer schneller.

Aufgabe: Angeben, wann der Eindruck einer Treppe entsteht.

Kurzfristig werden ein kurzer und ein langer Balken gezeigt (nur wenige Millisekunden lang). Der kurze Balken befindet sich mal rechts mal links vom langen.

Aufgabe: Erkennen, ob sich der kurze Balken rechts oder links vom langen Balken befindet.

schon vor hundert Jahren seinen Reiz gehabt. Viele Tests sind sehr aufwendig. Nun haben Psychologen ein neues Verfahren entwickelt, um mit verhältnismäßig einfachen Mitteln die Leistung von Geist und Gedächtnis zu prüfen (8). Denn man hält die Geschwindigkeit des Informationsflusses zum Kurzspeicher und die Gegenwartsdauer, das Unmittelbare Behalten für wesentliche Grundgrößen der Intelligenz.

Diese Grundgröße kann am einfachen Test dargestellt werden, so am Bilderwechsel (7). Und am Vergleich der verschieden langen Balken (9).

Je später sich die einzelnen Stufen beim Bilderwechsel zu einer Treppe vereinen und je kürzer die Darbietungszeiten sein können beim Größenvergleich der Balken, desto rascher ist der Informationsfluß zum Kurzspeicher.

Und desto günstiger sind die Voraussetzungen für eine hohe geistige Leistungsfähigkeit.

Hochleistung dient nicht dem Training

Der Mensch ist in der Lage, Geist und Gedächtnis zu trainieren. Dieses Training kann ein sanftes Jogging sein oder in Hochleistungstraining ausarten. Wenn er beispielsweise seinen Verstand stark beansprucht, das Gehirn zergrübelt, Weltprobleme lösen will.

Aber zum Hochleistungstraining wäre nicht jeder Mensch fähig (2). Und eine Hochleistung dient selten dem Training, sie ist eher ein Beweis, daß der Trainingsweg bis dahin richtig war. Aber wie gesagt - Hochleistung oder „Spitzensport" ist nicht jedermanns Sache.

Darum besteht das Gehirn-Jogging auch nicht aus Hochleistungsprogrammen, sondern aus soliden Basisprogrammen, die nicht überanstrengen, die ein geistiges „Dahinschlendern" ermöglichen, ohne daß Sie sich überanstrengen müssen (1,3). Und trotzdem wird ein meßbarer Übungserfolg zu verzeichnen sein. Oder gerade wegen des Joggings?

Das Basisprogramm für Gehirn-Jogging fordert den Übenden zur Aktivität auf, läßt die Grundfunktionen von Geist und Gedächtnis trainieren. Der Jogger soll nicht unter Leistungsdruck geraten, sich nicht überanstrengt fühlen oder in einer unangenehmen Spannung leben. Das Trainingsergebnis ist sichtbar und meßbar, sowohl in der Flexibilität des Geistes, wie auch in der Schnelligkeit der Informationsverarbeitung. Ebenso auf dem Sektor Gedächtnis. Das Behalten macht Ihnen weniger Schwierigkeiten.

Sie befinden sich jetzt in den Umkleidekabinen des geistigen Stadions, in dem Sie Jogging betreiben und keine Rekorde brechen wollen.

Jeder kann seinen eigenen Jogging-Plan festlegen. In der Regel genügt ein Trainingspensum von 10 Minuten pro Tag. Ein Mehr kann allerdings nicht schaden, sofern man sich dabei nicht überanstrengt.

Einige kleine Tips zum Gelingen des Jogging-Plans:

1. Stellen Sie fest, welche geistigen Tätigkeiten bei Ihnen im Alltag zu kurz kommen.

2. Nach dieser Erkenntnis wählen Sie die Übungsarten aus (Schwerpunkt bilden).

3. Legen Sie Ihr Gehirn-Jogging genau so im Tagesplan fest wie jeden anderen Termin auch.

Täglich trainieren ist die Garantie für Erfolg. Denn auch bei Gehirn-Jogging wirkt das Regel- und Gleichmäßige. Im ersten Buch, beim Basisprogramm, ist kein Tempo vorgegeben. Jeder kann sein individuelles Arbeitstempo wählen. Immer sollten Sie dabei vor Augen haben: Gehirn-Jogging sollte ein lockeres Dahinschlendern des Geistes sein!

Nichts aber hindert Sie, ihr individuelles Tempo zu steigern, um aus dem gemächlichen Training ein forciertes Jogging zu machen. Wie man das macht? Sie brauchen nur die Bearbeitungszeiten aufzuschreiben und können dann feststellen, ob Sie schneller werden. Dabei sollte allerdings die richtige Lösung nicht aus den Augen verloren werden. Außerdem sollten Sie sich davor hüten, die Belastungsgrenze zu überschreiten.

Wem das einfache, lineare Üben zu einfach und eintönig ist, kann mit dem Programm-Material auch Gehirn-Intervall-Training betreiben. Sie lösen zuerst eine Reihe von leichten Aufgaben, dann wenden Sie sich den schwierigeren zu, dann wieder leichtere, dann wieder schwerere.

Aber die erwünschte Wirkung des Basisprogramms tritt auch beim gemächlichen Schlendertempo ein.

Die richtigen Schwerpunkte wählen. Wer im normalen Alltag geistig schon gefordert wird, für den reicht das Training einer informationspsychologischen Grundgröße aus, daher braucht er pro Tag nur eine Übungsart zu wählen.

Sie sollten Ihren Alltag analysieren und feststellen, welche Übungen Ihnen Ihre Umwelt stellt. Lösen Sie täglich A- und B-Übungen, so setzen Sie den Schwerpunkt auf den C-Komplex. Wobei Sie die anderen nicht ganz vernachlässigen sollten, denn ein guter Sportler absolviert alle Übungen, auch die, die er zu beherrschen glaubt. Daran sollten Sie sich auch beim Gehirn-Jogging erinnern.

Wer mehr Zeit hat und mit weniger Außenwelt-Informationen versorgt wird als der Durchschnittsbürger, könnte sein Aufgabenpensum erweitern und auch mehrmals täglich üben, um Geist und Gedächtnis in Schwung zu halten oder wieder in Schwung zu bringen.

Die Aufgaben sind im nachfolgenden Übungsteil zusammengefaßt. Um die Aufgaben wirkungsvoll zu bestehen, empfiehlt es sich, die Anweisungen vor den einzelnen Übungen genau durchzulesen und auch zu befolgen.

(1) EISSENHAUER, W.: Zerebrales Jogging: Notwendigkeit oder Hobby? In: FISCHER, B., S. LEHRL (Hrsg.): Gehirn-Jogging. Narr: Tübingen, 1983
(2) JESKE, H.,. U. EHMKE: Das Paderborner Testsystem: Zerebrales Jogging oder Hirnhochleistungsanforderungen? In: FISCHER, B., S. LEHRL (Hrsg.): Gehirn-Jogging. Narr: Tübingen, 1983
(3) LEHRL, S., B. FISCHER, W. EISSENHAUER, H. ABRAHAM: Gehirn-Jogging. Fortschr. Med. 101 (1983) 1217-1218, 1259

Übungsarten

Teil A: Vergleich von benachbarten Zeichen, Erkennen und „Auslöschen“ (mit einem weichen Bleistift).

Teil B: Das unmittelbare Behalten trainieren, die Verweildauer der Infos im Kurzspeicher verlängern

Teil C: Sich Zeichen merken und nach längerer Zeit wiedererkennen, das Mittelbare Behalten üben, das Gedächtnis trainieren.

Übungen A

Übungen A - wie man sie durchführt

Die Übungen A wenden sich an die Geschwindigkeit der Informationsverarbeitung (geistige Abläufe). Gleichzeitig trainieren sie die Konzentration.

Sie sollen jetzt an Beispielen erfahren, wie man die Übungen A durchführt:

Beispiel 1:

Aufgabe:

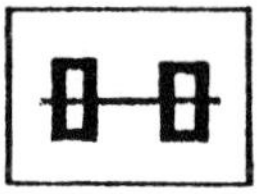

Das bedeutet, wenn zwei gleiche Zeichen nebeneinander stehen, diese durchstreichen.

Spalte 1

Durchführung:

21
~~99~~
73
20
~~44~~
18
~~77~~

Probieren Sie es an den folgenden Zeilen selbst.

Spalte 1

34
55
21
08
99
11

Wenn Sie die zweite Zeile (55), die vorletzte (99) und die letzte (11) durchgestrichen haben, war es richtig.

Beispiel 2:

Aufgabe:

Das bedeutet, wenn schräg unter dem ersten Zeichen ein gleiches steht, beide Zahlen durchstreichen.

Spalte 1

Durchführung:
84
13
79
23
12
67
06

Wenn Sie dies verstanden haben, machen Sie bitte weiter. Andernfalls lesen Sie sich die Vorderseite noch einmal durch.

Weitere Übungsbeispiele:

Aufgabe:

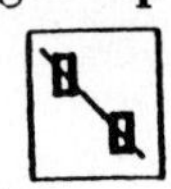

Streichen Sie hier nun die richtigen Zeichen durch:

Spalte 1

14
26
32
97
89
05
10

Wie es richtig gewesen wäre, steht auf der nächsten Seite.

So wäre es richtig gewesen:

Spalte 1
14
26
32
97
89
05
10

Aufgabe: 

Streichen Sie nun die richtigen Zeichen durch. Zuerst in Spalte 1, üben Sie, bis Sie mit dieser Spalte fertig sind. Dann Spalte 2 und schließlich Spalte 3 und danach Spalte 4 bearbeiten.

Spalte 1	Spalte 2	Spalte 3	Spalte 4
27	30	19	01
71	42	24	14
35	29	35	41
09	98	56	02
96	37	33	27

So wäre es richtig gewesen:

Spalte 1	Spalte 2	Spalte 3	Spalte 4
27	30	19	01
71	42	24	14
35	29	35	41
09	98	56	02
96	37	33	27

Wenn Sie die letzten Beispiele auch verstanden haben, können Sie getrost weiterlesen.

Haben Sie diese Übungen nicht verstanden, bearbeiten Sie noch einmal alles von Beispiel 1 an.

Übungen A

Spalte 1	Spalte 2	Spalte 3	Spalte 4
00	90	99	18
44	00	23	44
00	11	58	01
04	77	56	60
89	02	40	02
56	09	77	22
22	74	44	11
86	33	48	86
20	88	62	20
99	53	99	55
20	68	66	00
71	89	91	18
33	73	28	42
42	88	80	33
68	20	71	30
69	60	99	77
33	76	74	12
28	99	76	36
88	43	81	42
59	08	94	79
01	85	60	14
88	72	65	44
15	28	62	59
00	00	88	13
44	22	98	83
75	71	77	09
69	51	11	02

Spalte 5	Spalte 6	Spalte 7	Spalte 8	Spalte 9
76	55	45	73	31
81	42	69	13	38
94	79	22	39	13
60	14	88	50	66
65	44	01	14	55
62	59	66	85	99
88	13	71	69	62
98	83	90	88	94
77	09	42	95	02
11	02	64	08	80
11	85	42	83	01
66	08	48	98	56
40	99	89	88	13
55	11	23	44	80
35	77	00	44	26
57	49	73	73	47
19	11	38	62	00
99	00	99	09	41
66	37	53	05	41
55	84	65	44	39
55	45	73	31	26
42	69	13	38	44
79	22	39	13	43
14	88	50	66	19
13	22	39	85	11
66	88	50	08	66
55	01	14	99	40
99	66	85	11	55
62	71	69	77	35
94	90	88	49	57
02	42	95	11	19
80	64	08	00	99

Spalte 1	Spalte 2	Spalte 3	Spalte 4
EE	NS	VQ	VW
WW	GI	ZS	RS
XX	CV	JJ	JL
DD	LG	TJ	FE
YX	QQ	CC	IH
KG	QT	KR	LU
LO	EE	NO	MT
TT	FF	ZZ	GV
MJ	DD	PP	QU
YY	JI	HH	QQ
FF	WY	GE	LC
UY	VD	JO	KC
TJ	KB	MA	MM
DC	RJ	WW	QR
YY	HH	FN	QX
SD	PP	OU	WV
RD	OW	BB	WA
GK	QQ	FM	NC
KK	WY	DK	VE
DI	AT	AA	LL
NS	VQ	VW	GU
GI	ZS	RS	NO
CV	JJ	JL	CP
LG	TJ	FE	MA
YY	ES	IV	AF
IH	FY	CC	FF
VY	UI	SS	HH
HH	OU	HH	VI

Spalte 5	Spalte 6	Spalte 7	Spalte 8	Spalte 9
GU	SU	MM	DD	CM
NO	OT	SN	RN	WW
CP	QQ	HH	ZO	KK
MA	FH	HH	PR	OU
UU	SS	RR	UJ	ID
SN	JV	WQ	DY	VL
ZK	UG	MM	HK	XV
FF	PP	GR	JS	LJ
BN	KK	PA	QQ	UJ
YY	PP	IU	JG	DK
MM	NR	ZK	JF	MF
JJ	PP	ZR	SN	SS
GG	DC	LU	YX	AA
IK	SS	YT	NV	BB
KK	MM	FQ	SF	QR
QJ	GG	II	TT	FH
IU	QQ	OY	TT	OO
FF	OK	XX	DR	FH
II	TT	OM	EI	JZ
LU	CC	MI	UT	JJ
FP	MM	SC	KK	DD
AE	SN	MF	BK	RN
EZ	HH	WW	BC	ZO
VV	HH	HZ	HK	PR
NW	BK	DA	KK	DD
GE	YU	NU	BK	ST
NN	MV	AG	BC	QQ
AC	VV	ZT	HK	OQ
AA	HV	QS	KR	OM
ZZ	VH	AB	GG	XV
OK	CC	RR	QQ	JE
FF	UM	WW	YI	CC
DH	GI	PA	EB	IL

Spalte 1	Spalte 2	Spalte 3	Spalte 4
39	35	31	43
72	33	83	44
77	24	91	45
19	92	01	08
56	45	45	40
75	46	10	33
29	74	25	43
30	73	92	86
61	12	29	21
44	37	00	47
54	93	10	17
95	18	11	66
69	71	54	64
83	07	18	66
03	16	55	30
25	22	13	13
12	68	56	71
55	91	45	97
54	03	84	79
91	55	18	78
35	68	51	31
33	74	23	83
24	57	52	91
92	82	75	01
73	31	70	42
97	33	95	64
56	30	31	36
55	01	38	72

Spalte 5	Spalte 6	Spalte 7	Spalte 8	Spalte 9
68	46	52	88	24
74	08	48	39	52
57	60	34	73	65
82	72	54	50	34
98	68	03	05	43
45	40	08	27	71
34	09	40	73	87
67	43	83	33	48
30	49	68	52	85
53	14	86	98	98
03	09	08	89	29
48	48	85	88	96
71	34	72	51	30
80	28	97	58	27
88	30	79	58	32
20	22	97	42	14
52	32	19	74	61
63	75	27	57	96
38	07	60	87	93
54	10	36	28	89
43	01	46	52	88
44	10	08	48	39
45	23	60	34	73
08	08	72	54	50
01	95	37	87	86
10	95	56	95	88
23	97	15	89	14
08	55	51	78	43
59	55	75	37	39
67	35	37	03	51
56	86	94	80	85
25	44	33	58	48
85	47	43	35	93

Spalte 1	Spalte 2	Spalte 3	Spalte 4
RJ	VP	OL	OR
BF	DB	OM	BM
FB	QR	YO	GH
BR	GX	KH	JG
AG	UV	TK	SJ
LI	CZ	OT	YP
PJ	FB	NS	TK
XT	AF	JN	YO
GA	WD	YQ	WN
PC	LW	OW	HZ
XP	VL	UY	WH
XB	SB	SU	IZ
EP	XS	OO	UI
KS	TQ	KI	DB
MH	KR	PU	ID
NU	NF	KP	JN
SB	UN	PK	AZ
PO	ND	TP	CA
CP	BG	IP	AC
JN	OS	QL	KW
LA	YA	HA	MT
KL	OO	SH	CM
HX	XC	BH	FR
EH	BX	TB	JE
SD	KB	FT	CJ
KS	XN	YL	FL
ZQ	XI	YY	EW

Spalte 5	Spalte 6	Spalte 7	Spalte 8	Spalte 9
HV	WB	HU	TO	ES
MC	XW	OV	AU	JE
RS	BQ	EO	NA	ZW
OR	XU	SM	RR	GJ
SF	ZX	AR	TC	FP
TA	IM	IE	VX	EC
RF	EI	NZ	DF	CY
RD	UE	XW	XY	LT
UL	EU	MR	QP	LL
VE	KG	BI	CS	IE
AL	QG	IB	ZC	JT
EX	UC	CI	UZ	TJ
QN	RQ	ST	FU	CG
EC	AJ	LN	UI	QN
TE	CA	JL	IC	HP
ET	TM	VZ	NI	CC
AE	DV	YV	CV	IC
FF	VW	XY	JC	XY
SF	CB	XV	YJ	QV
GE	VC	PX	VM	FQ
PG	TV	BP	IV	HY
LP	UT	VQ	KE	MC
DL	DU	ML	DV	UM
MH	DL	RJ	US	MU
AV	KD	ZJ	OU	WM
MS	DK	YB	KK	HW
JG	HY	HY	WT	DH
UJ	RH	CZ	CW	RO
FN	DR	DP	GB	NR
WF	GN	ED	NY	AN
AQ	EU	PD	TL	CA

Spalte 1	Spalte 2	Spalte 3	Spalte 4
85	88	09	85
50	85	99	38
08	84	83	85
53	30	93	57
39	38	16	96
67	32	24	18
47	80	92	31
19	18	24	16
95	68	40	63
o4	84	29	53
48	70	91	21
56	65	19	10
68	64	24	09
85	82	04	92
58	22	35	21
23	47	62	81
30	74	55	23
51	45	96	35
71	58	64	93
11	57	43	32
17	85	85	88
57	50	38	85
79	08	85	84
80	53	57	30
23	86	16	94
91	72	68	42
37	01	88	61

Spalte 5	Spalte 6	Spalte 7	Spalte 8	Spalte 9
99	13	55	96	30
65	32	35	69	43
46	68	69	66	20
65	93	92	84	03
55	39	22	43	50
55	96	33	18	02
50	47	32	86	25
05	71	82	62	90
68	89	08	15	08
57	82	34	68	70
77	42	15	43	89
07	12	77	31	06
85	34	73	10	62
50	44	82	11	09
19	97	01	84	93
42	83	32	44	37
85	30	01	46	15
50	41	95	69	07
06	19	56	92	41
60	85	66	15	19
09	55	30	50	94
99	35	42	39	42
83	69	20	61	61
93	92	03	34	16
52	39	37	58	30
57	32	81	26	04
77	45	13	69	14
24	55	37	07	40
22	10	26	86	88
07	10	61	67	87
26	44	19	43	74

Spalte 1	Spalte 2	Spalte 3	Spalte 4
FV	JC	XK	TG
SY	FF	EY	XB
YC	RH	QI	BA
ZH	LF	IK	IL
HE	YN	RZ	UE
EJ	DK	ZG	JJ
KN	KW	DY	ED
AT	WQ	SZ	DE
IW	GM	JE	EI
BS	MV	DN	UE
CL	PB	ZD	XU
LI	PK	DR	SZ
IX	KB	EP	SK
FK	JL	ED	QY
KX	MK	MG	YQ
GU	KO	CX	PM
UC	SC	ZK	EY
UD	NM	RC	YO
ET	MQ	PJ	FG
TQ	JO	KW	WQ
LE	WB	CG	RQ
MC	WP	PA	FC
MJ	PR	JI	CJ
DR	SU	IY	VA
CJ	HP	ZE	WB
UJ	LW	ST	BO
JZ	RQ	BH	OB

Spalte 5	Spalte 6	Spalte 7	Spalte 8	Spalte 9
DU	JI	NI	JL	CC
KK	MK	IE	LQ	EX
LZ	KC	UX	QC	RK
WL	EQ	XC	CG	EP
LJ	OG	HE	WO	PJ
AC	GJ	EO	ZU	BQ
RF	TG	OC	RP	JB
PM	IE	GH	PL	WU
SP	WB	HI	LR	KF
PH	HW	CN	RM	DR
HZ	WA	ND	EP	QY
ZK	DX	QO	PS	YO
KI	LN	RJ	UU	PE
JR	KC	JU	BE	EY
RT	CI	TE	QF	JS
VR	IH	NY	ON	BX
XL	HO	NB	OF	YH
FR	IM	EC	LN	DU
IF	MW	GL	JK	GJ
OE	PY	FY	TH	SQ
SN	ZX	WI	HB	ZR
NA	XR	IL	GC	QJ
XN	RL	EN	LX	WH
CJ	BQ	ND	SA	EP
WT	QJ	CH	ZD	PN
BB	JO	BB	DF	WX
RT	OD	DN	FE	HX
KY	GP	NJ	HV	BZ
YN	JS	BM	VY	YT
NT	SC	SO	HJ	HY
TB	CN	KA	IC	SR
WL	EQ	XC	CG	EP
WT	QJ	CH	ZD	PN

Spalte 1	Spalte 2	Spalte 3	Spalte 4
176	374	336	386
222	897	966	444
442	645	731	444
222	111	604	333
951	777	111	242
181	333	859	369
222	836	190	222
742	946	716	153
710	540	444	555
869	351	111	888
512	777	000	261
409	055	190	986
888	888	442	667
555	056	896	484
603	555	091	343
111	777	000	726
000	709	444	613
444	888	560	992
072	766	189	431
333	485	555	111
374	386	553	336
897	444	848	966
645	444	666	731
111	333	777	604
976	135	726	420
529	000	999	829
538	111	599	777
482	999	019	827

Spalte 5	Spalte 6	Spalte 7	Spalte 8	Spalte 9
100	286	555	395	000
111	601	111	108	129
424	666	292	382	580
272	666	333	483	316
028	111	931	888	230
151	428	907	405	222
500	005	555	255	051
000	988	698	382	118
215	666	104	111	666
333	057	857	111	444
737	825	601	111	854
862	029	842	472	444
497	288	444	628	408
906	433	637	498	462
000	142	499	444	309
460	760	448	025	422
897	874	896	555	555
000	453	643	049	034
999	999	444	502	998
540	094	001	005	484
395	100	776	555	726
108	111	111	111	999
382	424	444	292	599
483	272	608	333	019
444	793	163	501	098
000	420	555	501	139
437	000	774	751	333
642	777	791	222	111
555	519	001	666	405
517	310	135	976	132
351	222	000	529	221
011	888	111	538	013
253	333	999	482	234

Spalte 1	Spalte 2	Spalte 3	Spalte 4
MZR	JJJ	TTT	GPJ
OBR	VVV	VYQ	GGG
RRR	HVB	SNX	FZX
TTT	EVP	HHH	KIE
NGX	XQL	HHH	SCL
CIV	TBQ	GEJ	XLD
III	NRL	TTT	AFX
ZZW	VFZ	PPP	RWI
PJU	GLT	LLL	QUA
YPU	CLW	GXW	WTL
SSS	FFF	CCC	JBP
JSG	SSS	GGG	AJE
WBP	XXX	WPX	PJZ
AWQ	WWW	RCA	MVC
AAA	BBB	BBB	HUB
GGG	QSM	LOG	HHH
ROD	EEE	MMM	EYO
NWI	LOA	ZQT	BFN
VYL	LUW	QOD	WWW
GXT	OSC	YOP	GGG
LLL	KKK	RGJ	MWX
KMJ	RVH	DDD	SOP
LIN	IHA	ADG	VWR
BBB	ODU	YTY	LDZ
LLL	HHH	BCU	XEC
LTG	PPP	KCC	EAO
IEA	OCE	PMQ	CYL
PPP	FMA	EGL	YYY
TZL	MLX	WAP	TDI

Spalte 5	Spalte 6	Spalte 7	Spalte 8	Spalte 9
SSS	IIM	GWD	KEG	VVV
UBY	FWG	NNN	BKD	WWW
CCC	CWI	PTY	VJR	BKN
ZZZ	EEE	YRO	KQS	VVQ
VVV	SSS	SQS	MGW	VAU
UEX	VVV	AAA	OUC	XWG
DDD	BEI	UUU	YQK	QSU
BTL	FAE	JSR	KZQ	UTX
GZS	ZNF	RDK	JLT	PPP
FXR	SBR	BGQ	BDY	GEA
PXO	AAA	YYY	CWR	KKK
WWG	JGB	CZN	BDG	AAA
VEZ	JJJ	RMS	BTP	WWW
PSK	BTG	KEV	NNN	TPR
DAI	NOY	YWG	NNN	OUI
TBQ	AKW	MFD	ZQT	PWS
TCV	AAA	III	LNN	SGJ
XQF	BBB	LLL	ZJE	GDB
TTT	ZGC	TVK	XWP	SKI
SSS	ZTI	EAM	LYG	HMD
YYY	SSS	WWW	GGG	MKK
GKZ	OAS	VPP	YQW	HSE
WTD	LCH	NIO	III	DDD
CAC	ZKK	YYY	NCE	YYY
BFT	CCC	MMM	ZZZ	LTI
HKW	UCV	UUU	CCC	ETB
DUI	WWW	JJJ	SHN	BEB
EHI	UUU	PPP	HHH	DDD
VIE	LSP	ASS	NOC	HHH
DDD	JJJ	LYB	ZLL	KKK
RJI	AIO	SSS	WWW	CBP
KKK	ECH	HYQ	ZZZ	QGK
DDD	QWQ	OUO	ZWG	QWU

Spalte 1	Spalte 2	Spalte 3	Spalte 4
418	548	375	756
554	051	777	199
058	695	276	140
855	268	907	485
686	473	839	173
308	639	680	131
858	133	188	384
107	430	749	631
718	041	576	993
801	644	157	269
672	468	565	922
169	146	559	262
706	884	155	243
615	185	005	597
022	718	198	133
203	801	051	021
100	487	304	204
912	018	860	720
892	500	178	892
783	250	412	998
978	525	541	548
197	852	554	051
519	925	455	695
957	606	545	268
774	042	237	455
672	400	252	545
667	140	266	554
736	494	152	085

Spalte 5	Spalte 6	Spalte 7	Spalte 8	Spalte 9
698	857	415	026	525
737	323	105	702	852
901	533	638	720	925
566	753	268	656	606
054	375	326	569	262
995	736	332	436	806
733	953	513	728	705
600	641	358	070	075
864	441	955	667	237
866	444	294	158	026
556	854	337	610	903
683	878	995	361	690
942	999	016	330	369
856	166	504	273	436
686	010	750	826	643
008	204	115	482	874
501	420	006	348	362
450	048	045	754	900
775	404	193	781	493
026	240	002	515	359
215	384	295	576	418
241	999	462	335	554
295	405	576	440	058
462	269	213	217	855
576	374	823	981	417
213	331	422	399	316
269	053	934	539	604
836	096	786	563	296
082	607	742	759	768
608	300	876	375	616
860	236	437	777	274
186	023	917	276	823
168	802	048	907	422

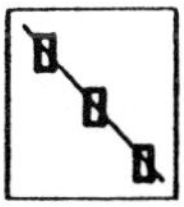

Spalte 1	Spalte 2	Spalte 3	Spalte 4
INU	ADN	YSE	MSR
NII	FOD	BYU	XMF
IJI	IFU	FMY	IXM
ZIY	VIF	YTE	YIX
UZI	KII	VRH	KYI
QVZ	TSI	ZLH	IKY
KWO	OTW	HIJ	VSK
VJP	OET	WHQ	MVB
USN	MBH	HWH	GMV
CZO	FMA	NXW	WZT
AUZ	ZHM	GDF	SWY
WAH	RVE	DGI	VSW
GPA	PUW	UHG	PVS
CFV	WUX	DRV	LDV
RCU	GHL	ZWW	LTG
ERC	DGP	UZY	FWM
EOR	HXG	GUZ	QJK
RYL	PNE	FHU	UTQ
RRG	IDJ	AKN	YUE
EVR	WIG	MAE	OFU
LMI	QWI	QJA	TNY
LOE	IQA	HBM	XVS
VLN	ZHQ	GSK	BKM
JVL	CZI	IRT	FRK
CJV	BCZ	WWI	MSK
GOJ	BBC	RMC	AFM
SJU	DEB	LRR	EAW

Spalte 5	Spalte 6	Spalte 7	Spalte 8	Spalte 9
JJJ	UDE	TAC	NFT	JFX
VAJ	QUK	JWY	NOF	ABG
FTJ	QGK	SJT	CAF	RRG
FFT	EGP	LJJ	KCN	RRI
RFF	PET	GJT	IKC	KFR
HRF	BPE	DNY	CEK	RTZ
CGR	JFP	QDH	THH	KRQ
YCM	BJU	OQD	VVB	DGR
KSC	CBJ	KEQ	TZE	DFG
LOL	DLB	TKD	CPO	HPT
CWN	ZTD	RHK	IDE	JKN
SKJ	SZY	PWN	ZIG	EMH
NHG	SSZ	CUI	GWI	BEV
HNT	ISS	AKR	NGP	ABE
AZN	NTS	XHF	ZNG	RUB
JAP	SNW	OXB	MZN	YUW
NIA	PBN	NSX	GZG	NYY
BNS	EVX	MNU	GOP	JNY
PBN	NEH	TMN	TJD	OSP
VXB	NJE	JTM	UHK	NOL
THF	CBY	TIT	HGN	BNO
SLO	VGI	XPS	GYH	VLN
FMD	IYO	SIW	GOQ	GDE
CXV	IYQ	AIF	JPV	TFU
HOT	ZOQ	UBA	SPN	DTR
SHM	BJZ	HPQ	AUI	WFX
ASH	HYM	MHQ	JAT	LYB
PAS	PRX	KMH	RJA	JFN
XPA	GNX	WIM	OYJ	QQR
EXP	CPO	TKS	SPL	YHG
GEX	JCJ	FTY	ESR	UCM

Spalte 1	Spalte 2	Spalte 3	Spalte 4
454	889	212	141
545	868	427	577
454	686	252	102
645	769	525	621
232	187	959	524
353	304	779	252
535	563	717	322
457	646	379	222
071	666	860	222
695	696	056	222
969	767	445	029
696	825	035	266
969	212	373	086
696	121	332	730
467	616	179	920
899	051	887	287
916	456	694	373
601	585	009	068
020	956	040	927
402	595	002	144
000	254	000	454
000	057	309	545
707	545	553	454
538	454	839	645
012	299	301	895
398	337	127	306
611	373	292	030
199	935	929	901

Spalte 5	Spalte 6	Spalte 7	Spalte 8	Spalte 9
025	286	824	319	379
355	065	240	551	577
719	671	302	323	670
595	904	090	334	708
655	264	524	387	060
554	422	313	175	862
279	829	813	769	020
141	239	569	699	286
413	079	509	981	515
130	390	629	049	839
309	953	402	994	992
028	633	800	983	975
508	333	156	431	484
993	395	134	354	430
147	014	046	507	302
491	859	473	373	025
110	998	041	779	284
378	898	413	572	748
445	898	926	002	967
696	982	444	408	582
286	824	319	537	226
065	240	551	175	242
671	302	323	765	135
904	090	334	087	752
604	811	812	310	046
493	172	520	303	932
831	973	290	041	891
377	571	600	699	302
072	812	036	901	728
720	127	084	460	287
203	232	044	608	374

Spalte 1	Spalte 2	Spalte 3	Spalte 4
HFZ	OFB	NBF	RRI
OZX	HBK	YLA	VIO
ZJR	BCI	KLU	IOV
RMD	ITH	YIO	OKG
PIV	CIM	ZMK	YGU
CDY	YMR	UKE	GBJ
FAP	MHB	KEH	XJB
XOQ	FHX	EHV	JQW
MQF	XWM	HIR	QRR
QWM	SMZ	JQI	RRR
GMG	MZW	IID	RTF
MGV	ZQK	IYE	RPW
GQI	FCB	DEP	QMU
MTE	IQK	EPA	HZP
WYC	GKP	PSM	KKC
VRK	KGQ	ZRJ	OLW
CZJ	LBD	KWN	MFE
DFE	JDX	ZNF	CDS
GEU	DFH	NWG	KSM
YOL	YSW	VJB	EYZ
YBQ	WWO	DFR	JZH
YCG	WOQ	IRK	ZHF
ZXA	OST	RSM	HDJ
ANP	PJI	WMS	RJL
EWW	MVR	MWH	JKO
JRK	XRN	OOI	KKG
GYI	RCC	YIE	JLT

Spalte 5	Spalte 6	Spalte 7	Spalte 8	Spalte 9
GGN	HYQ	LLT	UAD	XEQ
CNN	NYU	LTH	AYT	IOD
NGQ	POT	TYJ	HOZ	BNT
YYA	KMB	RFW	RGA	RTD
JAP	UEG	UKZ	UAN	TRW
ARP	ICC	HMY	ITR	GQV
QSS	VFT	LYX	JRV	PVL
HSL	DTL	YUH	RMW	VLA
SLY	GTB	LHC	SII	LAF
RSM	WAV	HCJ	BME	APP
LJC	YYI	CSU	MEV	CPN
MXI	CFV	WUD	EVK	PNJ
MIN	HVX	UTW	VKB	NJJ
INP	VWN	UGK	KCU	JEA
NUK	MXE	AKZ	AWR	OAF
SBA	KSH	KBS	XUH	AYY
WAI	IHA	ZDS	AHF	POM
AZI	HZV	DSK	HGT	EPA
QTD	LLU	SKQ	GTD	ODY
IDK	CCI	DGQ	TDT	GZP
DKZ	WMD	FRS	DTM	SQG
KVE	FPM	XTE	TMH	XVI
BFV	SMW	DHY	MHG	QSL
BJH	MOF	WYM	HQA	REE
VHS	VVQ	YWA	RQP	MSL
HJZ	OQQ	WFQ	VPV	RXY
OQS	QQU	QHX	PLJ	LYU
ISG	QUR	HBK	WYX	YUD
SRB	URE	IKV	TBY	USA
YBH	RHI	KVG	YQO	BAW
BHS	UTL	VGA	QGP	ADY

Spalte 1	Spalte 2	Spalte 3	Spalte 4
934	013	748	635
999	316	677	993
056	179	566	975
193	646	255	326
411	986	922	433
520	517	694	744
612	655	666	477
922	072	566	576
413	800	955	155
444	488	699	311
696	334	543	133
039	734	018	311
571	518	642	715
256	355	566	288
022	533	155	679
976	303	944	755
985	003	499	402
385	838	401	273
483	188	020	530
729	011	684	698
927	401	866	570
252	425	957	245
630	544	899	422
376	543	809	293
900	055	688	233
146	260	619	773
411	171	057	604

Spalte 5	Spalte 6	Spalte 7	Spalte 8	Spalte 9
069	422	477	842	696
260	444	678	285	061
950	044	213	416	800
799	543	007	279	066
623	326	300	169	970
428	835	233	801	342
691	288	234	488	875
078	331	422	868	391
600	533	743	335	533
460	918	077	095	691
647	999	509	902	887
311	496	755	478	552
634	289	796	168	741
829	422	527	423	477
900	662	085	306	168
003	619	717	011	075
421	731	077	332	959
444	177	969	273	999
466	864	842	022	346
744	575	931	015	933
395	255	399	344	663
217	922	728	533	027
329	899	274	734	172
801	088	125	577	311
841	886	469	555	257
788	976	742	693	322
309	592	063	366	563
230	158	251	582	157
782	110	522	868	573
303	611	655	676	572
870	755	266	616	695

Spalte 1	Spalte 2	Spalte 3	Spalte 4
RJT	KHH	LAB	OCJ
NAF	DMR	QWE	YOO
ANN	NDD	KRB	LWN
XAA	QRS	NRF	YZW
RCL	CYZ	VZU	YCV
LGC	PCL	SGC	ZYY
SLL	MHW	GJR	WZZ
EXP	SMM	OGG	CUI
RWW	JCG	NOO	HCC
AKY	RXV	ZNN	IHH
GAA	ORR	QQO	DII
TPC	XXK	OKF	JNS
TZX	EQZ	OCM	ZBZ
VUN	JHO	VOO	WZZ
PFL	MDE	IVV	OWW
EPP	OIV	XBH	WOO
YKS	LOO	NCV	KWW
QYY	BRI	LIE	RMT
AWW	QRH	SLL	IMC
BFF	LGX	DDB	DII
FBB	MRU	UXL	RMM
SFF	HMM	VSZ	CEY
EYC	ZEQ	FVV	NCC
DZG	SBI	EOR	VIF
NWO	DAF	DYB	JVV
LAM	ODD	GQM	WNS
KKL	KOO	HLV	WQY

Spalte 5	Spalte 6	Spalte 7	Spalte 8	Spalte 9
LLL	OLL	GGG	JZU	IEE
XJM	MKY	MGG	NJR	BEB
FUY	KNH	PMM	SLP	BEU
TFF	ZQT	ZPP	USS	CBB
KMC	CZZ	DDL	POW	CBP
PKK	KDD	XDD	SIC	GKQ
BOT	VPA	HXX	YSS	UCQ
OCW	DVV	VSQ	ZVF	KRQ
VJK	VPM	MSK	ZTX	QXB
NVV	MCX	PMM	CGB	MQQ
OQA	UMS	EYU	XUF	AMM
WOO	PRO	DAC	QYC	TMI
XNG	CEB	FJZ	RLD	XDV
MPK	ASG	WFF	TRR	XUV
UMM	RAA	HAQ	FPZ	HQQ
OOG	RRR	XJH	FML	CKR
RKI	KRR	WMZ	BPS	WCC
XPO	AKL	VEG	HYQ	HTV
BNP	EFR	EOY	UCZ	KBF
PBB	VEE	ASM	DWW	IKK
JKI	TAL	JNA	NDD	UII
GTP	JQE	KJJ	DNN	ILA
ICI	WYJ	EZK	PDK	TDD
ZXX	NRQ	NZV	TMB	JID
LYZ	ACP	ZXW	UYX	DDD
QAU	STE	OSM	UUU	HVR
BSH	ODV	VRU	QSM	VHH
RBB	XOO	BCN	RUU	GDR
IMY	EXX	CBB	SZX	UAG
BII	NFD	FCC	QFM	DUU
FTF	GSF	NDS	ESL	UZS

Spalte 1	Spalte 2	Spalte 3	Spalte 4
777	444	830	527
788	414	777	104
388	999	750	888
829	972	023	884
549	840	234	066
224	979	443	666
313	399	033	626
168	966	337	999
577	613	646	962
746	994	989	647
675	040	708	566
157	233	333	692
757	393	311	914
834	173	146	118
703	766	911	492
887	635	148	366
189	600	237	698
799	076	366	201
958	170	654	769
553	156	422	922
422	858	322	248
241	266	273	152
799	611	323	948
602	199	406	788
587	900	003	844
130	299	266	428
069	942	607	207

Spalte 5	Spalte 6	Spalte 7	Spalte 8	Spalte 9
999	763	979	756	777
975	694	011	552	087
228	261	139	700	799
655	811	716	028	912
522	199	396	321	007
233	913	933	067	390
355	433	360	877	012
552	371	413	649	655
280	856	051	613	582
225	822	444	073	672
623	201	400	977	536
999	497	026	733	211
533	197	455	322	615
362	533	500	239	788
742	384	035	722	877
098	799	371	260	768
533	939	344	418	506
398	842	488	600	016
888	722	828	456	344
808	200	559	602	411
441	045	039	143	186
066	022	275	961	211
622	239	476	577	586
211	922	199	755	166
199	250	942	545	677
934	644	841	666	737
397	455	857	683	100
609	513	021	399	015
557	155	251	799	988
027	597	711	918	833
432	136	199	715	377

Spalte 1	Spalte 2	Spalte 3	Spalte 4
DYY	ZBE	FBB	ANV
YCC	FDD	BHH	SOO
CWW	IWY	HFG	XRF
WWQ	DKB	KHK	NFZ
LVV	JDD	JIU	TIU
KFF	DOO	FPP	DRQ
FAQ	OWY	PFP	VEE
JOK	TVQ	EEZ	ETT
NAT	SKJ	VZZ	TDD
IPH	JSS	ZLU	DOD
XTM	SNN	HGC	TPP
ALF	NEP	ICU	FSU
JNU	HGE	OYV	FHW
VQQ	OMA	IGG	SDD
QZG	WFF	GIY	DJJ
SZV	FJB	GKK	JCM
XEC	MDK	KDA	WHK
HUY	AVV	BLL	UID
GOO	VJL	LJJ	LXX
OPX	EII	JPP	XUJ
DYX	IMM	PLO	KMF
GLO	MQU	OMM	SAA
TMJ	QLC	MGJ	AQQ
YSS	CZM	HBB	QSO
STJ	RQX	BWS	HJZ
CCC	VWW	FTT	JDD
CRR	WVE	TXJ	NZZ

Spalte 5	Spalte 6	Spalte 7	Spalte 8	Spalte 9
TFQ	IPP	YIC	XLZ	NKK
IOY	PFM	EFF	CYV	AVH
XOM	EBB	FII	TEG	CGG
ISS	BAS	IMB	AQK	GOB
SWW	LJQ	XEV	ZUU	SBM
ZXX	ORV	CLI	UYY	YZV
XKK	HOO	RRR	YXX	CJU
KOW	OKL	REQ	XUA	AUF
MUU	PCG	BBM	ZQR	HBF
UNN	MVQ	NAA	VJL	KAK
NZN	ZTE	AZZ	ZJJ	YII
IYY	FWF	ZWW	JIH	ICH
YJJ	PSC	WLL	VXY	FUU
JJC	GZZ	LWC	MQH	UVI
YRW	ZNN	ITA	SLL	AMS
PSO	NWW	IOB	LQX	PKK
EBG	WCC	VRM	LNB	KSS
QIP	CQI	QXN	EDD	SJJ
BYZ	ZUE	JIU	DBB	JGG
YWW	OTQ	KDJ	BFQ	GRD
NGY	VGM	JFF	VKG	SFY
XJN	GEP	GAG	LII	IOO
HFQ	FNP	UFR	IEE	OCC
JHH	DAA	ONI	EKE	STH
HKF	AAA	HNS	YMS	FTT
YKA	AAD	EDL	SQQ	THH
CWN	UOG	BTL	XRT	HKL
UXL	XBQ	SRD	ORE	EQE
NXV	UJJ	BYY	RQR	VSS
SII	JPP	YGK	LMM	SNN
YII	UYY	RLU	MNN	NQN

Spalte 1	Spalte 2	Spalte 3	Spalte 4
228	775	906	269
692	577	114	872
884	848	511	160
448	773	563	660
884	772	067	056
768	887	894	374
191	068	145	217
956	507	001	839
445	331	140	448
134	660	067	194
884	666	884	560
778	996	558	216
997	009	886	088
389	950	278	660
426	667	126	826
647	736	114	432
002	551	660	614
880	335	986	616
118	553	881	113
141	825	998	951
775	906	269	668
577	114	872	946
848	511	160	118
773	563	660	813
069	555	118	660
871	235	091	446
550	707	526	884
055	110	355	448
667	831	802	264

Spalte 5	Spalte 6	Spalte 7	Spalte 8	Spalte 9
637	439	477	425	111
007	575	606	333	331
770	527	849	233	233
184	846	267	330	653
544	801	111	433	667
152	128	081	997	446
628	221	210	884	864
000	392	002	194	778
444	574	610	339	404
284	452	789	313	626
826	997	442	877	099
978	459	334	650	321
146	773	643	269	975
336	447	285	556	198
553	574	701	265	475
865	958	381	298	885
496	306	185	996	508
906	402	896	119	528
333	156	442	551	534
013	948	715	605	613
439	477	425	557	069
575	606	333	925	871
527	849	233	441	550
846	267	330	764	055
706	886	173	990	009
823	678	510	199	160
383	578	112	425	002
443	444	331	664	880
774	444	333	936	511
307	084	223	034	555
511	623	442	776	235
442	994	914	227	707
554	229	111	332	110

Spalte 1	Spalte 2	Spalte 3	Spalte 4
UJK	CMA	OOO	TTD
GGO	HGE	NDA	EET
LCG	NNN	GGJ	RRE
LLL	ETN	BNG	NGR
QVL	PPK	FDI	AHT
KDE	GYP	MMO	JIX
ECD	FTE	FUM	RTL
JTV	EEM	GAH	DEQ
TTZ	GGE	NNZ	TTN
XXT	YYG	BON	UAT
EEX	SFY	UFY	IEF
KKF	GGL	YJD	KDR
HPP	CCG	WTP	QQA
BQH	JEC	GGP	XQQ
XXT	BBH	UMG	WOK
YKF	MMR	JSL	FFM
RVU	JJM	EEY	YLF
GGY	ORJ	LJE	TTM
PAG	STJ	AAF	ZZT
XXE	LMF	MQA	WOZ
ZZX	OOB	RRP	XKH
GGZ	HWO	HKF	ZIC
BQG	UVC	RRC	TQM
SQH	QSP	IJR	GGT
HHW	LYP	TXK	DDG
IIH	SSA	SUX	JPL
JMI	ZPS	TTB	TZE

Spalte 5	Spalte 6	Spalte 7	Spalte 8	Spalte 9
UYT	EEL	RJR	LNQ	MMT
BNH	VIE	KBN	LLR	AHM
YYJ	VHR	XSF	XPL	KBK
IKY	EPC	KNB	OOP	QQD
EEB	HHJ	OOB	MQO	FFQ
HFE	UVH	FRO	GGS	LDF
VRL	DZO	GWH	ODG	PPM
LTL	DSA	GRH	RSM	PIP
RRW	CWF	VVE	MBB	GNR
FYR	PCM	DDV	SYO	SSZ
RDZ	LLZ	EED	SSY	LMS
NJL	WZL	LNE	AJS	ZEG
WTI	VCK	LZU	ZZF	WSL
CCK	FPR	OOV	DMZ	HHC
IIC	HHT	MSO	LOS	UHH
EEI	SSH	OOF	MVL	VGM
JJE	TTS	SSO	OMF	WZG
KJJ	IIT	VVS	JSA	BOY
RXY	ULI	GTV	DDN	NNM
YHP	INA	BBU	QQJ	VTN
OOS	WVZ	SCB	GCQ	PZG
NQG	GSM	EAA	YUV	RWF
IGO	TBO	SRS	SSK	NNU
DDY	TTR	NDH	QJS	EYN
QQH	VBT	UWG	WSR	FOV
KKQ	KDY	BBK	PRI	LLL
QQK	EEL	RJB	TTQ	FOL
GGQ	EEE	MFL	MET	SSY
GLG	VVE	OOO	MSO	WWS
WHG	EVV	VLO	ZIY	KZW
RRH	QQY	LLT	TTA	ZVR

Spalte 1	Spalte 2	Spalte 3	Spalte 4
027	631	153	717
241	110	075	776
862	294	556	665
010	520	943	596
004	906	087	700
443	667	772	004
333	770	286	448
077	209	051	956
123	743	115	722
686	318	119	220
285	536	161	097
842	889	928	771
973	739	885	534
339	820	640	268
999	600	474	692
717	009	448	228
021	998	621	411
233	689	116	118
334	990	912	140
586	148	880	160
521	153	717	027
324	075	776	241
444	556	665	862
300	943	596	010
226	813	701	222
666	330	221	224
662	648	115	739
242	327	177	571

Spalte 5	Spalte 6	Spalte 7	Spalte 8	Spalte 9
025	281	994	319	705
355	115	246	551	166
719	671	662	321	224
596	904	090	114	661
665	264	524	388	044
554	428	313	885	842
279	889	813	769	668
145	239	569	999	132
553	078	509	981	703
330	880	629	048	336
009	955	402	884	198
028	551	800	980	936
508	113	156	001	566
993	395	132	354	701
147	014	226	504	577
491	859	473	443	711
110	995	041	779	111
378	558	413	572	115
445	888	926	002	703
696	889	444	408	332
281	994	319	530	226
115	246	551	005	666
671	662	321	765	662
904	090	114	087	242
110	849	559	683	782
001	381	868	453	220
427	231	887	769	697
777	594	774	155	286
774	074	686	888	916
447	786	795	307	447
395	664	559	774	776
429	389	701	098	309
997	994	221	149	994

Spalte 1	Spalte 2	Spalte 3	Spalte 4
ZZN	QNA	ORD	ICB
NNP	AAO	DDX	AEJ
PPW	MTR	SDH	HBI
FLA	WRH	HYA	IIR
AAK	CDR	OQI	INU
KKJ	RRY	VIQ	RRH
EGR	YYD	QQN	HHJ
SKX	DDG	NNH	JJQ
DXX	JJL	HHO	QQT
OFR	XUX	ZHP	XLI
RRC	HMW	PPU	CYI
LGO	WWU	XXU	IIS
EZE	FOQ	GPN	BQG
KNF	HXA	PNW	ZTK
MHS	BAL	WWI	ESL
GWO	BZN	XAA	LLD
YQJ	NNR	AAD	GMK
VDL	TNK	ECU	KKX
ZKW	KKQ	HGV	YUT
XSN	ZZG	VVG	TTN
GST	KWU	SHS	SLK
GYW	UUW	SSF	KKF
NFT	WWD	FFU	FFM
TTL	AHF	UUV	PBB
FTP	FFV	LHK	BBI
PPG	OEG	THQ	CZX
GGV	GGU	INW	XXB

Spalte 5	Spalte 6	Spalte 7	Spalte 8	Spalte 9
JJJ	QGK	PQJ	BMR	GWV
WES	VDE	KMY	RRE	VVP
BTY	ZDK	YYK	FPC	TIG
YYB	JUT	YRO	ODX	GGO
HZJ	DLL	OOC	EJM	BCW
XBL	LLG	CCN	FOQ	WWB
WFR	GGO	ACQ	EQE	BBT
RRF	OOB	QQE	PIN	HPN
WFN	BBQ	EEU	VYH	NNQ
ZZA	WND	ZDE	CJD	KSN
AAY	DDC	LTW	DME	NNU
YYS	GIN	PTZ	EEK	OTE
UJJ	IYB	ZUH	KKN	WGU
DGJ	BBJ	GOP	QUK	UUC
FTR	MJP	LUH	KKA	VRC
RRY	NXC	NRQ	VYU	CCF
YYC	CCJ	QQY	OST	UXN
KBN	DVW	SPN	YIN	AFI
NNH	TJL	OKA	UTO	III
HHG	JTY	SAL	CBG	WGE
YKV	BDH	LLA	PRE	EEC
VVK	INE	AAT	CAT	VXW
NSZ	DRR	YOS	BOZ	WWN
VXJ	WNP	QOF	JVD	GJT
QSJ	AKO	IFD	DDL	TTK
JJT	OOX	JLU	NFF	EAS
TTW	HHK	SZE	GNH	DXJ
PSK	MYI	IMA	HHN	JJA
KKA	IIH	AAG	NNI	XYR
AAG	OSI	GIT	EHF	SDR
DVI	FUU	TTW	KKK	OSO

Spalte 1	Spalte 2	Spalte 3	Spalte 4
255	579	059	051
332	269	748	575
303	417	639	515
000	101	546	161
309	234	007	246
978	097	040	002
747	625	688	323
942	596	695	262
494	929	715	398
168	631	443	607
776	353	522	070
502	263	678	747
695	813	784	159
969	131	555	133
609	559	515	333
981	128	314	600
965	987	422	711
137	639	252	394
536	724	744	560
393	292	494	686
579	059	051	888
269	748	575	621
417	639	515	009
101	546	161	060
689	991	525	197
401	999	282	999
080	918	828	919
130	886	202	456

Spalte 5	Spalte 6	Spalte 7	Spalte 8	Spalte 9
741	685	252	697	688
404	019	825	999	721
548	866	262	909	202
484	433	696	000	000
329	252	344	784	523
242	769	541	500	742
474	907	474	090	178
192	129	680	126	399
969	268	582	545	481
636	666	424	474	858
754	656	218	825	505
387	023	121	711	160
808	252	958	262	885
566	575	400	628	608
636	923	288	292	274
343	250	846	898	727
404	082	363	447	146
843	818	636	889	163
652	131	305	868	636
368	126	126	191	353
685	252	697	956	689
019	825	999	545	401
866	262	909	434	080
433	696	000	984	130
373	040	156	171	480
757	010	545	328	915
575	101	494	319	673
747	871	979	868	568
454	165	798	626	543
145	620	778	413	298
628	018	437	154	425

Spalte 1	Spalte 2	Spalte 3	Spalte 4
NNN	RPI	VNV	XXE
NLN	YHR	MQF	HQP
JSF	HAH	LON	WQV
IRI	AAA	GJD	QBQ
RMR	AAA	GDZ	DBH
AKD	AQA	ZXC	UWB
UTH	FAC	XFX	FFA
PHZ	ARA	BOW	PWY
KJZ	IWY	RBI	IGR
AIQ	ZIK	BKB	FAH
QLT	LEO	TFS	AVA
YMB	ASQ	FPF	NXJ
MCY	SVS	PSP	LFL
CEK	TOS	ACD	IVI
PSV	DSO	LWH	RHB
IJU	ADR	WBW	QUX
GYY	ILZ	VFS	KQI
YCY	RTI	HUL	AOR
IJK	ZDV	UWU	FCY
RTW	DQD	XQH	CZC
TST	QRQ	FMG	UNI
SBS	UWH	WWF	ONT
BZB	ISE	IHA	SNB
GOR	SFS	SZY	GMV
OYO	FYF	PSC	MLM
PTH	GRM	HZE	VZU
OMQ	MMQ	KDT	ZDZ

Spalte 5	Spalte 6	Spalte 7	Spalte 8	Spalte 9
IIF	UFC	DGD	KKK	DHD
WER	WTR	GCG	UNT	HPH
EXE	PZE	NEO	NSN	XQY
XSX	AQE	IUM	SCS	EJK
WOX	ORO	ERK	AGR	VQM
CZX	DIV	GIQ	GOG	QOQ
TEJ	XJE	IGI	MUH	OBO
KOG	LLG	GRG	RLI	PZW
ODO	CXL	PAA	LRL	GZH
DND	XMX	TBG	RYR	DNV
NQN	TBQ	BRB	TRF	CPV
DBD	TNX	RAR	SMT	PTP
OLN	WGV	QES	HPS	SCD
CXR	MUN	EZE	COQ	CTC
SGE	UQU	ZFZ	OKO	TIT
GDG	YBQ	MQR	GDI	WBK
DAD	CCU	NPI	DYD	JED
PQU	FZU	PTP	MHO	WNI
QYT	ZUZ	MSF	AMK	LIC
RLC	FDV	MRI	NDV	ISI
LUL	DID	TLN	HON	SBS
ZGD	FEC	YPS	SIW	KXE
QNR	OLY	CNY	IQI	EYC
NCN	QSI	WGN	QYQ	STH
EII	BKH	UAN	VQI	TMT
ACV	ODA	OGB	BLW	UNT
CCC	VEP	GPG	MLE	GEX
CHC	ZDI	WHW	YHZ	EAE
XCJ	PVJ	QUT	MUU	SHO
CYC	JNX	NPU	AAR	LFM
WIC	NDN	XUC	ADW	NPY

Spalte 1	Spalte 2	Spalte 3	Spalte 4
656	986	292	615
767	165	727	249
070	634	374	284
219	525	152	717
253	858	535	013
818	787	457	868
285	070	106	989
679	707	141	697
584	474	111	695
602	343	212	729
180	337	020	947
858	212	301	870
595	827	917	204
656	337	494	144
363	131	747	972
538	007	271	464
265	088	679	345
092	868	832	008
670	256	155	292
054	989	752	628
986	292	615	935
165	727	249	000
634	374	284	404
525	152	717	848
982	494	656	444
576	141	515	343
648	313	953	631
538	733	155	224

Spalte 5	Spalte 6	Spalte 7	Spalte 8	Spalte 9
490	535	231	004	843
737	757	860	534	007
576	777	616	228	234
664	876	363	949	937
922	373	839	393	489
571	227	272	737	764
363	891	020	999	516
935	426	606	696	271
500	271	767	369	838
740	544	777	269	583
842	151	073	031	694
553	030	232	323	654
888	702	717	848	035
389	765	672	987	070
292	313	636	575	805
926	131	669	151	588
806	212	800	817	105
193	624	979	606	757
636	555	292	066	777
169	555	320	156	878
535	231	004	878	982
757	860	534	383	576
777	616	228	138	648
876	363	949	080	538
232	181	727	666	044
924	717	371	748	080
915	071	583	434	609
858	645	995	372	104
282	115	191	661	945
226	101	667	494	656
198	414	775	141	515

Spalte 1	Spalte 2	Spalte 3	Spalte 4
SIU	XAO	AQQ	WSR
KSN	QFU	YTA	QGC
LXL	SBJ	KBQ	STS
BLC	HGY	CME	FSG
QNQ	RLO	RGD	EHE
RQE	DMH	JXJ	VEV
ERS	LYC	IJV	XVF
CFO	LUL	MXA	ZKY
OAW	MLM	KPM	TOT
YXY	UMU	JVE	UTF
EYW	HUH	SLB	OOC
CBQ	LKF	SDS	QQX
QVT	BXB	SSS	PLV
SSE	CBC	NSM	UIC
DYD	QLC	UNO	RMA
BDB	NYN	WSW	TYT
VBV	UNU	CWC	HTH
NVG	ZUC	QCQ	FHQ
HNP	IEX	ZQL	EKY
DVW	RIP	ZUX	ZNZ
ZZS	RYR	WSU	NZN
VFO	PRJ	WMW	ENE
HYA	NXZ	OWG	PEP
VHG	KIE	DZL	ZPB
EQA	VEV	NPR	SCH
TYT	QVE	LGS	XNO
BTF	LMH	NPX	XMU

Spalte 5	Spalte 6	Spalte 7	Spalte 8	Spalte 9
OVF	LKD	EQH	IYP	ZCZ
EME	QBQ	XMX	VUV	JZQ
DED	FQW	UXR	PVJ	DJD
WDW	PIP	JQL	UII	GDX
HWX	BPB	UAM	GOE	PXP
EZE	NBH	EIE	MVD	QPQ
SEI	KOW	QEA	BIF	HQH
IOG	OZO	SRS	ZUZ	GHG
TNB	YOK	FSS	YZZ	WGO
EZE	FLI	VPW	BEK	JLJ
OEJ	TBM	NPB	GPZ	BJB
EGA	HTL	JXJ	VIV	ABK
QVQ	UDC	KJI	NVV	JFJ
KQK	JEW	AQP	UED	CJJ
DKN	GRF	ATJ	MBM	TFR
QWE	GOG	CYC	XMX	PZW
NYP	RGR	KCB	PXW	USR
QAQ	JRJ	RGV	VHP	ZJZ
QQQ	KJO	RBR	XXO	BZK
YQY	TDC	TRO	VIY	WMJ
KYA	PXN	LJI	IRD	XDN
ZHZ	FUV	BBQ	ZXA	GCU
NZN	YZY	GSG	HMI	EJT
QNQ	MYU	JGB	GIG	WDX
QQN	OLO	JRL	ZGR	MFX
MBM	JFH	KSN	QDQ	ZVB
OMK	EIX	OEP	RQN	WUW
DND	DVI	IPK	WVW	KWR
XDZ	DAC	THU	KWK	AQU
DND	KQY	ECE	TKT	EAH
TDA	VNV	KEK	UTX	YXU

Spalte 1	Spalte 2	Spalte 3	Spalte 4
444	949	777	242
061	444	279	444
296	434	932	840
131	333	392	956
378	538	378	915
034	724	332	111
333	202	333	118
434	070	485	488
598	777	878	330
999	573	777	333
246	360	979	933
424	666	881	853
292	660	888	555
929	896	888	659
222	928	865	722
726	062	852	272
076	494	555	767
013	269	074	666
190	701	777	208
778	070	873	000
623	777	474	607
664	442	727	338
530	444	252	686
229	044	555	238
475	425	559	333
996	628	152	439
666	222	008	155

Spalte 5	Spalte 6	Spalte 7	Spalte 8	Spalte 9
707	888	800	666	569
250	351	130	666	094
459	555	542	169	098
860	496	243	113	413
258	999	404	436	171
555	088	000	333	717
801	858	000	333	111
090	555	206	333	466
999	157	011	477	626
594	971	214	787	262
653	824	111	888	666
015	225	613	922	468
111	222	686	222	139
010	428	917	426	441
381	659	436	444	801
771	968	363	126	000
777	653	666	222	603
777	135	470	561	657
576	393	707	666	976
246	949	000	769	777
952	444	607	339	672
555	246	130	153	297
522	060	333	555	220
262	449	939	561	222
636	142	883	666	186
333	786	888	068	888
734	248	380	943	276
939	444	289	444	777
345	474	888	242	371
444	777	689	403	797
482	263	885	000	013

Spalte 1	Spalte 2	Spalte 3	Spalte 4
AMF	DBG	RKX	SSS
XLT	ATO	KKK	ASJ
LLL	LDW	IIW	SKW
QEK	DDD	III	CZS
EEE	LDY	DHP	ZZZ
GEF	OLY	HHH	ESV
IXY	IIJ	TSV	SES
URO	III	SXS	EEE
RTR	DIC	XXX	EES
TCT	FHW	NMU	PCB
CLC	YOM	MMM	ZIN
LLL	OOO	BMK	VEB
XFZ	AOQ	BTC	KXC
FFF	YBW	RMS	IHF
EFX	BBB	MMM	WEC
HLB	JBX	WMB	ADM
FAB	JVJ	QSG	FYA
LBP	KCY	WGA	UVF
SOF	BZT	JNH	KJN
UIF	ZOZ	QFS	YZK
KFX	OOO	CXY	FVF
CNA	ALL	XXX	GWF
MTM	LGL	WXD	HMJ
TYP	GGG	KLI	BEU
YYY	WKN	AWI	YZY
BYU	KKK	WWW	BAS
QPR	EKY	VWA	QBI

Spalte 5	Spalte 6	Spalte 7	Spalte 8	Spalte 9
JJJ	NRQ	TZF	OLE	TYO
GJI	RBR	RMN	WAS	PZE
EPM	BTB	MMM	LLB	BHH
PPP	TTT	GMD	UIE	UZS
YMD	UTR	QXS	BRD	FEE
MMM	ZVU	ZDG	TVQ	EXE
HMA	VVV	DLD	XTO	XXX
EGA	XCT	LLL	GAR	QXC
MDZ	CCC	QLD	FKM	HVQ
VPU	VKO	VAE	KKK	TIU
OWH	KKK	TSH	AKN	PJR
QAB	EGQ	SSS	IDE	JJJ
ACT	GGG	DSI	FCP	ZJI
CCC	ZSR	ORT	XEO	JKA
FGN	SZS	ERG	LYI	KKK
GGG	ZZZ	BNP	MLG	CNE
MGJ	DES	ZJD	LDL	NCN
GSA	EEE	FCN	DDD	CCC
SSS	DEU	HZM	BTY	PCP
ASN	SNO	FCB	TTT	SLZ
KST	QLG	CKC	BXH	KGY
QPD	FTF	KKK	XXX	FUG
EAS	WTN	IKP	HYJ	UDS
AAA	SFO	HWY	YYY	RDM
PAU	KQV	WWW	PWP	GQN
XVS	TRS	IWZ	WUW	QQQ
VVV	DQS	QRE	UUU	BQZ
VLF	QQQ	REO	DPA	RKO
LLL	OQO	FDT	PPP	IVF
BLB	BGD	JYZ	HPY	LFU
LLL	JAT	YYY	NFE	DKS

Spalte 1	Spalte 2	Spalte 3	Spalte 4
687	333	009	929
969	262	000	222
393	728	303	128
939	949	747	472
333	290	373	924
505	989	737	030
653	898	313	002
303	888	555	000
335	888	153	000
313	787	171	909
006	974	915	090
146	737	151	777
909	252	449	279
597	424	300	727
949	242	144	929
656	404	026	596
264	227	121	929
810	508	916	413
499	202	141	015
252	427	909	050
020	353	898	404
202	535	989	848
090	353	898	484
872	515	399	848
131	176	282	020
714	828	877	303
101	080	299	070
242	808	513	282

Spalte 5	Spalte 6	Spalte 7	Spalte 8	Spalte 9
111	097	771	919	131
717	969	929	415	313
171	474	797	818	101
898	242	171	880	313
582	424	717	878	000
616	262	262	747	914
060	777	626	578	424
606	575	262	727	289
727	757	676	848	679
273	898	987	294	303
545	986	485	011	639
754	818	373	385	343
222	349	090	242	755
121	801	545	329	649
272	813	252	292	354
560	574	525	998	327
745	243	919	414	294
933	821	291	342	045
423	541	000	454	910
012	431	102	208	658
827	173	030	771	191
016	515	607	929	412
236	956	000	797	181
271	565	808	171	858
982	159	619	191	676
871	644	669	412	139
326	632	448	181	272
878	073	401	858	532
984	949	386	597	467
858	191	761	247	396
909	999	718	156	696
597	721	238	717	762
090	721	969	970	696

Spalte 1	Spalte 2	Spalte 3	Spalte 4
BMG	RLR	DWT	ZXT
IHQ	ZRN	IKI	AYA
TNH	ROR	IIR	GAG
ZVI	PQA	IRI	AGA
HNZ	ARF	IPI	RAR
WBB	KJK	MIU	BRO
RCB	NKY	IZI	RVR
AHA	UPU	RDR	SYU
WAR	WUV	ERR	AIA
VJV	UVU	KVK	ZAZ
VVS	CNR	OKC	UZU
GVG	AOX	KJK	ZUZ
DGW	UMB	AUF	UHU
GJG	WEW	PWX	GKA
GXF	QWQ	GFG	VIX
DKR	WQW	RGU	UBU
LSL	QSQ	FLF	NUN
QLY	DAD	SFJ	GNG
LSL	IKI	FKF	NGN
OXA	PIJ	XSR	GNG
YPY	ITI	DNF	WYV
NYY	VCH	IRI	GOK
YLY	KOK	VIG	YZZ
IQI	BKI	IKI	ILI
DIH	KGK	GKI	AIA
IYI	OUI	DUD	LUL
RFQ	XNV	YDG	SLZ

Spalte 5	Spalte 6	Spalte 7	Spalte 8	Spalte 9
CCC	CBZ	UQL	ASP	UYY
CIC	DJI	QGQ	HMA	YTP
CQC	FFP	WPS	FAE	AKA
WCH	YCM	BYN	YOX	EAL
KTK	IYI	EAK	PDW	ANA
EKE	OID	HBR	JHJ	IFM
KEK	IMI	ONO	EJE	RIO
ETE	VEX	TOE	JEJ	FHF
MEW	IHY	OOO	UEU	AFK
UNU	HYH	QHU	PUV	NHN
HUR	YHW	CXC	DQD	GNL
UFU	HCH	VCV	VDS	NGN
CBS	LDN	VVV	DRD	ZIZ
AQA	TYI	VVV	MGC	CZC
TWB	ZOZ	VEV	NYN	ZCZ
SFN	OZO	CNF	LNL	CMC
CCC	VOV	QMH	NLN	CAS
WCW	JVJ	ZEQ	LZL	ETO
CWC	VJV	FUG	RSR	TKE
WCW	JSJ	KIK	ARA	KSU
CCO	AJC	YKY	FAG	MGO
BNN	PJS	KYK	ZSZ	DLA
PQX	QPQ	YKY	ZZU	EQE
SWS	RQR	UVU	ZXZ	CEH
FSR	QRQ	HUH	HNH	OUO
UBU	RKR	EHE	LHW	EOR
HUL	ARA	HEH	HHH	OOO
ENE	XAM	ELE	CYT	ZJH
SEJ	ACA	UOL	PXN	IHX
EJE	XLN	CWG	KQS	YBS
QLO	WZK	YUI	QPQ	GQE

Spalte 1	Spalte 2	Spalte 3	Spalte 4
454	889	212	141
545	868	427	577
454	686	252	102
645	769	525	621
232	187	959	524
353	304	779	252
535	563	717	322
457	646	379	222
071	666	860	222
695	696	056	222
969	767	445	029
696	825	035	266
969	212	373	086
696	121	332	730
467	616	179	920
899	051	887	287
916	456	694	373
601	585	009	068
020	956	040	927
402	595	002	144
000	254	000	454
000	057	309	545
707	545	553	454
538	454	839	645
012	299	301	895
398	337	127	306
611	373	292	030
199	935	929	901

Spalte 5	Spalte 6	Spalte 7	Spalte 8	Spalte 9
638	792	000	000	254
983	952	000	309	057
858	698	707	553	545
381	548	538	839	454
838	455	393	646	042
485	601	930	661	464
959	080	526	394	645
607	100	937	624	454
699	052	142	242	640
012	768	843	424	728
835	190	632	549	242
323	651	836	171	424
737	402	742	727	843
343	219	424	272	434
537	151	743	026	247
353	515	113	242	487
535	752	121	424	848
353	585	713	242	484
535	841	130	721	644
359	620	333	194	558
889	212	333	971	934
868	427	333	713	231
686	252	937	012	871
769	525	060	398	421
642	019	025	180	333
732	004	292	442	333
373	097	929	454	937
730	895	392	744	060
353	014	929	868	666
537	161	096	837	465
768	414	446	200	646
676	161	494	745	464
767	616	949	471	544

Spalte 1	Spalte 2	Spalte 3	Spalte 4
UDN	XJX	HAJ	FTC
SOD	QXU	EVZ	BIP
SET	XOX	SAF	TZX
HTR	OVO	SJN	GHR
GJL	GOQ	JRJ	HUH
IPD	QLK	RJR	YHX
OYN	TCN	EFV	UVD
SYF	CFC	FTF	VIV
YDY	FCF	NFZ	JXY
DYD	FMD	QQZ	XHX
ZDZ	CVZ	UGQ	HBH
GBZ	NIG	QFA	BHB
BQB	IZI	FNF	VBJ
LXJ	AIT	NFN	SWZ
XYX	ERK	JNF	WIW
KXR	UXQ	AJL	GQF
FXV	TAL	WRT	QXQ
PNA	AQA	RTR	XQX
ZNQ	QLQ	TRT	DXA
OOO	LQL	LTR	RJS
FDZ	CLP	RWR	SRJ
VGD	KOX	VUP	TPM
GBG	MBY	UIU	QNV
LGK	BEB	XUE	BTK
XJA	EBE	DSU	TQT
SNC	IIO	JGJ	QTQ
NQN	ICI	ZWB	SQJ

Spalte 5	Spalte 6	Spalte 7	Spalte 8	Spalte 9
VUN	DQB	PVW	UUU	YVS
UDU	QGQ	VSV	FUW	CJV
DUD	FQQ	SVS	GXA	JRJ
IDV	NBL	RSH	YEK	CJV
DLY	HID	HWX	ESE	RFR
LSL	VSO	NIT	OVS	FCF
LLZ	SBS	DJC	VSV	WFV
WYB	HBL	PYK	DVT	BFR
QFM	BNB	YCY	GPK	KWE
ULP	MBT	CYG	PHB	YTX
ZSZ	FTQ	LGO	NFT	YQF
SRU	OUM	NQZ	PMX	QMQ
ULP	PZF	QCQ	UHM	HQE
AHB	DID	KQJ	HVH	JSA
MFC	IGI	AHO	HHL	ATE
FAF	GIG	FER	FDD	AWZ
FFA	YMW	EBE	DSD	WXW
MQM	MAM	BEB	FES	XWX
EDN	AMA	YBI	EWE	ZXZ
DTD	UAR	GIK	WEW	AAH
SDE	TPQ	SBM	OWO	BRE
FOD	VUB	ZZX	JPM	XAW
GDS	APX	ZAZ	HAJ	AXA
DEJ	NSO	ASA	YXI	XAX
OYL	SUS	SAS	XUX	IOL
EFU	USL	NIA	RXF	OMO
FCF	JUO	IMI	DWV	MNM
CFC	TEK	SIJ	MDN	NMN
XCF	EDE	IHI	YHI	BJN
BGM	WEQ	ZIP	ZIS	JDJ
KWR	BMM	KJS	TEB	DJD

Spalte 1	Spalte 2	Spalte 3	Spalte 4
4498	2723	6420	5062
0999	6846	3333	3062
9961	5765	6993	4034
0458	6599	1111	6666
4310	1111	2818	8221
8002	6765	2222	8888
0000	9085	3071	8440
3104	7745	9872	6372
9779	0000	6832	5587
9702	6085	1111	4444
7545	9999	8888	9999
6298	9999	3171	7777
2939	6971	0000	3333
2237	8642	5988	4924
3816	6778	4733	7984
0747	1111	0000	5555
5555	6304	6666	8007
8202	9435	0516	7190
8462	9983	0000	1756
5555	9202	7556	5847
2723	6420	3282	3194
6846	3333	2819	6047
5765	6993	8232	7944
6599	1111	6493	4425
8144	9713	3333	0886
7555	4272	4894	4574
3200	7318	9595	4180
3098	8996	3333	1111

Spalte 5	Spalte 6	Spalte 7	Spalte 8	Spalte 9
8637	5555	1396	4639	3194
0000	9212	0941	7226	6047
2695	6133	5376	1211	7944
5555	5555	2793	1362	4425
5555	2268	4711	0794	1074
9999	6169	9598	7325	1403
8658	1420	5005	1111	0828
2558	8009	2144	4407	6443
1111	4141	2222	1111	0000
1111	5555	9709	5555	2384
0000	8888	9415	3333	5971
0583	7431	7777	8412	1527
4444	5488	4444	4299	1764
6195	1989	6965	7747	9627
7872	1111	3333	2222	5565
9713	3333	2603	1111	9793
4272	4894	1561	2471	2426
7318	9595	5537	6803	1328
8996	3333	7713	4246	1111
7777	3998	8703	6409	0000
6112	5555	1042	2273	4639
1942	5896	8463	8888	7226
0000	9448	6666	3742	1211
5899	8961	5255	0423	1362
5555	3333	1294	8752	2222
0281	6818	7777	6724	2958
5555	0975	1181	2997	6497
2579	6666	8558	7650	8329
9749	5555	4444	5055	6666
4187	5546	2735	3971	1111
8676	7561	5469	7014	9999

Spalte 1	Spalte 2	Spalte 3	Spalte 4
NNNN	VPLO	JJJJ	OLOC
VVVV	DBRI	AFYL	JMIS
FFFF	QRHL	BBBB	OOOO
QQQQ	GXJF	BRCL	BHMC
CCCC	UVHM	AGCX	KKKK
CGSG	CZEQ	LIIE	TTTT
WWWW	SBIJ	PJRW	WSPJ
OOOO	FFFF	XTKY	NNNN
KKKK	WDKO	GAQA	YQAM
BBBB	FWEV	PCZT	OWBX
HIRV	LLLL	XPVU	GYQP
GWOU	BBYY	XBFL	UUUU
GZUC	SSSS	EPKB	OOGR
KZJZ	TQWE	KSNQ	KIRX
EEEE	KRBR	MHAW	OUCN
GGGG	RFWV	NUFF	PPPP
IKOX	NNNN	SBNH	KKKK
GGGG	NDJR	FOEE	PPPP
AAAA	BGPI	PPPP	IPZX
AARM	OSEZ	JNWO	QLYZ
NNNN	YAQQ	LAMS	QAUV
RRRR	OOKF	LLLL	HHHH
ZZZZ	XCMY	EXES	PHIM
LVWH	WXCI	HHHH	BBBB
SSSS	BBBB	SDZX	FTFO
JCGR	XNCV	KSQP	LLYM
XVQO	ZIEK	ZQTA	YYYY

Spalte 5	Spalte 6	Spalte 7	Spalte 8	Spalte 9
HVPM	HUWM	YSSD	NZJE	TORL
MCXP	JVEG	EEEE	PPPP	ZULZ
MSJP	OOOO	ZWAP	WGTY	AAAA
RRRR	SMUW	GJBK	WUIF	RRTV
SFSG	ARKJ	FPQO	DEAH	TCCA
TAND	IEZK	ECEA	ZZZZ	VXOP
RFGK	NZVP	CYLB	RORL	DFXF
RDAK	XWXO	XTDI	TJNG	XYKG
ULFR	MRVR	LLLL	CIVE	QPUI
VEJF	YICN	IEAE	VZZW	WSAD
ALYJ	BBBB	PTZL	JUYP	CCCC
EXWY	IIII	JJJJ	USAJ	ZZZZ
QNRQ	STJZ	CGVQ	WWWW	UUUU
ACPU	LNJR	QNCI	QQQQ	UIWT
EEEE	JLPJ	HPOT	AGXR	VCOG
VTEO	SZFP	KCVS	DNWI	IIII
EEEE	VVVV	CCCC	YLGX	GVHX
NFDZ	YYYY	SYMA	OLUK	CCCC
FFFF	ZVFL	VVQK	LLLL	JJJJ
MEEG	XXXX	QQQQ	BGNF	ZMZN
GGGG	PPPP	HYQP	LTMV	VVVV
PPPP	VQYC	OCEF	QSNX	KEGB
LLLL	MLDU	MMMM	HSRH	DVJR
MHHX	RJCF	UUUU	GEJP	QSMG
AVSQ	ZJFM	MMMM	EHPH	UUUU
MSKY	YBPS	WWWW	LWGX	KKZQ
MGAE	HYQO	HHHH	CCCC	LABA
JJJJ	CZJC	FOGP	ZWPX	WZPR
YNJZ	WPRD	RRRR	CAMB	VVVV
FFFF	DDDD	NNNN	LOGW	BZGB
AQLX	PDKM	AAAA	XZQT	XXXX

Spalte 1	Spalte 2	Spalte 3	Spalte 4
6664	2666	5999	6440
2679	6888	9946	3602
7444	8008	9356	0111
4212	9888	6302	1260
0111	8888	7222	7213
1377	8842	2168	2888
4444	7111	5732	8666
4725	1290	2563	6777
4441	0000	1555	7777
4777	0333	5357	7439
7555	3438	2695	9361
5051	6002	9785	0882
7622	3249	1168	0540
9666	5888	2222	7333
6957	8111	2924	3869
7888	1140	9713	5655
8953	6760	7169	5333
7559	2000	9501	3891
4723	0486	9039	0044
9831	7986	5222	8333
3534	6664	2666	3726
8397	2679	6888	9999
0116	7444	8008	9513
8782	4212	9888	3559
1307	2257	2888	0880
0226	3333	8111	2888
8134	3693	1222	8715

Spalte 5	Spalte 6	Spalte 7	Spalte 8	Spalte 9
3010	2666	9666	2931	8979
7757	6904	6897	7376	2358
9564	7557	0833	0435	5534
9260	0888	0000	6000	2000
3822	6111	0469	0666	0799
3424	1333	1304	6156	6000
3000	3862	8237	8555	0713
0555	9053	3601	5999	0069
5862	7555	5442	9797	6136
8467	5268	2320	0002	7758
9367	0612	6733	9999	0242
1443	3111	2333	9513	4429
2864	1563	3003	3559	1499
8055	1713	2698	0880	8872
7214	4543	1974	6888	5777
7228	7261	4358	8280	7666
5572	3872	4222	1727	6724
1307	2257	2222	5500	1430
0226	3333	2888	8552	8555
8134	3693	8435	9777	5333
6440	3010	4297	7888	3235
0242	9295	5777	8011	6777
4429	4999	7666	7278	7506
1499	9333	6564	1846	3392
8872	3666	8572	3455	7344
8444	6014	2281	6156	7320
4939	6675	4644	3301	2000
4666	1577	9197	6111	0126
6139	5783	5222	1552	0271
9444	4777	2580	6649	3888
4222	7871	2843	2830	8000

Spalte 1	Spalte 2	Spalte 3	Spalte 4
ZFYG	ZZNU	MXXX	RRRR
ZTGZ	EQLB	XXKL	RJJJ
ZWWW	HQPO	SQOQ	JSKO
WRRX	OWWW	ZLGE	WPPP
PHIN	WAMB	WVVV	MXBT
UBKA	SMMM	VBBC	AHHH
SMMM	MCCC	QOVH	HZDU
MQWZ	CIOL	AXXX	BGGG
KTTT	MZMJ	XRRR	GQVT
TAFL	IPHY	RKXJ	GUES
MJJJ	IYYY	XAOT	EDCX
JPQH	YKDI	UCQF	CYLL
UVED	GZYJ	YBBB	OPSD
DKPJ	QNFU	BJMD	TOVS
GJJJ	JIII	NHGY	BEDW
JKBX	IEEE	YQIR	XNVG
ISSS	EOOO	ODDI	ZPPP
SHGS	OMMM	DTTT	PSUH
JPUU	MSTR	TFLY	DVWX
MFWS	YMMM	OUUU	ANZZ
GTEG	MGUK	UJJJ	KHPP
GZKJ	QRBE	JOLO	FOOO
XFZM	QVXW	JBSO	AHHH
VTFR	DZJD	VHHH	HJLV
MZXM	LZMZ	HEEE	GYZG
OPOP	CVVV	EYYY	EQAT
VZXM	VEEE	YJEA	AMMM

Spalte 5	Spalte 6	Spalte 7	Spalte 8	Spalte 9
TVHK	ZMAJ	VAAA	FDDD	UGRL
WSSS	MJRQ	AIKC	DTGM	SOOO
SRRR	CNNZ	JGGG	UGGG	OKMY
RFGT	JQJG	GVHS	GQQQ	UNHO
VBIN	VYYY	ALBS	QQQI	GRGX
BBBB	YUEK	ZUHT	XDDD	DZLI
BTMT	BJAP	OLLL	DQQQ	FBNP
TYYY	EUKE	LJIS	QCCC	CGGG
YGGG	PALF	WABB	CFFF	GSCF
GVRK	QSQW	RUFO	FORG	PKKK
SJJJ	EVVV	SLLL	RNYP	KMMM
JPUN	VHJM	LJGB	XCVJ	MVUJ
DFEO	LXXX	SLLL	BIJV	ORCI
RQGE	XRSM	LYQI	WMWM	SHHH
AFQE	VCCC	KSNY	AVKY	HRRR
OLGV	CXDU	WOOO	KRRR	RVVV
EMMM	MXME	OPPP	RNJV	VWWW
MLNY	VLLL	PEEE	TNUF	WCCC
GMJT	LIQE	EGGG	LBJD	CDDD
ZXAH	NRRR	GXAS	RIDI	DXXX
XNNN	RQQQ	ICCE	ROFM	XKFS
NQVK	QFSS	GJJJ	DNNN	ZHHH
WAAA	ZWWW	JTTT	NSMQ	HZXS
AJRK	WAIE	TBBB	PBBB	QWEU
LXXX	NPBZ	BDDD	BDME	ZXVX
XTTT	RNCX	DFQW	SEUH	FRTN
TIWZ	TOTB	VYYY	AUUU	ZKYI
SRRR	CNNZ	JGGG	UGGG	OKMY
RFGT	JQJG	GVHS	GQQQ	UNHO
VBIN	VYYY	ALBS	QQQI	GRGX
BBBB	YUEK	ZUHT	XDDD	DZLI
BTMT	BJAP	OLLL	DQQQ	FBNP
TYYY	EUKE	LJIS	QCCC	CGGG

Spalte 1	Spalte 2	Spalte 3	Spalte 4
4142	6333	4666	5000
1444	0666	6733	4555
3946	0000	4666	3153
5333	2142	0169	9333
1706	8315	1134	6737
1111	2971	8614	2408
8111	8222	3034	0097
1693	7592	6314	6083
0785	8428	9751	4221
7624	6599	0999	2753
6902	6865	9826	2222
6715	3105	4242	1409
5288	8921	5444	4111
2626	2888	1555	5520
5627	2222	6152	6555
3493	9604	6497	7725
9385	4999	7666	0177
7724	2786	3910	3937
4212	7483	3121	7408
3381	6777	3515	7712
6333	4666	4333	7521
0666	6733	0973	5114
0000	4666	6000	0817
2142	0169	7249	4000
1222	2309	2907	1444
9111	1233	5222	8452
4629	3605	2555	4525

Spalte 5	Spalte 6	Spalte 7	Spalte 8	Spalte 9
1315	1333	2686	4222	3096
1111	9808	2877	4444	5738
2284	4999	7222	8900	6941
0956	4345	7177	0888	0067
0456	2831	4777	4370	9996
4000	8222	1444	4444	1278
9444	6888	2111	2050	6111
3999	4422	9020	9286	1384
6993	2999	0650	9214	0772
3893	7222	0315	3284	5005
7366	7601	0000	6230	0555
5971	3190	5232	0319	5000
2136	3786	5462	5000	8555
2228	2333	8017	1555	1888
6222	4530	8297	9749	1339
8666	2294	3430	4090	9928
8073	4592	6333	9966	4689
3888	6444	8364	6845	1444
7248	2666	2888	8666	1799
3777	4222	3222	4983	2644
3915	1315	1333	9262	4222
5550	1111	9808	2925	4444
9531	2284	4999	0222	8900
3886	0956	4345	2622	0888
5542	5520	7054	2333	9179
3392	6555	3748	5222	9413
1065	7725	7349	2555	7464
8111	0177	4424	3679	2972
8146	4008	2708	5144	0222
1888	0444	1955	5555	8000
2111	5000	0111	4761	1210

Spalte 1	Spalte 2	Spalte 3	Spalte 4
QUKZ	HXXX	GZDG	DMFN
LEAH	RHHH	RGTK	UECG
XLLL	MRRR	YRRR	HFNH
LXXX	VPWE	YOEP	HNVJ
JHSU	TVVV	DTDK	BHHH
JFWZ	ITTT	NDDD	FBBB
CXCO	VASM	WIOX	ACYH
HCCC	UADN	QWWW	YAWQ
APZZ	EAFY	TQQQ	HYYY
NDXV	OEEE	BVYR	FWSI
WUDJ	GZFB	VBBB	HAQV
JHLT	IGGG	VVVV	HSCK
WQYV	RIII	ODZL	YOTF
GLTO	NRRR	TRPW	HLNN
MAKZ	ITAH	YXNV	WHHH
KMMM	ZPJR	JTBY	IPSJ
SPPD	PKAJ	DSPY	ZIII
ZDMB	MPPP	OGDY	TCQZ
WODS	VSII	QGPU	SQLC
CIEJ	GXCB	LIXE	MCLD
KQOE	KJIP	ULLL	XOLV
ZDGQ	MEWN	NUUU	BXXX
YIHF	LANV	CNNN	LBBB
SHLI	NSQY	BWAR	FLLL
XTEJ	KBKW	DBBB	PBEX
AGDH	VECU	GRWB	HTHT
MUSC	FWWA	YGGG	BUOX

Spalte 5	Spalte 6	Spalte 7	Spalte 8	Spalte 9
OMQZ	TIKE	IZZZ	PSLY	YPPP
UITX	JZDV	RKGU	YPDI	PYYY
ABEQ	JBLP	FRTF	WPCO	PTIL
EIIT	KBLG	EAON	ZWWW	OPPP
FAIH	URVY	PSUS	CBEX	JKXL
RKKI	TUUU	UKSP	QCCC	ISPI
ERRR	NUFP	VUUU	KQQQ	DIII
RPIT	SEQA	DVVV	UKKK	DDDD
KKYH	BOFL	LWHV	POFP	UDDD
ZKKK	SCVC	KBSB	NKQG	YVGY
AZZZ	IREY	TZEX	QNNN	FYYY
XAAN	GRMA	UTTT	MVTB	OEER
KXXX	AOMM	PUUU	HMMM	GOOO
HCIP	EAAA	QGJE	LTLY	AGGG
FHHH	EEEE	HOYY	RISG	ONEA
IFFF	NBNY	FHHH	FRRR	GVZI
JULB	VBTF	WFFF	OFAG	XGGG
RDRK	IVVV	QRXO	UHYM	AXXX
NIWY	WVVI	WFZI	PFHO	XCOP
UNNN	ILHN	HIHA	CPPP	JJZR
KUUU	LVST	HDHW	XCCC	COSK
LEOZ	QFXN	YHHH	YXXX	SYVT
BQAS	PLON	HSCC	XVUG	TYBF
NBBB	ZILG	RHHH	NGEO	RRBY
VNNN	DVTF	SOCH	KNNN	YXVT
STOS	ZDZZ	DTAQ	VZHZ	JSCC
LAOD	CZZZ	CBMB	ADKR	FMVR
RKKI	TUUU	UKSP	QCCC	ISPI
ERRR	NUFP	VUUU	KQQQ	DIII
RPIT	SEQA	DVVV	UKKK	DDDD
KKYH	BOFL	LWHV	POFP	UDDD
ZKKK	SCVC	KBSB	NKQG	YVGY

Spalte 1	Spalte 2	Spalte 3	Spalte 4
8886	5707	2779	0131
7378	7824	2052	6662
0002	5288	2370	0986
5550	0000	0001	3677
6635	6020	4440	8249
5366	1696	0004	4581
7221	6665	6930	8931
0518	2757	8080	8672
0718	2589	8468	6723
5551	9992	2109	6702
0009	9609	7199	3780
7340	8668	9812	0501
3332	2577	7854	3846
8573	7770	5153	0005
7770	3477	1110	5570
4577	4565	0001	0005
6663	6145	5070	8880
0006	7420	9727	9998
7390	8241	1262	1599
4820	5176	8412	7771
5707	2779	1118	8887
7824	2052	8601	5238
5288	2370	2613	8884
0000	0001	5720	2578
7775	5608	7648	4628
5997	0421	6860	1113
3339	5556	0599	2221

Spalte 5	Spalte 6	Spalte 7	Spalte 8	Spalte 9
8887	8566	3259	6669	8884
5238	6308	8206	2226	4448
8884	4449	2008	6392	1394
2578	0004	6663	0678	0042
0141	9990	9256	8432	1385
6678	1869	5428	4469	3270
7848	9478	9026	9901	0467
0003	5553	0008	3076	0000
7770	1995	0000	8886	6660
9877	5552	2220	4728	9726
5551	0155	2222	7646	6664
4985	9999	6662	6228	2316
1119	5449	7776	4396	6808
9521	3335	3327	3974	4546
4285	9863	7772	6667	0219
8882	9045	1117	7776	8525
0258	9997	4501	1837	2287
0568	6909	4445	5514	3330
6107	6873	7774	3028	0313
6669	1460	1207	4447	4440
8566	4442	6669	8884	0134
6308	1894	2226	4448	0952
4449	9231	6392	1394	8192
0004	5862	0678	0042	6666
6277	5557	5385	6669	0642
4872	4445	8886	1086	5561
9848	0004	3338	5557	7249
6282	1730	6753	5495	7337
5187	6861	6032	8882	4443
1693	4976	5422	4448	2224
8885	2221	5764	1114	1112

Spalte 1	Spalte 2	Spalte 3	Spalte 4
EEEX	ZZZN	NQAQ	QQQQ
QQQE	LVFZ	EEEM	SSSX
UKIQ	LTCL	QRVE	WWWS
UUUM	OFWP	ZYRP	VVVW
SSSU	UNXA	CCCP	ZXMV
PWSS	UUUB	ONUC	KIDG
MMMB	QSMU	PRUN	UUUU
KIHM	SSSA	DTAU	MQNU
AAAH	UWOS	PLBD	NZNC
OOOA	XKOR	VVVO	JJJZ
YGTO	GGGA	CXPV	MGEJ
GWDX	UUUG	CYNY	NNNW
APTY	XSPU	FFFE	QQQN
ROSQ	YVCA	HLXF	BGXQ
FARL	PPPV	ZZZF	PVBY
VJSR	LLLP	FEQZ	QYWW
DKBG	SBTL	MBLJ	HHHN
WYKC	ZSFX	RHNN	JNSH
WWWS	PXOW	RILK	FFFH
HHHW	GVEZ	XPIV	MMMF
MFDH	TTTA	DDDZ	YKAM
LOLZ	TBQT	NNND	WNNU
VKEA	VXQF	AAAN	LUNX
DWYV	TBAS	MMMA	QQQI
KKKO	FFFG	HHHM	BBBQ
YZHK	ZWTF	WWWH	PCHB
IIMF	ACYI	OZIW	SSSB

Spalte 5	Spalte 6	Spalte 7	Spalte 8	Spalte 9
ZSKJ	NOND	DYSR	APCG	BRVR
ZZZK	DBLK	CKBM	MVQN	WQXN
GGGZ	EJHH	NFHW	SSSF	JJJU
PHHG	PWAR	OOOV	FRPS	AAAJ
JOMA	JJJM	KFWO	LGZO	FVGA
MMMO	ZNGJ	AQAJ	JJJH	JJJR
JBFM	HBPK	KYNA	QQQJ	EEEJ
LLLV	WSHV	KKKH	LHJQ	NSKE
RSJL	AMTX	XTMK	CZUE	LPBT
EIHL	EJGI	LFUJ	GGGT	MSRD
LLLV	TTTO	GGGQ	GMQG	BYRS
UBQL	REIT	PPZG	PVFN	GKAR
KCZM	MMAN	SZVU	KDAS	UIXL
RQXW	KSOO	OOOH	AAJD	JJJV
WANC	XRFT	XXXO	ADDU	TEGJ
EGLG	FZOT	KKKX	GNXB	QKMZ
NOCP	ULDR	DYXK	PUJI	EEEY
FFFS	CCCU	SSST	JJJD	HHXE
ZKXF	ATAC	JJJS	YIPJ	PUAB
GGGH	DXAL	SSSJ	TTTF	QRVV
HJFG	DGTP	CCYS	LDIT	HHHJ
KHKQ	ZFSU	RDGK	BMBG	JVIH
IUWF	FHWI	KDIN	RRRC	VXYP
ILUF	DGJD	GICV	QQQR	QHXS
AEEZ	KCAC	FFFQ	YQEQ	GLFQ
HHHT	FWHK	BEIF	BBMY	DLNB
LUCH	UIDV	DJIW	WWWG	DDDO
CLIC	MMMJ	VDKB	UUUW	KKKD
TOYV	JDKM	JDHL	DFLU	QAVK
IGPM	FFFA	OWFQ	KWCB	AAAS
DDDG	BQRF	YATV	TARI	FEEA

Spalte 1	Spalte 2	Spalte 3	Spalte 4
6588	8847	4393	4921
7581	3952	0868	3276
7560	3372	5560	6665
0001	6861	0700	5842
1119	2022	3338	3570
0869	2228	8886	5904
6926	9843	8984	0255
6669	3338	4449	1221
5672	4086	9995	3055
8503	7805	6729	7413
7987	7852	9991	9635
4685	5204	1117	8723
0013	4980	3616	4531
3334	2536	0127	4735
0717	6663	2719	1869
5885	3339	8515	9867
5643	1001	4385	4272
5930	8970	5840	2221
5693	1447	2552	1114
8905	1201	2228	8564
5550	4393	6588	4449
3957	0868	7581	9992
7770	5560	7560	9872
9670	0700	0001	1337
3331	2513	7041	1326
6013	8544	4957	6709
6713	0660	0000	3276

Spalte 5	Spalte 6	Spalte 7	Spalte 8	Spalte 9
4099	5249	4445	8487	3872
7762	1895	0414	1069	6405
0318	2631	8016	7312	8204
1330	1113	6661	2216	7113
8451	6762	7946	3473	3331
7540	2226	8820	3333	1113
0338	9808	3943	3332	2561
8886	8885	5234	2223	1116
6664	3061	4445	3331	3887
5238	1115	2759	9530	2379
0862	4710	2547	3154	8617
6370	0003	3599	4447	7774
2911	3330	3988	9335	7359
6563	3135	6811	5559	5852
3336	5550	4178	9994	5639
6663	4489	1113	4446	1647
3338	9999	1838	6668	9101
3141	9994	8885	4918	1118
2844	4448	9803	8883	8880
9397	8885	3827	0864	4565
5249	4921	8283	4445	8487
1895	3276	1511	0414	1069
2631	6665	4004	8016	7312
1113	5842	4230	6661	2216
9992	4886	2974	4727	0000
8439	1366	4445	7773	7316
5675	0036	4753	3332	0751
3683	0642	5520	2223	2686
0009	5561	6266	5278	6664
9720	7249	8997	4261	4444
9431	7337	7775	1114	4445

Spalte 1	Spalte 2	Spalte 3	Spalte 4
CEAJ	EEET	NWYA	HHJO
JJJK	TTTY	CLXM	NBKD
KKKE	AWMI	KSMI	DDDI
JMJA	WGZE	IIIO	HAWN
EQZZ	UOTN	OOOU	NNNQ
CFMQ	IEIO	UUUI	XXOZ
QPHB	OOOA	IIIP	YNYS
YUMV	HXYO	PPPS	NOBJ
VVVU	GNGA	USMW	VRMM
UUUM	AAAT	BGRH	UGRF
IKJR	TTTF	WEZH	QRFS
RRRJ	KQFO	QKJI	DBME
WYBF	OOOW	IIIT	EEEQ
UANV	LOQM	BXOQ	ALVG
VVVD	CZJU	QQQQ	EHFA
NUAS	DHIX	OEDA	YYXQ
SSSA	XXXV	AAAL	OUIL
JRCW	HRNF	WAWY	SBXM
ADMM	GWCL	YYYM	EILC
HUSO	LLLX	HZSF	WBOD
CGKI	KZSH	IDYG	DDDA
ANXM	LGRM	GGGY	AAAT
EHYY	LGMW	APDK	TTTA
QWXT	WXKC	NZXE	AAAK
TTTE	LSHG	XWHA	DSGL
EEEH	CZYQ	GOEM	TXOU
OEVV	OCZE	MMMJ	EEQW

Spalte 5	Spalte 6	Spalte 7	Spalte 8	Spalte 9
LAHN	ZEVD	YWGH	AUBH	INUT
NNNZ	HKNL	HHHI	FMAT	IIYK
HNGF	LLLM	BKNX	HMHR	IKQZ
FFFL	SDVO	AEJQ	EXPU	ZZZZ
LLLO	OOOY	KDHB	WWUL	QVZH
OOOT	GBYQ	LGSK	LLLW	WONV
DMGP	CFSI	IRTK	GPNP	PLUS
IUGJ	DLPK	WINU	PPPN	WCZO
HVSL	KKKW	CQAL	YMDJ	DUZI
CBYP	WHKX	LLLN	WIGQ	AHVG
QGTJ	NOAT	NNNX	WXAM	QIIF
TDUC	TTTJ	XXXJ	MMMH	XOCU
RETR	JNGY	PKRS	DWZU	UUUA
QSBF	XNWO	QTML	UUUH	OMGR
WZZT	FNXO	LLLI	HHHB	RRRV
PZHL	MHTL	IIFC	BBBZ	VVVT
LLLU	UVUF	LGIS	ZZZH	LMII
UUUJ	POMM	SSSB	HHHY	OEXK
TFLO	MMMA	BBBQ	EFQJ	NYIJ
OOON	AULG	MJAO	RHBM	JJJI
KNYV	IQZV	TKAS	MMMD	GROK
KKJB	BHVP	SSSB	YTEU	KKKD
AIEG	FZDE	PVCF	RHXZ	XUBB
NBNI	EEEA	DBIL	HKNI	SDHH
KXFG	AAAJ	GMFW	OTHQ	HHHY
DDXA	KPCX	XQJK	HWEG	DNSG
AAAD	LTFP	XTQK	GGGR	QICI
DDDX	MCCX	KKKO	FWDH	IIIF
MRCD	XXXC	NDTN	HHHN	KIKG
GZLV	CZLW	IXVM	DRVK	SITO
VVVL	WWWI	MMMK	WWTO	WNOE

Spalte 1	Spalte 2	Spalte 3	Spalte 4
5554	5555	6655	5572
9800	2443	5700	1885
0065	5877	0073	1888
6852	7767	6088	8891
9312	9573	8811	6606
7381	6841	1188	6502
5788	5609	8843	4699
8822	0299	2044	9988
2256	9973	4455	8892
1509	9973	5561	5350
9172	6904	9973	6164
7888	6857	4152	4988
8844	3556	8888	8844
4455	0083	8804	4413
5566	3466	2536	1157
6619	6675	6205	8268
9599	3040	6095	0442
9955	0264	5699	6111
5585	0092	9999	1143
1275	2956	9933	8790
6686	6065	4314	3244
8944	7622	4622	4414
4466	2214	2288	8024
6666	2844	8899	2922
6644	4430	9915	7957
4428	0652	5576	6691
8666	8823	8655	8588

Spalte 5	Spalte 6	Spalte 7	Spalte 8	Spalte 9
7700	3377	2522	4422	3399
0015	7742	2299	2288	9901
6928	7272	9900	8852	4850
5977	3985	0077	6588	9500
7733	1488	7776	8833	0047
2606	8813	3046	3311	5433
8156	5324	9142	1164	3304
4186	5022	8688	2484	0600
5311	8911	8888	4155	0022
1144	1177	8821	5516	2285
4461	4060	1184	9386	7400
5099	2854	2427	1277	0044
9959	0861	0171	7717	4488
1637	0091	1602	2888	8850
7172	7285	4444	8899	6062
9571	3799	4485	9904	9139
3919	9900	7227	6222	0971
7988	0092	4344	2272	8531
8877	5922	4444	6033	7022
7799	2208	3548	3338	2216
9978	6217	8496	1866	8677
6181	6511	0855	6633	7798
0944	1124	5556	3387	9499
4474	1788	3700	4400	9944
8272	8841	0338	0026	4400
9148	1144	0222	3999	0003
3866	2766	2285	4281	1146
6633	6644	5961	2159	2502
3357	4400	8388	0240	7274
9804	0077	5377	2011	2638
2033	7788	1160	1133	4955

Spalte 1	Spalte 2	Spalte 3	Spalte 4
VAUW	PHQF	VYRK	OLBG
WRXC	CBCG	FUEP	OCLL
VDJJ	KHWO	HPKK	LLJJ
JJAA	HPKK	KKBQ	JJLV
AAHH	KKRG	BKJB	ZTNI
HHGE	QSPL	XTYY	NOWA
CJAA	SALY	YYKF	BNPP
AATT	YARM	YKTT	PPXW
TTND	HAEZ	TTQO	PKYT
YZTT	HZPS	FQFF	IOYY
TTRN	NHVV	FFPA	YYJJ
YPFF	VVWW	XWEY	JJBN
FFTE	WWQF	NEJS	NDZF
HUYY	KZKK	IRBX	NJII
YYQQ	KKTT	NTYH	IIII
QQZZ	TTLN	ZLDU	IIYN
ZZGL	JUJK	BQXX	BSYR
CWFY	NNTF	XXNN	HFED
FYYY	OVHB	NNWW	DYVR
YYIL	LCGC	WWQJ	CJLL
CBEY	QZLX	ONWH	LLOO
GTND	UUSA	IVEJ	OOLW
JEWW	VLKK	IYPN	XRIF
WWBB	KKBB	EHWX	RMEY
APDF	BBCC	TQHX	RDZG
QRAA	CCHR	HLBZ	PCNJ
AABM	JTVY	ANYT	TPMK

Spalte 5	Spalte 6	Spalte 7	Spalte 8	Spalte 9
NGWW	HHNU	NHZZ	VZJA	QVKB
WWOC	DGRH	ZZFV	SRNX	CGDB
YVJJ	FVPY	CGEE	BMFB	ODSS
JJRR	EXLM	EEWW	TNDM	SSEE
RRDD	TWWW	WWPP	EIXT	EEZL
DDWW	WWDX	PPRG	OSMM	FMZM
WWOO	YOQT	AEVB	MMVL	PPMW
OOKK	NELL	BIGV	ESVV	ZFJJ
KKKK	LLZU	DYHH	VVSS	JJLL
KKYG	KZII	HHKL	SSAL	NRVP
GODD	VKSS	KFPL	AIVV	OZHZ
DDDY	SSXX	EVCF	VVJJ	VZDL
IRPP	XXCC	XZEZ	JJGG	SUEE
PPOW	CCMM	IXEV	GGCQ	EEGM
ONQV	TOPT	VQYY	TFZY	UCWS
XVIK	VLVS	YYGK	VIOX	ZDJB
OMES	KESG	JLNQ	FOKH	VCUU
TQVA	VRBR	VCXC	TEQJ	UUWW
VGEE	OCEE	RSPP	GBPW	WWII
EEWW	EEYY	PPLJ	SRVW	IIOM
GZOX	YYGZ	ZXMG	LPAA	WZGZ
CCHV	AAIY	SGRP	AARR	WDDD
WMRJ	KSYY	QOOG	RRDM	DDAL
KDJS	YYQN	TVJJ	METF	WMCQ
BNDH	HKEB	JJQO	MXMS	CVTN
QXSF	UWGE	GBFH	RDLG	HWRP
LHBK	AQIC	RSAA	IYQE	GKWW
VGEE	OCEE	RSPP	GBPW	WWII
EEWW	EEYY	PPLJ	SRVW	IIOM
GZOX	YYGZ	ZXMG	LPAA	WZGZ
CCHV	AAIY	SGRP	AARR	WDDD
WMRJ	KSYY	QOOG	RRDM	DDAL

Spalte 1	Spalte 2	Spalte 3	Spalte 4
6604	2666	9900	6440
2666	6888	0099	3602
4415	8808	9356	1117
4244	9888	6302	1211
0111	8808	2290	7213
1377	2888	2122	8807
4464	1111	5732	6632
5744	0211	2563	7766
2441	8000	5534	7777
7707	3338	0355	7439
7577	3433	2695	9361
5051	6002	9785	0882
6622	3249	1168	0540
9366	5888	2211	3337
6957	1179	2924	8833
8842	1140	9713	5505
8988	6711	7169	5355
7559	2288	9901	3891
4723	0422	9099	0044
9831	7986	5204	8300
3534	6064	6606	3726
8397	2679	7866	9999
0116	4474	8809	9513
7782	8244	9888	3559
1377	2257	2888	8880
0226	3333	2211	2888
8134	3633	1222	8715

Spalte 5	Spalte 6	Spalte 7	Spalte 8	Spalte 9
3010	6660	9666	2931	8979
7757	7966	6897	7376	2358
9577	7557	0033	0085	0034
9260	8880	0000	6800	2800
3822	6788	0469	6664	0099
3424	3338	1304	8166	6800
0008	6833	8237	9955	0713
0500	9053	3601	5099	0069
5862	5555	5442	9797	6100
8467	5268	3320	0002	7758
9367	1112	6733	9900	0277
1443	3011	2333	9513	4429
5564	1563	3003	3559	1444
8055	1713	2698	8880	7772
7214	4543	1974	6888	5477
7228	7261	2258	8280	7666
5572	3872	2222	1727	6724
1307	3357	1222	5500	1430
0226	3833	2888	8555	3355
8134	3693	8435	8877	5833
6440	3010	7797	7888	7735
0242	9995	5577	8011	6477
3329	4099	7666	7278	7506
1499	9833	6564	5546	3392
4472	3666	8572	3455	7344
8044	6014	4481	6156	0020
4939	6675	4644	3301	2700
4666	1566	2297	6133	0126
6139	7783	5722	1552	0271
2244	4777	2580	6649	0088
4222	7871	2843	2866	8000

Spalte 1	Spalte 2	Spalte 3	Spalte 4
HGXP	FFRR	GISS	SSTT
OSIW	GTFF	SSOE	KKSS
AIFU	MLKS	NWSS	SZKK
BALK	BLOL	QGCV	AAKE
MMZH	VVNQ	EEEH	LFAA
LKMM	KJVV	YYEE	MMDU
WIFB	ZZHN	BYYY	YRMM
KSNU	YKZZ	INIY	JJDR
OONF	JAPV	QQYQ	SSJJ
ANOO	PPFS	ZOQQ	OOSS
KAFS	XXPP	JZKH	RDNH
CNUI	AVXX	MJPR	AAWM
YACE	THFQ	RGNS	DUAA
BTHH	LOKF	JJOQ	IQWQ
VVBZ	DJCX	CJJJ	ISZS
ZZUC	IYOT	ADVW	ZNUG
OWZZ	IIMW	JJJT	AATV
NNIG	SMII	LJJJ	ZZAA
TWNN	XXKP	BBYR	MMZZ
GPTZ	CFXX	QQBB	BQEJ
BIMZ	GETC	UOQQ	NCCV
HGZG	DVIQ	RRSH	PPQG
LLPW	KMQG	KDRR	AAPP
JDLL	TTGP	WCPW	QQAA
KSHG	DDTT	RRUI	LPQQ
RGYH	PZDD	AKRR	EISA
GOQY	BBGJ	IILO	CMYC

Spalte 5	Spalte 6	Spalte 7	Spalte 8	Spalte 9
HHHH	TVTI	LLRH	TJUC	RRYZ
DEOR	QGUM	YYLL	TQZK	YYRR
QKNZ	CCZO	XKYY	EEHQ	QEYY
DDQU	XBCC	EVDH	BIEE	IMEQ
GIDD	TPBC	PTKH	AAKN	RJKL
YYCZ	TTSK	GGWQ	IIAA	JJSF
UVYY	HHTT	OEGG	BBII	SRJJ
PCOO	EZHH	YUMV	SSBB	GGUW
TCXP	XEBH	MTPB	QPCN	DKGG
YINU	SSUZ	KKPB	GSLN	TCOM
EEUT	UKSS	WMKK	FFIX	DNFP
VXEE	EWCU	TGJL	VAFF	GTAG
BGIR	ULYT	KKMW	CUKX	NNDD
DDRE	OTEQ	SRKK	UUGK	KJNN
QQDD	OKWG	RFSC	UUUU	PQGM
ZZQQ	OCYH	JUNX	EEUU	ORPN
JJZZ	UCAP	JJMQ	ZTEE	GKEW
VEJJ	IIRC	MAJJ	PXTQ	BHFP
RUYC	PRII	WWWB	MMLE	JJWI
DLAB	FSBO	OWWW	MMMM	BTJJ
ZNFF	UXNR	SSPR	MKMM	FFCE
BRIG	VVAF	SESS	LTDR	IIFF
DUFB	UUVV	XVHP	OOCJ	CUII
ZHXR	IIUU	QRLW	JJUF	HRET
PPRN	CCGU	QQRM	GUJJ	XXPJ
VZPP	IUCC	GGQQ	XBGC	QRXX
HFEW	QQUC	EHGG	KJIS	JJTG
GKKK	VXQQ	JQYG	IIGR	YJJJ
RRIG	GGNW	XXNJ	JJII	FFLP
UTRR	TTGG	EKXX	FFJJ	MFFF
QVPT	TTTT	FQEY	TBFF	MBSY

Spalte 1	Spalte 2	Spalte 3	Spalte 4
6374	6869	1012	3408
5059	1328	9191	7116
4525	4126	1919	3313
9010	1814	1923	1113
2127	2121	0806	9863
0202	1212	4040	8302
7433	4181	4444	0108
8883	2015	6219	7070
6888	1018	8681	1797
7398	4223	2888	7977
2060	3077	4149	9777
9699	1236	7474	8318
7989	8688	5596	6268
8859	7878	7044	0606
5158	9707	9094	5050
1535	3939	8959	1515
9495	9717	0206	9101
6949	2222	2000	0509
0885	3212	2071	4099
7228	4586	5342	7138
1012	5213	6869	4447
9191	3034	1328	2310
1919	4303	4126	1557
1923	6468	1814	9497
5253	2424	5159	4344
5575	9232	4595	1414
9590	0703	3830	1101
6655	8090	0008	7844
5427	3657	5080	5696

Spalte 5	Spalte 6	Spalte 7	Spalte 8	Spalte 9
4447	4441	5986	6060	1510
2310	2484	7978	6666	1141
1557	6112	5747	4666	0142
9497	2601	8679	2428	3970
3012	5254	0109	1212	8765
0286	2679	7010	8131	4739
4651	2423	2131	7049	5420
3825	8282	5177	9699	1973
5753	6828	3984	6969	1009
0869	8684	5368	5666	1318
3096	5858	3453	7177	8141
3994	1515	5651	1717	3034
4648	8181	5585	5151	8323
6454	7858	8309	1575	8493
6801	0008	9740	1833	5153
3965	8856	7874	7279	7575
7501	8129	9787	6727	0747
1404	1599	0206	2241	8506
3930	7276	9728	1292	9393
7303	5737	6916	2473	1949
4441	8601	6467	1510	5986
2484	4202	7636	1141	7978
6112	8119	4643	0142	5747
2601	5602	5454	3970	8679
3802	9232	3980	7200	6566
6473	0703	8942	2408	6696
3434	8090	4736	5351	8880
1393	3657	2090	0575	4898
1414	3133	3233	5087	4989
3191	9501	1383	5343	4043
3132	4856	3569	5850	5454
9313	9989	5096	9595	8343
3831	5088	2940	6969	7795

Spalte 1	Spalte 2	Spalte 3	Spalte 4
CPWO	OXCZ	GAGA	LZYG
QSQZ	AJZF	JGUG	RSRN
GQGQ	ENEK	ZWQO	DRDR
UGUG	XEXE	HSSP	WDWD
FUGU	ZXZX	CBZR	XWQW
NAUD	GZGZ	KXKZ	EJEZ
MJMK	VGYG	NKNK	AEWE
GMGM	SSQJ	FNPN	OTLH
IGOG	ZSQF	GQGL	EVEF
MNMA	GWDZ	TGTG	SESE
QMQM	ZWDR	OTBT	DSIS
BQZQ	WAGW	JKII	UYUR
PRRK	PDEU	NVPD	QUAU
NDLD	YZVS	MHTL	RGLT
VFSF	OSJZ	OALY	OBNP
LLFU	DLDD	CBSS	VMVZ
KGKD	SDFD	KFKR	CVCV
ZKZK	NQNE	AKCK	FCNC
NZQZ	TNTN	ZSUW	XDXZ
CCHY	JSFO	UOCO	XXUX
HFZJ	HHHK	NRQO	FBFH
RIUD	VHLH	RKDI	TFTF
TJBD	TRSC	PNPW	ZTFT
OQUU	KMDX	WPBP	EOQG
ZUZA	YWBQ	YCYT	IKPZ
ZZUZ	RHPW	ZYZY	UZHT
RPMH	GOGO	OZJZ	BIQP

Spalte 5	Spalte 6	Spalte 7	Spalte 8	Spalte 9
RRDR	SMSK	CLCA	WBWG	OMLM
PTPQ	QSFS	JCVC	FWUW	GAGL
XFDB	IWRU	VAVT	PAUN	XGXG
JPIR	KHRM	EVEV	HWXO	CXDX
KMYV	ANQI	CEAE	QNBD	MFFA
OOON	GXMF	NIJI	OESC	DZDO
FOYO	HQHA	OBFB	NVVF	YDYD
PPRM	SJSH	OFSR	TXZX	ZYZY
SRKA	BSZS	OFOR	DCJZ	SZGZ
FFLF	FMFN	AOAO	YLYI	THVI
UTPC	RFRF	VAOA	MYUY	UAVV
TDSD	ARAR	QQAQ	QUTJ	ZWRH
ASPR	WAUA	MJMB	WEWE	NMNK
FSKK	DDKY	VDVX	ZWAW	YNCN
HUJB	NGMQ	ZUEQ	IEQL	PLPY
JCDV	JJPR	WBMG	ILIV	IPYP
ANAS	YUYR	OZIK	HIHI	KBKW
KAMA	KYBY	LNGV	PHBH	MKWK
CXQI	XRXZ	TPTR	TFWG	NOZD
CACX	TXTX	MTET	VQUO	ADDM
SCSC	OTVT	XQXY	NXNO	NTJJ
MSPS	RDDB	WXWX	QNQN	AMHP
JILF	RDRA	DWDW	RQVQ	EKES
WDSC	KRIR	ZRZE	BGBJ	FEXE
QJBP	RMTZ	KZZZ	KBKB	CTCF
UBTB	AUHF	XEXY	OKBK	GCGC
TCTE	HHOQ	WXWX	INIU	YGYG
ANAS	YUYR	OZIK	HIHI	KBKW
KAMA	KYBY	SNGV	PHBH	MKWK
CXQI	XRXZ	TPTR	TFWG	NOZD
CACX	TXTX	MTET	VQUO	ADDM
SCSC	OTVT	XQXY	NXNO	NTJJ

Spalte 1	Spalte 2	Spalte 3	Spalte 4
6686	1165	9898	0242
6760	9556	8682	2625
7000	7319	7738	5332
1904	2437	7252	5731
5127	6636	2424	1464
5696	6265	4646	4444
6767	9858	1020	4140
7877	7297	0402	9673
1231	4717	9653	2303
3303	7373	9700	3737
3438	3333	1475	7979
2454	0020	2242	9898
4144	0602	8686	8280
9843	8696	3426	6444
7314	6060	6037	4148
4286	0707	9393	9828
0030	7676	3737	8185
6622	6861	2666	7000
7522	0131	6968	0606
3943	1919	5443	6464
1165	9898	7142	4448
9556	8682	8839	3228
7319	7738	8484	9954
2437	7252	4342	6397
5978	2333	0070	9272
5671	3138	8888	2324
4014	2733	8286	1527
7184	7131	5852	3045

Spalte 5	Spalte 6	Spalte 7	Spalte 8	Spalte 9
7142	1545	6111	6368	9767
9572	5750	1913	4888	7877
5727	4029	5738	8883	2737
7773	1861	0017	9084	7372
1423	4356	7232	2343	2518
6309	6296	2020	4598	8814
7151	1620	0704	6328	3939
1616	0494	4434	9029	7416
6462	4742	4148	7050	5174
1686	9713	7376	0908	3900
6561	8211	4821	1057	0244
0747	4727	6500	0292	1421
7373	7073	1039	2620	7790
3138	7060	5434	3608	0843
5259	0008	4243	6014	4828
0657	6484	1034	4424	8785
3351	4545	3041	4545	7555
5616	5757	6999	5458	5353
6363	7373	9196	0584	3050
3031	2282	4656	8139	1399
1545	0242	6368	9767	5625
5750	2625	4888	7877	2070
4029	5332	8883	2737	0000
1861	5731	9084	7372	4676
3010	7106	9284	0414	5953
0707	9472	7170	4942	6289
7473	1831	1336	0613	3530
2716	8420	8683	4505	2608
7989	3010	6979	5953	0456
9195	0707	9595	6289	8010
7526	7473	5957	3530	0001
1524	2716	8702	2608	4915

Spalte 1	Spalte 2	Spalte 3	Spalte 4
HHHH	FODO	QNVU	ATZT
EXON	OFOF	SING	ZDZD
IDBG	FOFK	SVVV	DQDQ
JDXC	JUXZ	VDVV	QQQY
SDED	HMLB	GOKL	REJS
CVTV	RQUZ	WYYY	FQSE
VRVR	TBET	YYYD	QEHG
RORC	UYHU	LEXE	WUIU
VJCC	AEWR	EAEA	ULUL
KBIT	ZPWA	GKAW	LWLE
AUFD	NAQX	IDBL	PYXY
AAPW	TZAZ	STZX	YAYK
MFGF	ZOZO	BGSO	LTBT
FQFQ	OYOY	PFGF	TZTN
QRQU	YVYR	FZFY	ZRPN
UWGB	HVSV	GISK	RGYB
GSRT	VKVD	ESAT	PZAZ
SFJF	IIHI	UWNO	ZKZR
FLFK	IKIF	WGBH	VJLJ
FSHS	GDNT	MSHS	JNJD
SRSR	AFPF	SYST	INVY
RDRF	FVFU	JRUK	NRPS
LBHW	PSQS	OORO	KWMW
CVGV	STST	OYOW	WXWG
VEVE	KLFL	AGQT	EZOZ
ENEN	LDLD	NUCU	ZQZT
NZNY	DVDJ	UBUB	NCWC

Spalte 5	Spalte 6	Spalte 7	Spalte 8	Spalte 9
TVSA	OXQN	EEYO	GOZQ	UBUN
IVMV	GFOF	XOCB	ANOD	HQTG
VSVY	FNFC	GEKL	SPCY	ATNH
AHIH	WOLO	FCQC	VREC	FFFZ
HSHN	OBOW	CYCL	QDPD	IHFH
LTCX	YLGQ	OMSF	DCDA	HSHS
VXVX	DUNU	ZMVU	IJUX	SISB
OKMF	UFUF	YBNB	WMKM	AMDB
XKSR	JKJS	BJBJ	MLML	CBJL
RJTE	UJEV	JCJR	LXLB	MHHX
THZM	XEQE	NPJS	PXRF	RRNR
WEWM	EBEB	TCIF	FDSY	RMRM
ANEF	BZBD	OMTG	DCTP	AJAU
WWHY	ROJO	PWCX	HLCW	OUVB
WOKD	OOOF	ZOLM	XPIW	LITQ
FTHT	PYQY	UMGW	QEAB	VVIK
TCTS	YCYG	KRGW	WVPP	TDHW
ZNCA	WBBY	VKRI	SRBR	EUJC
ANQV	FLEF	BTOX	RQRA	GEYW
TWBA	GNEN	MTBC	TIDT	GXFE
WWSW	NPNP	FCAB	LCDC	MRDK
WGWN	PXPX	QYXL	CDCE	HSOS
CDVD	XIXI	GVQL	WSSQ	SFSF
LTOP	IHII	ZKRR	IBMB	FQFY
IFBA	WMVY	KASP	BZBV	QKFF
CXVD	ZOZO	JLNH	AZFZ	LMIQ
BCWR	KWDY	AFGF	ZXZL	ONAN
OKMF	UFUF	YBNB	WMKM	AMDB
XKSR	JKJS	BJBJ	MLML	CBJL
RJTE	UJEV	JCJR	LXLB	MHHX
THZM	XEQE	NPJS	PXRF	RRNR
WEWM	EBEB	TCIF	FDSY	RMRM

Spalte 1	Spalte 2	Spalte 3	Spalte 4
2102	5065	1221	1999
8547	7557	4116	9990
6757	8774	9046	3161
0970	9489	7143	0000
5008	0990	0300	2002
4414	7007	0001	7221
8616	0774	7468	8639
2943	1961	6076	5831
5475	0110	8668	3814
7553	5003	9889	8868
3815	9910	6992	6886
4754	9620	5315	3663
4484	3726	8353	2332
7448	4371	0198	3283
9479	2402	9529	1330
3991	1111	8990	2669
9229	0112	7497	0338
6993	4454	4774	1602
3673	0440	1442	3978
9338	2002	0288	3013
5065	1221	2282	3333
7557	4116	1224	1332
8774	9046	9937	0270
9489	7143	2012	2002
3757	9119	2222	3223
0213	1999	8229	6330
0901	9990	3686	8832

Spalte 5	Spalte 6	Spalte 7	Spalte 8	Spalte 9
7404	1441	9548	8115	5212
2733	4111	3973	8648	6176
2962	6056	0338	5885	9669
2222	1664	4272	9559	8992
8229	4071	7427	7992	6881
3686	6386	6566	0370	3126
9843	7667	1668	0008	0502
2002	0229	6886	6449	5965
3223	5835	5665	1451	6556
6330	4558	0557	5115	2669
8832	1021	1265	5555	6897
0713	9111	7117	2552	3398
9549	1512	0927	0220	3795
3995	4569	4374	0000	5935
6595	7067	1301	4004	8556
8374	7777	8111	5282	9029
5085	1771	3543	2844	3993
7308	7114	2682	8248	9339
9992	3173	2220	6882	8990
6990	0330	2822	7557	9269
6266	7008	6226	0770	1991
8666	1510	2663	1027	4115
9699	0990	6887	7680	1711
0990	2002	5552	9744	2116
6006	2229	3663	2870	8453
1980	1821	7337	1455	5535
2512	3111	4774	0060	8552
0229	3091	6449	5965	0942
5835	0927	1451	6556	5975
4558	0297	5115	2669	4551
1021	7478	5555	6897	3928

Spalte 1	Spalte 2	Spalte 3	Spalte 4
UBLU	YGOY	VQNO	IYQM
FUUF	ZYYN	WQUD	RREH
IFFL	YIGQ	RIEB	MQHM
YCPS	SEZQ	ZRMX	KGMH
MSTH	QTRX	AHSL	PHZE
VROK	FNYC	NDMN	DDHM
VLNS	ATQH	ZNNM	YNAT
UNTK	FFPT	NCBK	XMGV
YQGY	NHAV	KPSQ	YQYJ
BYYD	IQPP	SMSS	TEDT
AQKE	FUIR	CCLP	ZTTS
ISHI	RIHQ	JUFP	VCDV
YIIY	BGVB	HQWH	XVVD
MYYV	LBBZ	RHHP	EXXE
NPYM	NCNW	JZPN	AKKH
BLMD	RPMR	VUFW	POSI
XLZH	WRRO	ORWV	WQVV
EXQE	LOFO	DBXD	OGAO
ZEES	VFLG	XDDX	LOOU
IKRI	EZHS	WXXW	UHNU
AIIA	KOQK	WWWI	FUUF
TAAT	NTLW	ZZEI	FFFF
JTTW	BPHB	MIUF	AVQM
CLYC	NBBJ	CYQJ	PWYU
IYOV	VAMQ	BAAQ	ZJIZ
ZUFV	DSAH	YNIF	HZZH
TDCT	ECXD	BWOB	AHHM

Spalte 5	Spalte 6	Spalte 7	Spalte 8	Spalte 9
BHJO	VWOX	CCVA	VGGV	YAGR
GWOR	OWNO	IXSH	FPBJ	EBBA
MBLF	EOOE	ALET	HBHZ	ZHGW
SUEB	HEEH	NJHN	KQUX	IUHI
ZSJG	PHHO	FNNF	YGQY	MIIM
HZUY	JBSJ	XFFW	IYYM	MMMP
RHXD	KJJK	FEKF	AORT	RIHW
ASBA	XKKT	UFFE	IKFC	RSYU
TAAW	OPWA	DFWT	OBQQ	ALYT
SKOQ	KCNX	GPQF	ZPIK	MNYM
XNJM	DBDJ	ZEIM	NUNI	SMML
TPNT	XKOX	CAQE	WQOW	RBHR
YTTY	RXXR	LYCL	TWWE	QRRQ
WYYW	SRRS	OLLX	XNBH	OQQL
TWWN	LSSL	FIVF	AHGM	QYKQ
YJVL	CLLG	SFFJ	JQYL	NQQN
SYIR	AKAA	UFCJ	LLYA	INNZ
GQYY	UAAN	CGCC	EVZE	TYCZ
HSNF	RTPQ	OCCL	SEEK	AYMA
PLTO	MFWI	QNOF	ZRFH	CAAJ
EXBF	RTDR	BVKB	JNTR	NKZN
TFPT	IRRC	TBBL	MHXR	PNNV
MTTA	WEAC	VDTN	NVFZ	TMDH
GSIX	BMDI	VETV	YNFN	ITPI
ABIA	ZGDC	GVVA	NZUM	SIIC
NAAN	TEQN	CMUN	IHPO	IONQ
ENNE	ORNE	LEGP	IUAA	OCMV
RHXD	KJJK	FEKF	AORT	RIHW
ASBA	XKKT	UFFE	IKFC	RSYU
TAAW	OPWA	DFWT	OBQQ	ALYT
SKOQ	KCNX	GPQF	ZPIK	MNYM
XNJM	DBDJ	ZEIM	NUNI	SMML

Spalte 1	Spalte 2	Spalte 3	Spalte 4
9001	3973	0215	1699
4946	4887	9935	5428
2689	8358	8869	9655
5332	0203	0995	5599
3923	6419	9559	2773
4026	9160	5001	7787
8489	6078	4576	2181
0001	7673	6633	5558
0350	1609	9445	5445
3787	4523	4884	4974
6556	0199	8628	7131
2449	4330	2116	3521
7563	0409	1141	5004
5839	3866	3975	0610
4365	0895	6382	4999
7336	3992	2174	9009
3613	9289	2734	0880
4973	0776	3211	8448
3870	7327	1920	4664
8331	1201	1344	6986
3973	0215	2409	3738
4887	9935	7243	9293
8358	8869	7444	0449
0203	0995	4344	6872
0080	2152	8682	6868
0944	0120	3110	5543
6778	1148	1261	5230

Spalte 5	Spalte 6	Spalte 7	Spalte 8	Spalte 9
3738	4228	8267	7517	1204
9293	1311	0855	2727	6824
0449	2953	5385	1338	3884
6872	6880	2636	3303	8866
8274	8228	7118	6717	8785
4666	2242	1351	3036	8442
6686	4982	1306	6886	4904
3334	6553	4892	8948	0222
3403	5025	8005	1860	7177
9334	3001	0770	6778	1010
3393	0410	7017	7007	7687
1369	8168	6160	0000	4776
6514	8605	9881	0990	0555
0008	1426	8888	9719	5425
0820	0701	8678	4165	2382
2447	5393	2229	4447	4037
4764	2461	2002	4334	4323
9448	8913	0220	3443	3014
4354	3001	2362	4334	0221
3428	0990	6770	3793	2772
4228	7556	7517	1204	7557
1311	0443	2727	6824	5835
2953	4474	1338	3884	2330
6880	2572	3303	8866	2778
6666	2822	0739	7323	9244
6306	3764	6550	3997	9858
9228	6829	5705	1437	5740
2142	8223	8888	5777	2742
8554	2642	8578	7887	6440
5445	1333	9792	8731	4004
4114	3903	9962	7592	3771

Spalte 1	Spalte 2	Spalte 3	Spalte 4
LJJI	TPPJ	RIIO	ASSW
JBYJ	PGGP	IDDI	SQES
LUUO	GVVG	DVED	WHJV
UHHU	VILV	TBPK	PUUJ
RBBD	OLDC	CEPO	UFLU
BDDB	RNJP	IRRV	ZTMQ
DTTD	WUNA	RMMR	GJIN
TBBT	HHSA	MEVM	PILC
BLDB	WGNX	DMWX	IVTX
HJGI	AYYU	AFYA	ANRM
NSEA	YKKY	DYQU	MMMQ
LDYL	KYNK	FVLC	MRIM
YNNL	THHU	KJNW	UITL
NTJN	HHHH	PKKZ	EXEI
HJVF	HGYH	KIOK	PSGE
NOOQ	GMZN	VFWH	GSSY
OLFO	CZZD	FGWF	SNNS
CBTK	ZYWZ	EJJH	NUUN
FHWW	HXXE	JLHJ	UDDU
KIYJ	XASX	BEUA	DIID
GNZM	LYXS	ALLZ	IPSI
WQPI	WTHT	LAAL	PRSS
LAOQ	CUUZ	ASGA	XWHW
VRUY	USSU	BMMI	DIHQ
WXXU	SDTS	MOOM	TNNU
XAQX	ZXXN	OKQO	NEEN
NNJB	XQMX	VBYH	EOXE

Spalte 5	Spalte 6	Spalte 7	Spalte 8	Spalte 9
ZNNZ	DEFX	IMMX	TDTE	QOOO
NINN	SBBH	MDDM	SWWB	BQOL
GPPL	BIQB	DYYD	WISW	ANBX
PAVP	FABP	YSTY	LRRG	CRRE
SNCV	BPLB	EOOR	RHHR	RUUR
ASLG	BYVE	OEOO	HVBH	UWGU
RNXU	OFUY	FYHQ	HIIG	BXXP
LKPJ	GOOF	FZOQ	IMSI	XYYX
ESRF	OXXO	EFFI	ZIGC	YTIY
TXSH	XLEX	FSKF	KYYM	IXNG
QZQJ	CNAP	CLIF	YGAY	WXSD
UOGA	NBMT	VVTO	LJLJ	UWSO
RAPP	FLLD	QWUB	JQIO	QIWT
XBTO	LDDL	EIID	LBBG	THAK
JIVV	DUAD	ISZI	BZZB	ETVP
GLIF	OQKB	KBFQ	ZCCZ	FDDR
LKPS	UNUN	JPCY	CIPC	DKKD
WUUP	QCCK	JNAC	ITIE	KDDK
UJLU	CQQC	CAPD	GSIF	DZZD
FQLE	QYYQ	PBCC	NIIP	ZEKZ
IXYP	YFFY	ZSOK	MIUS	MGVZ
RDUK	FGGF	ROQH	PJPS	UYPA
ZVVE	GCCG	MVDA	BQQE	RIXZ
VQJV	CKIC	XDDP	QUUQ	UTNP
NHRL	YDDC	DGKD	UFWU	LYIO
WBRR	DLLD	OWXC	QPHR	JGUG
GOOY	LXML	THFO	WQOG	MBLO
SNCV	BPLB	EOOR	RHHR	RUUR
ASLG	BYVE	OEOO	HVBH	UWGU
RNXU	OFUY	FYHQ	HIIG	BXXP
LKPJ	GOOF	FZOQ	IMSI	XYYX
ESRF	OXXO	EFFI	ZIGC	YTIY

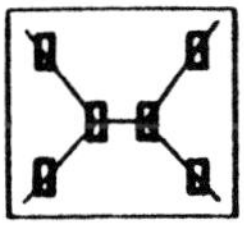

Spalte 1	Spalte 2	Spalte 3	Spalte 4
9763	4024	3043	6736
4884	6440	1331	8662
3446	4164	3113	6836
4044	7137	1481	2652
4834	9776	3231	0222
6446	9179	5435	2152
9669	6990	1556	3953
6996	9639	5785	5335
9049	9281	7997	3553
7384	8415	0405	5155
0006	1821	9739	8142
2750	3118	1321	5192
0180	1551	4191	7645
5005	4742	5774	6385
0550	2776	6736	5485
5695	0164	8664	5559
8148	2417	6846	5505
6889	3586	3783	3180
3273	0430	7337	4671
1333	6007	9219	0020
4024	3043	0991	8008
6440	1331	9069	0880
4164	3113	5695	8708
7137	1481	2553	8934
3333	3733	1611	8008
3443	9439	3637	2722
8968	6993	3178	0340
2882	9749	2500	9003

Spalte 5	Spalte 6	Spalte 7	Spalte 8	Spalte 9
8008	5715	6551	4364	9977
0880	5558	9389	3892	6142
8708	5865	5990	1167	5785
8934	9523	7407	3154	1551
7280	7557	1779	9638	2112
5059	8778	2172	1673	1221
7867	7567	8220	4554	2162
1771	8850	2312	0447	8554
7117	2742	2592	4124	3363
6106	1221	2222	4054	0334
9668	2852	9229	7447	3843
6026	2882	2992	9779	8966
4571	3229	0780	7997	6556
3693	7397	9009	9489	8660
5330	9779	8998	6831	0700
4004	7997	9889	6523	6006
9449	9009	8318	5902	6666
7997	6595	2173	7301	6666
4774	3156	4214	9601	6846
7447	8524	9444	9329	1386
5715	2042	4364	9977	7617
5558	0220	3892	6142	1823
5865	2002	1167	5785	8969
9523	0210	3154	1551	4384
1549	4564	7555	6466	8448
9202	6446	8683	4915	0850
0434	0660	2972	6266	1001
3436	6006	3228	4664	1111
3564	2522	2282	6446	1111
3723	5225	9718	4484	1731
0334	7657	7875	5097	3000
3913	6776	8638	3663	3733
6016	7667	7883	6336	9539

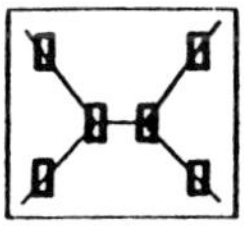

Spalte 1	Spalte 2	Spalte 3	Spalte 4
DDKZ	PJJI	GWSR	TJJE
AIOG	NUXN	IUWI	RDTR
RQJV	LNNQ	VIIA	URRP
DQED	NHPN	INNI	RMVR
SDDS	FSAF	DIJK	NEYO
DSSD	EFFF	KEUK	JGAJ
SPZS	FASF	VKKU	JAIU
TBRC	BFCQ	ZGEZ	NGWQ
VBJH	FNIO	JZZZ	CVKH
WVSQ	ILVT	PWBP	WQLW
DEBD	PCNB	MPPG	BWWB
IDDS	FOFE	PPKP	WBBW
JGWJ	ERVB	WQLJ	BREB
EJJB	DRWT	LXFL	TDGZ
PRMP	RZUR	GLLQ	MTRM
GPPP	FRRF	LBQL	JMMJ
PVDP	QFFQ	AJMD	MQJM
ENIE	QQQQ	TZQX	PDUC
JEEV	QQQQ	YCMY	FOYF
ESRE	QLAQ	XXJP	KFFS
VEPT	FGCF	OCVT	MHNM
MADM	KFFQ	QDAQ	TMMT
QNVJ	FHRF	QQQF	MHSM
MLBG	LJNL	JLKJ	ZJCZ
GGBG	ZLLA	GJJW	DZZI
KGGJ	OLCO	DPID	NGUN
GZTG	WOOL	NDDN	MNNM

Spalte 5	Spalte 6	Spalte 7	Spalte 8	Spalte 9
LLLL	HRRH	ETTQ	QFPK	BPPB
WDXB	DHHD	MOWM	BMAL	PBBP
MFCU	HDDH	PMMJ	UHSA	BTIB
XJOX	DDXD	FFEF	VLDN	XCHK
VXXL	QHJL	HFFG	BBIV	EEUK
XAEX	GSKG	FCYF	PXUD	PCAO
SAFS	WGGW	DRMF	HQMH	YGNY
MSST	GXAG	UWMM	UWCB	KYYK
SMYS	SQYS	VRXV	HKCO	AKKA
NBTX	RSSK	LVVD	GTPG	KAAK
MDMX	SKAS	BJGB	CGGW	LAWL
DRGZ	AOES	MBBB	WNXW	WLLW
IKMS	RWYA	BGYB	BWWS	LWWL
SOXJ	TDSY	GLFG	WCBW	WNPW
VFPM	DVTB	FGGF	VTNJ	JJFJ
RLPR	XZGP	WFFW	QIJN	BJJW
ZRRZ	CNVI	UWWU	ATCA	JICJ
FZZF	HBEY	WUUW	LAAG	KGPK
JFFJ	PNFT	UKSU	AWSA	FKKF
FJJF	UABU	SAES	XJPX	ZFFZ
JPSJ	AUUA	HSSY	OXXF	LZZL
ZIIW	HAAH	SHQS	XJEX	OLLO
ARMW	AHHA	THWT	DXXQ	LOOL
YIVU	TWCT	DTTD	ARLA	OUCO
KRLV	HTTZ	TDDT	BAAB	NIFZ
WXEE	JFCJ	EJCE	ABBA	FNWM
WKEW	FJJF	FEEQ	BXSB	IFVD
XJOX	DDXD	FFEF	VLDN	XCHK
VXXL	QHJL	HFFG	BBIV	EEUK
XAEX	GSKG	FCYF	PXUD	PCAO
SAFS	WGGW	DRMF	HQMH	YGNY
MSST	GXAG	UWMM	UWCB	KYYK

Spalte 1	Spalte 2	Spalte 3	Spalte 4
6666	5375	7846	5428
7662	0552	8221	9297
9538	4665	2862	8105
4117	6376	1225	9310
1021	0337	5744	4084
5114	3183	5779	1660
9502	5331	7457	8229
8110	5882	3774	2862
1991	8008	4557	9669
4228	2882	2338	6366
2972	8582	3063	2661
9227	6118	0335	6156
7934	1461	6948	3665
2001	3115	4776	1958
9727	4860	0684	2381
5113	4969	9267	5812
1021	0333	3110	6004
5110	3443	8001	4757
3061	4334	0660	1154
2556	7442	6006	7007
5375	7846	8664	0000
0552	8221	2239	0000
4665	2862	6432	9009
6376	1225	8570	9739
6889	6668	8778	0580
8348	2111	1887	4002
5887	1261	8606	1222
7008	6996	6337	2442

Spalte 5	Spalte 6	Spalte 7	Spalte 8	Spalte 9
0000	6442	3954	6075	8448
0000	4004	6667	7704	2335
9009	0440	6886	1159	3673
9739	9552	8668	1330	5330
8559	5225	5885	3000	2950
7091	4335	4435	0710	9446
9881	3703	2267	3665	4444
8088	0335	8784	6016	4114
1118	8493	5113	6660	1441
1331	5999	1441	6210	3115
3113	9409	4114	0906	8060
9003	8773	4447	0770	5665
0320	7687	4469	7647	6696
9005	3776	4051	3229	0669
1688	8994	3785	2002	7435
0239	9069	1446	0220	5997
8123	2999	4004	7660	9889
8875	6223	0440	6136	8228
6248	2002	2006	3662	2882
8139	0220	8398	3884	2223
6442	6004	6075	8448	2332
4004	0270	7704	2335	3223
0440	4004	1159	3673	6115
9552	8397	1330	5330	1661
4224	1661	5476	4144	5995
8444	7111	7739	1775	9669
6363	3398	6512	7887	6996
1373	4971	3105	8778	6668
0512	3933	7821	1887	2111
6697	8662	9113	8606	1261
2943	6646	1451	6337	6996
0450	5661	5113	9449	8667
0554	8531	0678	4994	6116

Spalte 1	Spalte 2	Spalte 3	Spalte 4
DDDD	OGYN	FCCB	XEGX
YMCW	RXXU	HSEK	GXXM
TKJV	XFYX	SEAJ	QJSG
OVSJ	VXXE	JZQY	ODDZ
EROP	DIXW	GUWH	DLED
OQWR	WUUP	EQQW	RDDK
EFRU	UHBU	QVHQ	AJFG
YTLH	DUUB	PQQA	ZHMU
FDIP	DRRZ	OTTB	XEEO
VFDY	RAQR	TQUT	EVCE
LDDE	FRRN	ZTTP	SEEA
DFCD	ETFO	SKKH	TORO
TDDA	VXXL	KCFK	MTKE
BMKP	DVZU	SKKS	KGGK
QYAW	DXXL	XVCP	GMMG
RKNS	LTVT	HUYJ	MGGM
LDWA	HNNH	MZZW	TMML
ERGD	NXZN	ZPMZ	ICVH
EIUX	QNNN	UZZE	QKLI
HCCG	OOKX	SAAJ	CCCH
CGEC	DFFC	ACAA	XKNX
LCCU	FPDF	JOOB	EDNH
UBXE	FFFI	OTBO	ETRL
WOOJ	PMAC	POOE	RGSO
OCHO	EAAN	LNNQ	AOYU
JOOX	AREA	PWWW	JNNF
VHHI	OZZL	MZQO	NIHN

Spalte 5	Spalte 6	Spalte 7	Spalte 8	Spalte 9
LUTH	QFRB	ZPPZ	CYTP	MGQM
ZKKI	QFFB	PZZP	QSSX	OMMD
YVCW	FCIF	FTTM	SJJS	AMDH
XDDI	KEER	TEJT	JCCJ	DNFQ
DHHD	EFBE	BBBF	CFFC	ULKY
HDDH	LRRU	BNIB	FGGF	RSET
SHHG	REER	RBBK	GFFG	SOKY
ESGY	ERRE	NRRH	HYYG	VKIP
FWYK	VZZG	RYZR	YNNY	UWCG
RUUY	ZKKZ	MRRP	NEEN	UEOB
UDDU	KMMK	STMX	EKKE	UUUD
DUUD	MOOM	VDDN	KSSK	UPHU
ILLG	OMMO	DIID	SKKS	AUUL
LLLL	GOOH	IDDI	RNNN	QUXS
LHHL	QEEW	EIIO	NNDN	OLYJ
HLLH	EEBE	JSCN	KNNE	LCWG
EHHT	SEEN	OLLE	EQQE	KMHY
LDDX	YLNW	LJJL	QOWQ	IDLN
DGMD	EZZT	JLLJ	TQQU	UYYA
PDDD	ZSOZ	NJJE	NOKP	OGGT
UTTV	DZZF	CIHT	FLLL	GPTG
TFUT	NPPV	HBYG	LZPL	KGGV
RVVN	PSSP	NTQA	TLLJ	KEAL
VJRV	SPPS	JRRU	NCAW	PPQG
LVVO	ESSQ	RNNR	ZVVZ	AGNI
OYYL	OOLI	NRRN	TEEV	IFMS
YUHY	WNNB	WNNO	PQXC	FJJI
YVCW	FCIF	FTTM	SJJS	AMDH
XDDI	KEER	TEJT	JCCJ	DNFQ
DHHD	EFBE	BBBF	CFFC	ULKY
HDDH	LRRU	BNIB	FGGF	RSET
SHHG	REER	RBBK	GFFG	SOKY
ESGY	ERRE	NRRH	HYYG	VKIP

Spalte 1	Spalte 2	Spalte 3	Spalte 4
5555	2417	1111	3863
5555	9779	8866	5555
9197	0027	0801	5925
4444	1244	4444	5555
4484	2222	1111	7028
4444	2222	1441	4207
9263	2222	1111	9999
9166	4444	1991	7777
1226	4044	1111	7997
8869	4444	1281	7777
5555	5787	1111	4444
5165	0000	9409	4434
5555	0990	7436	4444
9213	0000	5999	6666
2333	7848	4994	6076
0113	6666	9999	2222
1111	6436	4444	7777
1201	6666	7777	7227
4444	9094	4444	9999
4654	4300	4774	0000
1111	4995	4444	0990
1171	4226	3601	0000
9999	1111	1670	5015
9019	1501	8463	1684
9999	1111	2026	5827
1479	9849	5503	2154
2130	7794	1300	3856

Spalte 5	Spalte 6	Spalte 7	Spalte 8	Spalte 9
0000	2222	8888	2222	2222
2222	2702	8008	0000	2752
5555	2222	8888	1111	3333
3333	1472	0000	1001	3973
3553	4932	0360	1111	3333
3333	7768	0000	5702	7670
0000	3333	9179	4290	2048
0460	5555	8888	4444	4006
9999	5335	8968	4554	9699
9999	6666	5555	4444	2846
9999	6236	5245	6812	8888
2222	6666	5555	3805	8418
2102	4444	3982	6471	8888
5555	4664	8888	9980	0973
5065	4444	8778	4337	0395
7777	2222	8888	5029	7777
1111	2152	4444	8041	7097
1111	2222	4144	4444	7777
0000	2251	7777	4704	1326
0110	6627	8888	4444	8230
0000	2402	8778	6444	4444
6550	2055	8888	6666	4984
2707	4700	0000	6416	4444
5555	0744	0660	6666	3333
2222	8888	0000	9914	8888
4444	8398	0382	4444	0000
6666	8888	4444	7777	2222
6446	5555	4524	5555	4444
6666	3333	5555	3333	4224
3742	2222	7777	3553	4444
3333	1111	7557	0000	6847

Spalte 1	Spalte 2	Spalte 3	Spalte 4
NNNN	AAAA	RRRR	PMAH
NXBN	AACA	CKGJ	YPQN
PPPP	KKKK	HPYH	OWIT
PEKP	KWMK	AAAA	NAWP
PPPP	EEEE	AWBA	JCVZ
JJJJ	EFME	FFFF	PPPP
RRRR	HHHH	UUUU	PAHP
XXXX	HWQH	UFFU	WWWW
XRRX	NNNN	UUUU	EEEE
XXXX	GGGG	PPPP	NNNN
GZTQ	OOOO	NNNN	NEEN
PXZO	OGGO	NPPN	NNNN
VWXT	OOOO	NNNN	FBYQ
AJOU	FDDU	NCYN	DDDD
HSGS	EEEE	NNNN	DSCD
AAAA	AAAA	ZOPY	DDDD
XXXX	AEEA	XJKR	ODGK
XAAX	AAAA	EEEE	SZMB
XXXX	TJQV	EDHE	QQQQ
HSUU	OOOO	MMMM	QTEQ
LEYN	OKNO	VVVV	QQQQ
XXXX	OOOO	PPPP	NNNN
LLLL	YTWT	VVVV	ZZZZ
NNNN	PPPP	BBBB	ZNNZ
BBBB	PHXP	BVVB	ZZZZ
BNNB	PPPP	BBBB	DDDD
BBBB	PJMU	HTHJ	DIVD

Spalte 5	Spalte 6	Spalte 7	Spalte 8	Spalte 9
NNNN	ARWY	XXXX	NNNN	SSSS
NNNN	YAAO	DDDD	IIII	SNNS
ZMGD	JRSJ	DXXD	INNI	SSSS
VVVV	VVVV	DDDD	SSSS	GTJU
VKZV	EEEE	VBBB	STNS	EEEE
VVVV	EVVE	OOOO	XXXX	VVVV
GNEC	EEEE	OLJO	LLLL	VEEV
RCMU	JKLD	OOOO	AAAA	MMMM
QNWX	VHWG	OMIU	JJJJ	MRRM
CZNX	LLLL	FFFF	JAAJ	NNNN
MYBI	LMYL	FTXF	JJJJ	NEYN
RRRR	LLLL	FFFF	TDZJ	NNNN
MMMM	GZLN	MZUZ	FTQN	VVTH
MRRM	KCKP	DDDD	HNOU	EWRI
MMMM	OKPO	WWWW	CXEC	OVJC
BBBB	QQQQ	UUUU	ZFZF	EEEE
BDGB	JJJJ	UWWU	NDRD	EERE
BBBB	JQQJ	XXXX	IIII	EEEE
AALO	JJJJ	RRRR	ISBI	GJEH
PPPP	HHHH	RXXR	SSSS	FVFC
DDDD	HUXH	RRRR	SUYS	RRRR
DPPD	ZZZZ	RLNR	GGGG	TTTT
DDDD	QQQQ	RRRR	FFFF	MMMM
CFRR	QZZQ	YYYY	FGGF	EEEE
BPHW	QQQQ	KKKK	FFFF	EMME
EEEE	HHVI	KYYK	EEEE	HHHH
EDYE	GYTJ	KKKK	HHHH	HFUH
VVVV	VVVV	DDDD	SSSS	GTJU
VKZV	EEEE	VBBB	STNS	EEEE
VVVV	EVVE	OOOO	XXXX	VVVV
GNEC	EEEE	OLJO	LLLL	VEEV
RCMU	JKLD	OOOO	AAAA	MMMM

Übungen B

Übungen B - wie man sie durchführt

Die folgenden Übungen trainieren die Gegenwartsdauer (das unmittelbare Behalten). Gleichzeitig schulen sie die Aufmerksamkeit.

Wie geht man bei den Übungen vor?

Schauen Sie sich etwa 2 Sekunden lang die folgenden Zahlen an:

3
8

Nun blättern Sie auf die nächste Seite und suchen Sie dort den Buchstaben A.

B Jetzt kommt ein zweites Beispiel. Schauen Sie sich etwa 2 Sekunden lang die folgenden Buchstaben an:

M
D

Es geht auf der nächsten Seite hinter I weiter.

C Noch ein Beispiel:
2 Sekunden anschauen:

....

4
0 Weiter: nächste Seite hinter D

....

A Hierunter finden Sie verschiedene Reihen mit je zwei Zahlen. Welche davon hatten Sie auf der Vorderseite gesehen?

0	3	3	8	8
1	4	8	3	8

Es war 3 8 , also die dritte Reihe.

Blättern Sie bitte wieder eine Seite zurück und lesen Sie hinter B weiter.

I Welche Reihe hatten Sie auf der Vorderseite gesehen?

M	M	D	D	D
D	M	E	D	M

Es war die erste Reihe.

Hinter C auf der Rückseite geht es weiter.

D Welche Zahlenreihe	1	4	7	0	3
ist richtig?	9	0	3	4	2

Die zweite Reihe (4 0) ist richtig. Wenn Sie das verstanden haben, können Sie auf der nächsten Seite mit den richtigen Übungen beginnen. Haben Sie nicht verstanden, fangen Sie noch einmal auf der Vorderseite an.

Schauen Sie sich nur insgesamt etwa 2 Sekunden lang eine Zahlenreihe an.
Suchen Sie diese Zahlenreihe sofort auf der nächsten Seite.

....

4
7 Weiter: nächste Seite hinter A

....

1
8 Weiter: nächste Seite hinter B

....

3
5 Weiter: nächste Seite hinter C

....

1
6 Weiter: nächste Seite hinter D

....

5
0 Weiter: nächste Seite hinter E

....

4
2 Weiter: nächste Seite hinter F

....

9
5 Weiter: nächste Seite hinter G

....

1
6 Weiter: nächste Seite hinter H

....

8
4 Weiter: nächste Seite hinter I

....

0
8 Weiter: nächste Seite hinter J

....

A	Welche Zahlenreihe	4	5	4	1	2
	ist richtig?	4	0	7	5	7
B	Welche Zahlenreihe	5	1	3	1	0
	ist richtig?	0	8	1	3	8
C	Welche Zahlenreihe	1	3	3	2	4
	ist richtig?	4	5	8	0	5
D	Welche Zahlenreihe	1	5	6	1	6
	ist richtig?	6	6	3	4	0
E	Welche Zahlenreihe	4	5	6	5	7
	ist richtig?	0	4	1	0	0
F	Welche Zahlenreihe	4	0	2	5	4
	ist richtig?	5	5	2	0	2
G	Welche Zahlenreihe	9	9	4	3	6
	ist richtig?	2	5	5	1	0
H	Welche Zahlenreihe	9	4	4	1	1
	ist richtig?	6	0	1	6	1
I	Welche Zahlenreihe	5	3	4	8	8
	ist richtig?	0	2	4	5	4
J	Welche Zahlenreihe	3	0	0	4	7
	ist richtig?	0	8	4	8	7

Schauen Sie sich nur insgesamt etwa 2 Sekunden lang eine Zahlenreihe an.
Suchen Sie diese Zahlenreihe sofort auf der nächsten Seite.

2
0 Weiter: nächste Seite hinter A

9
3 Weiter: nächste Seite hinter B

8
6 Weiter: nächste Seite hinter C

5
0 Weiter: nächste Seite hinter D

3
1 Weiter: nächste Seite hinter E

7
5 Weiter: nächste Seite hinter F

1
6 Weiter: nächste Seite hinter G

0
8 Weiter: nächste Seite hinter H

6
9 Weiter: nächste Seite hinter I

0
8 Weiter: nächste Seite hinter J

A	Welche Zahlenreihe	1	1	2	2	9
	ist richtig?	0	0	0	7	3
B	Welche Zahlenreihe	0	2	9	9	7
	ist richtig?	0	3	8	3	8
C	Welche Zahlenreihe	6	0	6	8	8
	ist richtig?	6	0	3	0	6
D	Welche Zahlenreihe	5	5	6	9	6
	ist richtig?	7	0	0	0	8
E	Welche Zahlenreihe	0	8	0	3	3
	ist richtig?	0	1	0	9	1
F	Welche Zahlenreihe	7	4	7	6	2
	ist richtig?	5	8	3	0	5
G	Welche Zahlenreihe	7	6	9	1	1
	ist richtig?	1	0	6	7	6
H	Welche Zahlenreihe	0	5	1	4	0
	ist richtig?	3	0	1	8	8
I	Welche Zahlenreihe	6	4	4	3	6
	ist richtig?	9	0	1	9	1
J	Welche Zahlenreihe	0	0	3	1	4
	ist richtig?	8	3	5	8	0

Schauen Sie sich nur insgesamt etwa 2 Sekunden lang eine Zahlenreihe an.
Suchen Sie diese Zahlenreihe sofort auf der nächsten Seite.

4
7

Weiter: nächste Seite hinter A

2
0

Weiter: nächste Seite hinter B

3
5

Weiter: nächste Seite hinter C

7
9

Weiter: nächste Seite hinter D

0
8

Weiter: nächste Seite hinter E

5
1

Weiter: nächste Seite hinter F

0
2

Weiter: nächste Seite hinter G

3
7

Weiter: nächste Seite hinter H

1
5

Weiter: nächste Seite hinter I

9
5

Weiter: nächste Seite hinter J

A	Welche Zahlenreihe	2	6	4	9	1
	ist richtig?	7	0	7	0	2
B	Welche Zahlenreihe	2	7	3	2	8
	ist richtig?	0	0	2	6	0
C	Welche Zahlenreihe	8	3	0	3	0
	ist richtig?	5	4	3	5	0
D	Welche Zahlenreihe	7	7	5	2	2
	ist richtig?	9	8	0	8	9
E	Welche Zahlenreihe	5	9	0	0	5
	ist richtig?	3	0	9	8	9
F	Welche Zahlenreihe	5	3	1	8	5
	ist richtig?	1	9	0	1	2
G	Welche Zahlenreihe	0	0	9	2	3
	ist richtig?	2	0	0	2	3
H	Welche Zahlenreihe	0	4	3	8	7
	ist richtig?	6	0	7	7	2
I	Welche Zahlenreihe	1	1	3	3	3
	ist richtig?	9	5	0	5	0
J	Welche Zahlenreihe	5	3	9	9	6
	ist richtig?	0	5	5	6	1

Schauen Sie sich nur insgesamt etwa 2 Sekunden lang eine Zahlenreihe an.
Suchen Sie diese Zahlenreihe sofort auf der nächsten Seite.

3
8 Weiter: nächste Seite hinter A

9
2 Weiter: nächste Seite hinter B

3
1 Weiter: nächste Seite hinter C

7
5 Weiter: nächste Seite hinter D

2
4 Weiter: nächste Seite hinter E

7
9 Weiter: nächste Seite hinter F

2
5 Weiter: nächste Seite hinter G

6
3 Weiter: nächste Seite hinter H

2
6 Weiter: nächste Seite hinter I

1
3 Weiter: nächste Seite hinter J

A	Welche Zahlenreihe	6	2	5	3	3
	ist richtig?	3	0	8	8	5
B	Welche Zahlenreihe	9	3	1	9	3
	ist richtig?	2	2	9	4	0
C	Welche Zahlenreihe	3	6	4	3	4
	ist richtig?	7	9	1	1	0
D	Welche Zahlenreihe	9	6	7	7	2
	ist richtig?	0	5	2	5	0
E	Welche Zahlenreihe	8	5	2	3	2
	ist richtig?	4	8	3	0	4
F	Welche Zahlenreihe	7	5	7	8	9
	ist richtig?	9	9	5	0	4
G	Welche Zahlenreihe	3	2	0	2	4
	ist richtig?	2	5	5	8	0
H	Welche Zahlenreihe	6	0	5	6	5
	ist richtig?	1	1	3	3	0
I	Welche Zahlenreihe	2	5	2	4	5
	ist richtig?	6	4	5	0	6
J	Welche Zahlenreihe	1	6	1	7	2
	ist richtig?	8	8	3	0	3

Schauen Sie sich nur insgesamt etwa 2 Sekunden lang eine Zahlenreihe an.
Suchen Sie diese Zahlenreihe sofort auf der nächsten Seite.

0
4 Weiter: nächste Seite hinter A

8
6 Weiter: nächste Seite hinter B

7
0 Weiter: nächste Seite hinter C

4
2 Weiter: nächste Seite hinter D

9
0 Weiter: nächste Seite hinter E

1
8 Weiter: nächste Seite hinter F

3
7 Weiter: nächste Seite hinter G

0
2 Weiter: nächste Seite hinter H

3
7 Weiter: nächste Seite hinter I

8
2 Weiter: nächste Seite hinter J

A	Welche Zahlenreihe	8	0	7	4	0
	ist richtig?	4	6	2	0	4
B	Welche Zahlenreihe	7	8	8	4	1
	ist richtig?	0	6	7	4	6
C	Welche Zahlenreihe	6	7	7	5	9
	ist richtig?	1	0	5	0	0
D	Welche Zahlenreihe	7	4	9	4	1
	ist richtig?	3	4	0	2	2
E	Welche Zahlenreihe	7	3	9	9	8
	ist richtig?	7	0	0	1	0
F	Welche Zahlenreihe	5	3	1	5	1
	ist richtig?	8	2	1	0	8
G	Welche Zahlenreihe	7	8	3	6	3
	ist richtig?	2	7	8	0	7
H	Welche Zahlenreihe	8	0	0	4	7
	ist richtig?	2	2	3	0	1
I	Welche Zahlenreihe	4	2	3	6	3
	ist richtig?	7	8	7	0	8
J	Welche Zahlenreihe	6	8	5	6	8
	ist richtig?	5	8	2	0	2

Schauen Sie sich nur insgesamt etwa 2 Sekunden lang eine Zahlenreihe an.
Suchen Sie diese Zahlenreihe sofort auf der nächsten Seite.

3
7 **Weiter: nächste Seite hinter A**

5
2 **Weiter: nächste Seite hinter B**

1
9 **Weiter: nächste Seite hinter C**

5
8 **Weiter: nächste Seite hinter D**

7
3 **Weiter: nächste Seite hinter E**

4
1 **Weiter: nächste Seite hinter F**

3
8 **Weiter: nächste Seite hinter G**

5
2 **Weiter: nächste Seite hinter H**

6
8 **Weiter: nächste Seite hinter I**

2
7 **Weiter: nächste Seite hinter J**

A	Welche Zahlenreihe	6	2	2	3	3
	ist richtig?	0	9	7	7	5
B	Welche Zahlenreihe	0	4	3	5	5
	ist richtig?	0	2	7	2	4
C	Welche Zahlenreihe	1	3	6	1	2
	ist richtig?	9	0	4	2	9
D	Welche Zahlenreihe	5	5	0	0	6
	ist richtig?	8	2	0	8	3
E	Welche Zahlenreihe	3	1	7	2	7
	ist richtig?	0	9	3	3	6
F	Welche Zahlenreihe	1	5	4	4	4
	ist richtig?	3	0	1	4	1
G	Welche Zahlenreihe	3	3	3	9	6
	ist richtig?	1	9	8	8	0
H	Welche Zahlenreihe	3	7	5	5	9
	ist richtig?	2	0	7	2	0
I	Welche Zahlenreihe	6	4	3	6	2
	ist richtig?	8	8	0	7	7
J	Welche Zahlenreihe	6	7	2	8	2
	ist richtig?	0	7	7	5	5

Schauen Sie sich nur insgesamt etwa 2 Sekunden lang eine Zahlenreihe an.
Suchen Sie diese Zahlenreihe sofort auf der nächsten Seite.

4
1 Weiter: nächste Seite hinter A

9
6 Weiter: nächste Seite hinter B

2
8 Weiter: nächste Seite hinter C

7
9 Weiter: nächste Seite hinter D

4
0 Weiter: nächste Seite hinter E

5
9 Weiter: nächste Seite hinter F

2
6 Weiter: nächste Seite hinter G

7
4 Weiter: nächste Seite hinter H

0
2 Weiter: nächste Seite hinter I

5
8 Weiter: nächste Seite hinter J

A	Welche Zahlenreihe	4	0	8	4	2
	ist richtig?	5	1	5	1	0
B	Welche Zahlenreihe	6	0	7	9	9
	ist richtig?	0	6	2	1	6
C	Welche Zahlenreihe	2	4	9	8	2
	ist richtig?	9	4	0	9	8
D	Welche Zahlenreihe	1	7	7	9	0
	ist richtig?	9	3	9	6	0
E	Welche Zahlenreihe	5	7	4	9	7
	ist richtig?	4	7	0	5	5
F	Welche Zahlenreihe	5	9	0	4	0
	ist richtig?	9	0	2	2	9
G	Welche Zahlenreihe	6	2	2	3	4
	ist richtig?	0	1	6	0	5
H	Welche Zahlenreihe	6	2	2	7	7
	ist richtig?	4	5	0	8	4
I	Welche Zahlenreihe	4	3	5	4	0
	ist richtig?	6	6	0	2	2
J	Welche Zahlenreihe	5	5	0	2	9
	ist richtig?	2	8	8	0	5

Schauen Sie sich nur insgesamt etwa 2 Sekunden lang eine Zahlenreihe an.
Suchen Sie diese Zahlenreihe sofort auf der nächsten Seite.

8
7 Weiter: nächste Seite hinter A

3
1 Weiter: nächste Seite hinter B

0
3 Weiter: nächste Seite hinter C

7
9 Weiter: nächste Seite hinter D

6
3 Weiter: nächste Seite hinter E

2
0 Weiter: nächste Seite hinter F

8
1 Weiter: nächste Seite hinter G

9
4 Weiter: nächste Seite hinter H

6
2 Weiter: nächste Seite hinter I

4
1 Weiter: nächste Seite hinter J

A	Welche Zahlenreihe	1	8	5	1	2
	ist richtig?	7	7	3	3	0
B	Welche Zahlenreihe	3	3	0	1	2
	ist richtig?	7	1	6	0	1
C	Welche Zahlenreihe	2	4	0	6	0
	ist richtig?	0	3	5	0	3
D	Welche Zahlenreihe	7	7	1	3	1
	ist richtig?	9	0	0	9	7
E	Welche Zahlenreihe	1	6	8	4	6
	ist richtig?	0	7	3	1	3
F	Welche Zahlenreihe	7	5	1	2	2
	ist richtig?	7	0	0	0	5
G	Welche Zahlenreihe	8	9	5	8	6
	ist richtig?	1	7	0	0	0
H	Welche Zahlenreihe	5	6	7	1	9
	ist richtig?	4	7	0	1	4
I	Welche Zahlenreihe	6	6	5	2	2
	ist richtig?	6	2	2	0	0
J	Welche Zahlenreihe	2	5	4	4	7
	ist richtig?	0	5	4	1	1

Schauen Sie sich nur insgesamt etwa 2 Sekunden lang eine Zahlenreihe an.
Suchen Sie diese Zahlenreihe sofort auf der nächsten Seite.

1
9 — **Weiter: nächste Seite hinter A**

5
2 — **Weiter: nächste Seite hinter B**

9
6 — **Weiter: nächste Seite hinter C**

5
7 — **Weiter: nächste Seite hinter D**

6
1 — **Weiter: nächste Seite hinter E**

3
7 — **Weiter: nächste Seite hinter F**

8
4 — **Weiter: nächste Seite hinter G**

7
9 — **Weiter: nächste Seite hinter H**

4
2 — **Weiter: nächste Seite hinter I**

6
1 — **Weiter: nächste Seite hinter J**

A	Welche Zahlenreihe	7	1	1	5	7
	ist richtig?	2	7	9	9	0
B	Welche Zahlenreihe	5	4	9	7	5
	ist richtig?	8	1	7	0	2
C	Welche Zahlenreihe	6	6	0	9	9
	ist richtig?	8	0	5	2	6
D	Welche Zahlenreihe	8	6	3	5	5
	ist richtig?	0	7	9	2	7
E	Welche Zahlenreihe	6	6	2	9	3
	ist richtig?	7	1	5	0	1
F	Welche Zahlenreihe	3	1	4	8	5
	ist richtig?	7	5	2	0	7
G	Welche Zahlenreihe	5	8	8	2	6
	ist richtig?	4	0	4	2	0
H	Welche Zahlenreihe	7	3	7	1	2
	ist richtig?	9	4	8	0	3
I	Welche Zahlenreihe	6	4	1	8	4
	ist richtig?	0	6	0	2	2
J	Welche Zahlenreihe	6	7	8	4	6
	ist richtig?	6	1	8	0	1

Schauen Sie sich nur insgesamt etwa 2 Sekunden lang eine Zahlenreihe an.
Suchen Sie diese Zahlenreihe sofort auf der nächsten Seite.

7
4 Weiter: nächste Seite hinter A

6
8 Weiter: nächste Seite hinter B

3
0 Weiter: nächste Seite hinter C

4
8 Weiter: nächste Seite hinter D

0
9 Weiter: nächste Seite hinter E

1
8 Weiter: nächste Seite hinter F

4
2 Weiter: nächste Seite hinter G

3
5 Weiter: nächste Seite hinter H

8
2 Weiter: nächste Seite hinter I

7
0 Weiter: nächste Seite hinter J

A	Welche Zahlenreihe	7	4	7	8	8
	ist richtig?	0	6	4	4	0
B	Welche Zahlenreihe	3	6	7	5	6
	ist richtig?	7	8	0	8	0
C	Welche Zahlenreihe	4	4	7	3	7
	ist richtig?	4	0	4	0	2
D	Welche Zahlenreihe	4	0	5	4	3
	ist richtig?	3	0	8	8	5
E	Welche Zahlenreihe	7	0	3	9	0
	ist richtig?	0	5	9	6	9
F	Welche Zahlenreihe	5	1	8	1	7
	ist richtig?	7	2	8	8	0
G	Welche Zahlenreihe	0	4	9	4	7
	ist richtig?	2	2	8	3	0
H	Welche Zahlenreihe	2	6	3	0	0
	ist richtig?	7	6	5	5	0
I	Welche Zahlenreihe	8	3	2	8	4
	ist richtig?	2	5	0	7	2
J	Welche Zahlenreihe	1	2	7	7	6
	ist richtig?	4	0	0	7	0

Schauen Sie sich nur insgesamt etwa 2 Sekunden lang eine Zahlenreihe an.
Suchen Sie diese Zahlenreihe sofort auf der nächsten Seite.

4
9 **Weiter: nächste Seite hinter A**

2
5 **Weiter: nächste Seite hinter B**

0
7 **Weiter: nächste Seite hinter C**

8
3 **Weiter: nächste Seite hinter D**

4
9 **Weiter: nächste Seite hinter E**

1
6 **Weiter: nächste Seite hinter F**

9
0 **Weiter: nächste Seite hinter G**

5
7 **Weiter: nächste Seite hinter H**

4
0 **Weiter: nächste Seite hinter I**

9
6 **Weiter: nächste Seite hinter J**

A	Welche Zahlenreihe	6	4	0	4	8
	ist richtig?	9	9	0	3	8
B	Welche Zahlenreihe	2	2	8	3	5
	ist richtig?	7	5	0	6	5
C	Welche Zahlenreihe	0	0	1	2	7
	ist richtig?	7	3	7	0	0
D	Welche Zahlenreihe	0	8	9	8	6
	ist richtig?	3	0	0	3	6
E	Welche Zahlenreihe	3	9	1	4	2
	ist richtig?	2	0	8	9	9
F	Welche Zahlenreihe	6	1	1	2	4
	ist richtig?	0	8	6	6	0
G	Welche Zahlenreihe	9	9	0	5	3
	ist richtig?	0	3	0	3	0
H	Welche Zahlenreihe	7	5	3	3	5
	ist richtig?	7	7	6	0	9
I	Welche Zahlenreihe	4	4	8	8	3
	ist richtig?	0	5	0	2	0
J	Welche Zahlenreihe	4	2	9	8	4
	ist richtig?	6	0	6	0	3

Schauen Sie sich nur insgesamt etwa 2 Sekunden lang eine Zahlenreihe an.
Suchen Sie diese Zahlenreihe sofort auf der nächsten Seite.

4
7 Weiter: nächste Seite hinter A

8
3 Weiter: nächste Seite hinter B

5
0 Weiter: nächste Seite hinter C

4
2 Weiter: nächste Seite hinter D

6
9 Weiter: nächste Seite hinter E

5
3 Weiter: nächste Seite hinter F

4
2 Weiter: nächste Seite hinter G

7
1 Weiter: nächste Seite hinter H

8
4 Weiter: nächste Seite hinter I

5
2 Weiter: nächste Seite hinter J

A	Welche Zahlenreihe	5	7	4	3	4
	ist richtig?	7	2	9	0	7
B	Welche Zahlenreihe	5	2	7	7	8
	ist richtig?	0	0	0	8	3
C	Welche Zahlenreihe	5	7	5	0	3
	ist richtig?	8	0	0	0	8
D	Welche Zahlenreihe	3	4	9	0	4
	ist richtig?	2	4	0	6	2
E	Welche Zahlenreihe	6	7	4	8	9
	ist richtig?	9	0	5	5	9
F	Welche Zahlenreihe	7	5	8	5	6
	ist richtig?	8	3	0	1	3
G	Welche Zahlenreihe	4	8	4	8	0
	ist richtig?	4	2	2	6	0
H	Welche Zahlenreihe	7	7	3	4	1
	ist richtig?	1	2	5	0	1
I	Welche Zahlenreihe	9	5	8	5	8
	ist richtig?	0	4	4	1	8
J	Welche Zahlenreihe	1	8	5	2	5
	ist richtig?	8	0	2	2	5

Schauen Sie sich nur insgesamt etwa 2 Sekunden lang eine Zahlenreihe an.
Suchen Sie diese Zahlenreihe sofort auf der nächsten Seite.

1
8 **Weiter: nächste Seite hinter A**

0
4 **Weiter: nächste Seite hinter B**

7
3 **Weiter: nächste Seite hinter C**

8
6 **Weiter: nächste Seite hinter D**

9
0 **Weiter: nächste Seite hinter E**

3
5 **Weiter: nächste Seite hinter F**

4
1 **Weiter: nächste Seite hinter G**

2
9 **Weiter: nächste Seite hinter H**

0
8 **Weiter: nächste Seite hinter I**

4
7 **Weiter: nächste Seite hinter J**

A	Welche Zahlenreihe	1	1	6	9	2
	ist richtig?	8	9	8	4	0
B	Welche Zahlenreihe	4	0	4	4	0
	ist richtig?	4	4	5	0	8
C	Welche Zahlenreihe	7	1	7	2	8
	ist richtig?	5	0	3	3	4
D	Welche Zahlenreihe	8	5	4	8	2
	ist richtig?	6	6	8	3	0
E	Welche Zahlenreihe	6	3	9	9	3
	ist richtig?	0	0	3	0	2
F	Welche Zahlenreihe	4	4	8	3	3
	ist richtig?	0	5	3	2	5
G	Welche Zahlenreihe	0	4	4	1	3
	ist richtig?	1	2	1	0	0
H	Welche Zahlenreihe	5	7	1	2	2
	ist richtig?	9	7	0	9	5
I	Welche Zahlenreihe	3	8	2	0	0
	ist richtig?	0	8	5	4	8
J	Welche Zahlenreihe	7	4	4	5	3
	ist richtig?	0	7	9	7	0

Schauen Sie sich nur insgesamt etwa 2 Sekunden lang eine Zahlenreihe an.
Suchen Sie diese Zahlenreihe sofort auf der nächsten Seite.

0
7 **Weiter: nächste Seite hinter A**

6
8 **Weiter: nächste Seite hinter B**

7
4 **Weiter: nächste Seite hinter C**

8
1 **Weiter: nächste Seite hinter D**

2
6 **Weiter: nächste Seite hinter E**

9
3 **Weiter: nächste Seite hinter F**

8
5 **Weiter: nächste Seite hinter G**

7
1 **Weiter: nächste Seite hinter H**

6
2 **Weiter: nächste Seite hinter I**

0
7 **Weiter: nächste Seite hinter J**

A	Welche Zahlenreihe	2	0	0	5	8
	ist richtig?	2	6	7	7	0
B	Welche Zahlenreihe	3	6	6	7	3
	ist richtig?	5	5	8	8	0
C	Welche Zahlenreihe	7	8	8	5	1
	ist richtig?	4	4	0	0	8
D	Welche Zahlenreihe	3	4	8	1	1
	ist richtig?	0	7	1	7	3
E	Welche Zahlenreihe	0	2	2	3	5
	ist richtig?	4	6	7	6	0
F	Welche Zahlenreihe	8	9	0	9	4
	ist richtig?	2	3	0	8	3
G	Welche Zahlenreihe	8	8	0	0	2
	ist richtig?	5	2	0	0	5
H	Welche Zahlenreihe	7	8	6	7	5
	ist richtig?	5	0	7	1	2
I	Welche Zahlenreihe	7	7	6	6	0
	ist richtig?	2	3	2	7	0
J	Welche Zahlenreihe	0	1	1	0	4
	ist richtig?	2	5	0	7	7

Schauen Sie sich nur insgesamt etwa 2 Sekunden lang eine Zahlenreihe an.
Suchen Sie diese Zahlenreihe sofort auf der nächsten Seite.

65
73

Weiter: nächste Seite hinter A

33
40

Weiter: nächste Seite hinter B

89
91

Weiter: nächste Seite hinter C

46
61

Weiter: nächste Seite hinter D

38
81

Weiter: nächste Seite hinter E

19
32

Weiter: nächste Seite hinter F

49
69

Weiter: nächste Seite hinter G

16
21

Weiter: nächste Seite hinter H

78
14

Weiter: nächste Seite hinter I

47
90

Weiter: nächste Seite hinter J

A	Welche Zahlenreihe ist richtig?	65 58	52 29	36 73	87 82	65 73
B	Welche Zahlenreihe ist richtig?	32 29	34 40	33 40	33 14	41 93
C	Welche Zahlenreihe ist richtig?	67 29	89 91	49 91	13 86	89 89
D	Welche Zahlenreihe ist richtig?	48 29	46 91	46 61	33 91	15 54
E	Welche Zahlenreihe ist richtig?	38 81	80 29	85 40	95 81	38 68
F	Welche Zahlenreihe ist richtig?	46 32	93 29	50 44	19 32	46 14
G	Welche Zahlenreihe ist richtig?	96 24	84 29	37 69	49 38	49 69
H	Welche Zahlenreihe ist richtig?	16 21	16 91	43 65	20 29	81 21
I	Welche Zahlenreihe ist richtig?	62 14	90 29	78 14	78 20	46 44
J	Welche Zahlenreihe ist richtig?	70 19	87 29	47 19	56 83	47 90

Schauen Sie sich nur insgesamt etwa 2 Sekunden lang eine Zahlenreihe an.
Suchen Sie diese Zahlenreihe sofort auf der nächsten Seite.

92
95 — **Weiter: nächste Seite hinter A**

18
79 — **Weiter: nächste Seite hinter B**

30
32 — **Weiter: nächste Seite hinter C**

23
69 — **Weiter: nächste Seite hinter D**

38
33 — **Weiter: nächste Seite hinter E**

26
15 — **Weiter: nächste Seite hinter F**

29
45 — **Weiter: nächste Seite hinter G**

90
21 — **Weiter: nächste Seite hinter H**

50
88 — **Weiter: nächste Seite hinter I**

37
22 — **Weiter: nächste Seite hinter J**

A	Welche Zahlenreihe ist richtig?	92 95	13 86	37 95	92 38	51 29
B	Welche Zahlenreihe ist richtig?	34 79	18 85	81 29	18 79	30 20
C	Welche Zahlenreihe ist richtig?	18 29	30 79	44 76	66 79	30 32
D	Welche Zahlenreihe ist richtig?	30 69	30 84	23 69	90 29	51 68
E	Welche Zahlenreihe ist richtig?	25 29	31 33	38 61	48 92	38 33
F	Welche Zahlenreihe ist richtig?	43 15	26 93	71 74	64 29	26 15
G	Welche Zahlenreihe ist richtig?	29 45	84 23	48 45	29 27	58 29
H	Welche Zahlenreihe ist richtig?	32 29	90 24	80 21	93 42	90 21
I	Welche Zahlenreihe ist richtig?	36 88	47 29	50 38	81 23	50 88
J	Welche Zahlenreihe ist richtig?	92 22	37 22	37 56	11 53	11 29

Schauen Sie sich nur insgesamt etwa 2 Sekunden lang eine Zahlenreihe an.
Suchen Sie diese Zahlenreihe sofort auf der nächsten Seite.

59
87

Weiter: nächste Seite hinter A

74
77

Weiter: nächste Seite hinter B

52
35

Weiter: nächste Seite hinter C

79
66

Weiter: nächste Seite hinter D

71
49

Weiter: nächste Seite hinter E

68
12

Weiter: nächste Seite hinter F

45
56

Weiter: nächste Seite hinter G

62
89

Weiter: nächste Seite hinter H

58
33

Weiter: nächste Seite hinter I

40
15

Weiter: nächste Seite hinter J

A	Welche Zahlenreihe ist richtig?	59 52	59 87	22 26	77 87	36 29
B	Welche Zahlenreihe ist richtig?	80 29	31 44	74 77	77 77	74 83
C	Welche Zahlenreihe ist richtig?	98 35	56 82	52 60	57 29	52 35
D	Welche Zahlenreihe ist richtig?	52 66	79 66	79 70	21 29	80 92
E	Welche Zahlenreihe ist richtig?	47 49	56 29	63 66	71 49	71 11
F	Welche Zahlenreihe ist richtig?	68 22	34 12	34 30	68 12	20 29
G	Welche Zahlenreihe ist richtig?	12 56	45 56	15 45	23 29	12 62
H	Welche Zahlenreihe ist richtig?	62 42	93 29	59 60	31 89	62 89
I	Welche Zahlenreihe ist richtig?	41 29	83 85	58 28	83 33	58 33
J	Welche Zahlenreihe ist richtig?	27 15	40 53	48 88	40 15	18 29

Schauen Sie sich nur insgesamt etwa 2 Sekunden lang eine Zahlenreihe an.
Suchen Sie diese Zahlenreihe sofort auf der nächsten Seite.

66
23

Weiter: nächste Seite hinter A

39
51

Weiter: nächste Seite hinter B

56
73

Weiter: nächste Seite hinter C

87
39

Weiter: nächste Seite hinter D

13
61

Weiter: nächste Seite hinter E

31
21

Weiter: nächste Seite hinter F

43
27

Weiter: nächste Seite hinter G

51
72

Weiter: nächste Seite hinter H

58
99

Weiter: nächste Seite hinter I

41
95

Weiter: nächste Seite hinter J

A	Welche Zahlenreihe	66	66	74	67	36
	ist richtig?	23	90	54	23	29
B	Welche Zahlenreihe	39	54	65	39	27
	ist richtig?	51	29	51	59	47
C	Welche Zahlenreihe	56	56	19	77	42
	ist richtig?	33	73	73	29	40
D	Welche Zahlenreihe	87	10	13	87	39
	ist richtig?	39	39	97	96	29
E	Welche Zahlenreihe	36	96	73	73	13
	ist richtig?	29	11	61	80	61
F	Welche Zahlenreihe	74	70	60	31	31
	ist richtig?	21	29	83	28	21
G	Welche Zahlenreihe	93	43	43	44	44
	ist richtig?	31	87	27	29	87
H	Welche Zahlenreihe	51	41	94	51	18
	ist richtig?	93	72	53	72	29
I	Welche Zahlenreihe	64	58	13	58	18
	ist richtig?	99	99	88	20	29
J	Welche Zahlenreihe	66	83	41	41	50
	ist richtig?	95	29	95	47	52

Schauen Sie sich nur insgesamt etwa 2 Sekunden lang eine Zahlenreihe an.
Suchen Sie diese Zahlenreihe sofort auf der nächsten Seite.

93
61 **Weiter: nächste Seite hinter A**

35
18 **Weiter: nächste Seite hinter B**

64
14 **Weiter: nächste Seite hinter C**

91
26 **Weiter: nächste Seite hinter D**

94
27 **Weiter: nächste Seite hinter E**

63
54 **Weiter: nächste Seite hinter F**

67
42 **Weiter: nächste Seite hinter G**

81
31 **Weiter: nächste Seite hinter H**

28
49 **Weiter: nächste Seite hinter I**

82
17 **Weiter: nächste Seite hinter J**

A	Welche Zahlenreihe	24	78	93	87	93
	ist richtig?	61	56	81	29	61

B	Welche Zahlenreihe	35	88	93	68	35
	ist richtig?	18	29	44	18	59

C	Welche Zahlenreihe	64	75	29	64	61
	ist richtig?	14	29	16	98	14

D	Welche Zahlenreihe	91	46	91	38	65
	ist richtig?	26	26	31	24	29

E	Welche Zahlenreihe	13	43	94	92	94
	ist richtig?	27	29	41	97	27

F	Welche Zahlenreihe	63	16	63	42	49
	ist richtig?	43	66	54	29	54

G	Welche Zahlenreihe	67	53	17	22	67
	ist richtig?	11	42	10	29	42

H	Welche Zahlenreihe	94	28	81	78	81
	ist richtig?	29	31	31	60	42

I	Welche Zahlenreihe	86	28	43	28	64
	ist richtig?	29	74	49	49	83

J	Welche Zahlenreihe	56	94	82	12	82
	ist richtig?	17	68	17	29	98

Schauen Sie sich nur insgesamt etwa 3 Sekunden lang eine Zahlenreihe an.
Suchen Sie diese Zahlenreihe sofort auf der nächsten Seite.

4
1
14 — Weiter: nächste Seite hinter A

17
5
3 — Weiter: nächste Seite hinter B

5
11
19 — Weiter: nächste Seite hinter C

8
13
4 — Weiter: nächste Seite hinter D

11
6
17 — Weiter: nächste Seite hinter E

15
12
4 — Weiter: nächste Seite hinter F

6
16
13 — Weiter: nächste Seite hinter G

2
0
11 — Weiter: nächste Seite hinter H

16
19
14 — Weiter: nächste Seite hinter I

8
19
2 — Weiter: nächste Seite hinter J

A	Welche Zahlenreihe	5	19	4	14	4
	ist richtig?	1	11	8	1	1
		14	14	14	4	14
B	Welche Zahlenreihe	17	12	8	2	17
	ist richtig?	5	5	7	5	7
		3	6	3	3	3
C	Welche Zahlenreihe	12	5	5	3	16
	ist richtig?	11	9	11	12	11
		19	19	19	19	3
D	Welche Zahlenreihe	10	8	4	8	1
	ist richtig?	18	11	13	13	13
		4	4	4	4	11
E	Welche Zahlenreihe	11	7	11	6	5
	ist richtig?	6	6	11	1	6
		17	17	17	17	3
F	Welche Zahlenreihe	16	13	15	8	15
	ist richtig?	12	2	3	12	12
		4	4	4	6	4
G	Welche Zahlenreihe	4	6	0	6	9
	ist richtig?	16	16	1	12	16
		13	13	13	13	18
H	Welche Zahlenreihe	17	2	3	2	7
	ist richtig?	4	14	0	0	0
		11	11	8	11	11
I	Welche Zahlenreihe	17	13	13	16	16
	ist richtig?	19	19	9	1	19
		12	14	14	14	14
J	Welche Zahlenreihe	8	8	10	7	4
	ist richtig?	7	19	19	4	19
		2	2	2	2	16

Schauen Sie sich nur insgesamt etwa 3 Sekunden lang eine Zahlenreihe an.
Suchen Sie diese Zahlenreihe sofort auf der nächsten Seite.

18
9
15 — **Weiter: nächste Seite hinter A**

10
1
6 — **Weiter: nächste Seite hinter B**

13
4
2 — **Weiter: nächste Seite hinter C**

16
8
18 — **Weiter: nächste Seite hinter D**

2
6
11 — **Weiter: nächste Seite hinter E**

0
16
13 — **Weiter: nächste Seite hinter F**

10
5
14 — **Weiter: nächste Seite hinter G**

15
11
7 — **Weiter: nächste Seite hinter H**

0
17
5 — **Weiter: nächste Seite hinter I**

5
9
18 — **Weiter: nächste Seite hinter J**

A	Welche Zahlenreihe	0	8	18	12	18
	ist richtig?	9	9	9	2	6
		15	8	15	15	15

B	Welche Zahlenreihe	7	3	10	10	4
	ist richtig?	1	1	1	0	11
		6	2	6	6	6

C	Welche Zahlenreihe	13	15	3	13	18
	ist richtig?	15	7	4	4	4
		2	2	5	2	2

D	Welche Zahlenreihe	17	9	16	12	16
	ist richtig?	14	8	10	8	8
		18	11	18	18	18

E	Welche Zahlenreihe	0	2	8	2	0
	ist richtig?	7	6	6	10	6
		11	11	17	11	11

F	Welche Zahlenreihe	13	0	0	16	7
	ist richtig?	16	11	16	16	6
		13	13	13	10	13

G	Welche Zahlenreihe	9	3	10	10	2
	ist richtig?	15	5	0	5	5
		14	14	14	14	15

H	Welche Zahlenreihe	15	17	15	14	0
	ist richtig?	11	11	19	11	14
		7	7	7	7	7

I	Welche Zahlenreihe	6	16	0	2	0
	ist richtig?	17	9	8	17	17
		5	5	5	1	5

J	Welche Zahlenreihe	1	5	0	5	15
	ist richtig?	9	18	9	9	8
		18	18	5	18	18

Schauen Sie sich nur insgesamt etwa 3 Sekunden lang eine Zahlenreihe an.
Suchen Sie diese Zahlenreihe sofort auf der nächsten Seite.

4
1
15 Weiter: nächste Seite hinter A

10
12
5 Weiter: nächste Seite hinter B

4
0
16 Weiter: nächste Seite hinter C

16
7
12 Weiter: nächste Seite hinter D

8
3
10 Weiter: nächste Seite hinter E

15
11
1 Weiter: nächste Seite hinter F

9
6
12 Weiter: nächste Seite hinter G

16
19
8 Weiter: nächste Seite hinter H

18
9
2 Weiter: nächste Seite hinter I

12
16
7 Weiter: nächste Seite hinter J

A	Welche Zahlenreihe	12	4	9	4	12
	ist richtig?	1	1	1	19	13
		18	15	15	15	15
B	Welche Zahlenreihe	19	7	4	10	10
	ist richtig?	12	18	12	14	12
		5	5	1	5	5
C	Welche Zahlenreihe	4	12	6	8	4
	ist richtig?	0	0	0	15	11
		16	3	16	16	16
D	Welche Zahlenreihe	8	2	1	16	16
	ist richtig?	6	7	7	5	7
		12	12	15	12	12
E	Welche Zahlenreihe	8	2	1	14	8
	ist richtig?	0	3	9	3	3
		10	10	10	7	10
F	Welche Zahlenreihe	10	9	15	15	11
	ist richtig?	11	11	13	11	0
		9	1	1	1	1
G	Welche Zahlenreihe	9	9	14	4	14
	ist richtig?	5	6	0	6	6
		12	12	12	12	17
H	Welche Zahlenreihe	10	16	14	10	16
	ist richtig?	10	8	19	19	19
		8	8	8	17	8
I	Welche Zahlenreihe	3	18	17	12	18
	ist richtig?	9	9	16	9	13
		15	2	2	2	2
J	Welche Zahlenreihe	19	12	14	12	11
	ist richtig?	4	15	16	16	16
		7	7	15	7	7

Schauen Sie sich nur insgesamt etwa 3 Sekunden lang eine Zahlenreihe an.
Suchen Sie diese Zahlenreihe sofort auf der nächsten Seite.

0
15
12 — **Weiter: nächste Seite hinter A**

18
6
16 — **Weiter: nächste Seite hinter B**

13
17
9 — **Weiter: nächste Seite hinter C**

14
8
10 — **Weiter: nächste Seite hinter D**

7
19
12 — **Weiter: nächste Seite hinter E**

4
15
6 — **Weiter: nächste Seite hinter F**

7
1
18 — **Weiter: nächste Seite hinter G**

0
13
8 — **Weiter: nächste Seite hinter H**

13
16
7 — **Weiter: nächste Seite hinter I**

8
18
1 — **Weiter: nächste Seite hinter J**

A	Welche Zahlenreihe	16	6	1	0	0
	ist richtig?	15	18	15	15	0
		12	12	4	12	12
B	Welche Zahlenreihe	18	15	18	0	14
	ist richtig?	15	4	6	6	6
		16	16	16	16	1
C	Welche Zahlenreihe	13	13	16	2	5
	ist richtig?	17	6	19	17	17
		9	9	9	6	9
D	Welche Zahlenreihe	11	14	14	12	10
	ist richtig?	10	14	8	8	8
		10	10	10	17	10
E	Welche Zahlenreihe	16	7	7	1	6
	ist richtig?	1	15	19	19	19
		12	12	12	2	12
F	Welche Zahlenreihe	12	6	4	8	4
	ist richtig?	15	3	8	15	15
		3	6	6	6	6
G	Welche Zahlenreihe	0	10	7	7	0
	ist richtig?	1	1	12	1	3
		6	18	18	18	18
H	Welche Zahlenreihe	19	19	0	0	3
	ist richtig?	1	13	19	13	13
		8	8	8	8	9
I	Welche Zahlenreihe	16	13	16	13	16
	ist richtig?	16	16	16	9	5
		6	7	7	7	7
J	Welche Zahlenreihe	1	17	8	5	8
	ist richtig?	18	19	18	18	7
		4	1	1	1	1

Schauen Sie sich nur insgesamt etwa 4 Sekunden lang eine Zahlenreihe an.
Suchen Sie diese Zahlenreihe sofort auf der nächsten Seite.

10
7
4
15

Weiter: nächste Seite hinter A

12
6
16
14

Weiter: nächste Seite hinter B

10
8
19
17

Weiter: nächste Seite hinter C

16
12
5
1

Weiter: nächste Seite hinter D

11
6
13
19

Weiter: nächste Seite hinter E

3
18
10
15

Weiter: nächste Seite hinter F

6
11
16
19

Weiter: nächste Seite hinter G

18
15
7
0

Weiter: nächste Seite hinter H

2
19
11
5

Weiter: nächste Seite hinter I

13
19
8
16

Weiter: nächste Seite hinter J

A	Welche Zahlenreihe ist richtig?	4 7 16 15	11 7 4 15	10 7 4 15	12 6 4 6	10 4 4 15
B	Welche Zahlenreihe ist richtig?	13 6 5 14	12 6 16 14	9 13 16 13	18 6 16 14	12 15 16 14
C	Welche Zahlenreihe ist richtig?	9 8 10 17	10 6 19 17	10 8 19 17	18 8 19 17	11 8 19 8
D	Welche Zahlenreihe ist richtig?	2 12 2 1	7 7 5 7	16 12 5 1	16 4 5 1	14 12 5 1
E	Welche Zahlenreihe ist richtig?	11 7 13 19	6 6 13 19	19 3 13 3	11 6 13 19	10 6 14 19
F	Welche Zahlenreihe ist richtig?	5 6 10 6	3 6 10 15	4 18 10 15	8 18 4 15	3 18 10 15
G	Welche Zahlenreihe ist richtig?	0 11 16 19	6 11 16 19	15 5 16 5	11 11 3 19	6 15 16 19
H	Welche Zahlenreihe ist richtig?	13 3 7 3	17 15 11 0	18 9 7 0	5 15 7 0	18 15 7 0
I	Welche Zahlenreihe ist richtig?	11 19 11 5	2 19 11 5	16 19 5 5	2 4 11 5	10 18 11 18
J	Welche Zahlenreihe ist richtig?	17 19 8 16	13 6 8 16	13 19 8 16	0 19 9 16	18 6 8 6

Schauen Sie sich nur insgesamt etwa 4 Sekunden lang eine Zahlenreihe an.
Suchen Sie diese Zahlenreihe sofort auf der nächsten Seite.

4
15
6
8

Weiter: nächste Seite hinter A

0
16
7
2

Weiter: nächste Seite hinter B

1
13
11
4

Weiter: nächste Seite hinter C

8
6
15
17

Weiter: nächste Seite hinter D

5
18
12
2

Weiter: nächste Seite hinter E

6
19
15
10

Weiter: nächste Seite hinter F

3
8
5
13

Weiter: nächste Seite hinter G

0
4
17
8

Weiter: nächste Seite hinter H

2
8
6
10

Weiter: nächste Seite hinter I

0
10
17
15

Weiter: nächste Seite hinter J

A	**Welche Zahlenreihe ist richtig?**	4 11 6 8	4 15 6 8	19 15 6 8	16 15 10 8	19 5 6 5
B	**Welche Zahlenreihe ist richtig?**	0 7 7 2	2 1 7 1	9 16 8 2	7 16 7 2	0 16 7 2
C	**Welche Zahlenreihe ist richtig?**	1 13 11 4	9 13 7 4	1 0 11 4	13 13 11 4	13 11 11 11
D	**Welche Zahlenreihe ist richtig?**	8 6 17 17	12 6 15 17	8 14 15 17	8 6 15 17	15 3 15 3
E	**Welche Zahlenreihe ist richtig?**	2 18 12 2	5 11 12 2	5 18 12 2	12 18 4 2	9 1 12 1
F	**Welche Zahlenreihe ist richtig?**	6 19 15 10	6 7 15 10	17 8 15 8	3 19 13 10	0 19 15 10
G	**Welche Zahlenreihe ist richtig?**	9 8 4 13	1 8 5 13	6 4 5 4	3 2 5 13	3 8 5 13
H	**Welche Zahlenreihe ist richtig?**	15 4 10 8	0 8 17 8	3 2 17 2	11 4 17 8	0 4 17 8
I	**Welche Zahlenreihe ist richtig?**	4 8 6 8	8 8 6 10	2 9 6 10	2 8 6 10	12 8 9 10
J	**Welche Zahlenreihe ist richtig?**	0 10 17 15	0 4 17 15	17 10 17 15	7 10 1 15	12 3 17 3

Schauen Sie sich nur insgesamt etwa 4 Sekunden lang eine Zahlenreihe an.
Suchen Sie diese Zahlenreihe sofort auf der nächsten Seite.

10
4
15
6

Weiter: nächste Seite hinter A

3
8
13
19

Weiter: nächste Seite hinter B

7
16
12
14

Weiter: nächste Seite hinter C

18
3
7
1

Weiter: nächste Seite hinter D

5
14
3
18

Weiter: nächste Seite hinter E

13
3
10
1

Weiter: nächste Seite hinter F

16
11
19
9

Weiter: nächste Seite hinter G

12
19
0
8

Weiter: nächste Seite hinter H

17
7
1
9

Weiter: nächste Seite hinter I

6
2
18
4

Weiter: nächste Seite hinter J

A	Welche Zahlenreihe	6	13	13	10	10
	ist richtig?	4	14	4	4	12
		15	15	3	15	15
		6	14	6	6	6
B	Welche Zahlenreihe	3	19	9	8	3
	ist richtig?	8	8	15	8	19
		13	13	13	14	13
		19	19	15	19	19
C	Welche Zahlenreihe	9	7	7	15	18
	ist richtig?	16	16	15	7	16
		1	12	12	12	12
		14	14	14	7	14
D	Welche Zahlenreihe	8	18	10	14	18
	ist richtig?	3	3	3	9	9
		7	7	9	7	7
		1	1	1	9	1
E	Welche Zahlenreihe	5	5	5	5	8
	ist richtig?	8	14	16	14	14
		3	10	3	3	3
		8	18	18	18	18
F	Welche Zahlenreihe	13	19	13	4	5
	ist richtig?	3	3	6	10	3
		10	12	10	10	10
		1	1	1	10	1
G	Welche Zahlenreihe	7	16	7	3	16
	ist richtig?	11	10	11	2	11
		1	19	19	19	19
		9	9	9	2	9
H	Welche Zahlenreihe	12	11	3	12	5
	ist richtig?	0	19	11	19	19
		0	1	0	0	0
		8	8	11	8	8
I	Welche Zahlenreihe	4	13	17	12	17
	ist richtig?	11	7	7	7	9
		1	4	1	1	1
		11	9	9	9	9
J	Welche Zahlenreihe	6	6	2	14	4
	ist richtig?	2	16	2	2	15
		18	18	18	1	18
		4	4	4	4	15

Schauen Sie sich nur insgesamt etwa 4 Sekunden lang eine Zahlenreihe an.
Suchen Sie diese Zahlenreihe sofort auf der nächsten Seite.

3
19
6
9

Weiter: nächste Seite hinter A

4
18
12
7

Weiter: nächste Seite hinter B

8
16
19
11

Weiter: nächste Seite hinter C

18
4
11
13

Weiter: nächste Seite hinter D

19
6
14
17

Weiter: nächste Seite hinter E

16
10
1
13

Weiter: nächste Seite hinter F

11
6
19
4

Weiter: nächste Seite hinter G

14
18
8
10

Weiter: nächste Seite hinter H

6
10
6
17

Weiter: nächste Seite hinter I

4
8
18
11

Weiter: nächste Seite hinter J

A	Welche Zahlenreihe	3	7	7	3	12
	ist richtig?	19	7	19	10	19
		6	6	14	6	6
		9	7	9	9	9
B	Welche Zahlenreihe	7	18	2	4	4
	ist richtig?	18	18	14	18	7
		12	13	12	12	12
		7	7	14	7	7
C	Welche Zahlenreihe	8	13	8	3	12
	ist richtig?	10	10	16	16	16
		19	19	19	14	19
		11	10	11	11	11
D	Welche Zahlenreihe	15	18	18	1	0
	ist richtig?	6	12	4	4	4
		11	11	11	11	8
		6	13	13	13	13
E	Welche Zahlenreihe	13	5	19	19	6
	ist richtig?	6	6	6	1	5
		14	8	14	14	14
		17	17	17	17	5
F	Welche Zahlenreihe	3	15	16	5	16
	ist richtig?	10	5	11	10	10
		1	1	1	17	1
		13	5	13	13	13
G	Welche Zahlenreihe	15	15	11	9	11
	ist richtig?	6	0	4	6	6
		19	19	19	8	19
		4	0	4	4	4
H	Welche Zahlenreihe	17	6	18	14	14
	ist richtig?	18	0	18	3	18
		8	8	14	8	8
		10	0	10	10	10
I	Welche Zahlenreihe	6	3	7	6	14
	ist richtig?	10	10	4	11	10
		6	6	6	6	11
		17	17	4	17	17
J	Welche Zahlenreihe	4	3	15	4	1
	ist richtig?	0	1	8	8	8
		18	18	5	18	18
		11	1	11	11	11

Schauen Sie sich nur insgesamt etwa 4 Sekunden lang eine Zahlenreihe an.
Suchen Sie diese Zahlenreihe sofort auf der nächsten Seite.

10
15
5
0

Weiter: nächste Seite hinter A

1
4
9
13

Weiter: nächste Seite hinter B

7
16
3
19

Weiter: nächste Seite hinter C

5
10
13
18

Weiter: nächste Seite hinter D

9
12
0
17

Weiter: nächste Seite hinter E

0
13
8
11

Weiter: nächste Seite hinter F

5
14
16
9

Weiter: nächste Seite hinter G

2
12
5
8

Weiter: nächste Seite hinter H

6
2
17
13

Weiter: nächste Seite hinter I

5
1
3
14

Weiter: nächste Seite hinter J

A	Welche Zahlenreihe ist richtig?	2 15 12 0	10 15 5 0	19 15 5 0	3 8 5 8	10 9 5 0
B	Welche Zahlenreihe ist richtig?	1 4 9 13	0 4 6 13	0 4 9 4	1 2 9 13	18 4 9 13
C	Welche Zahlenreihe ist richtig?	2 16 3 19	14 9 3 9	7 16 3 19	14 16 17 19	7 5 3 19
D	Welche Zahlenreihe ist richtig?	5 9 13 18	5 10 13 18	12 8 13 8	2 10 13 18	0 10 15 18
E	Welche Zahlenreihe ist richtig?	11 9 0 9	18 12 0 17	9 5 0 17	8 12 1 17	9 12 0 17
F	Welche Zahlenreihe ist richtig?	6 13 8 11	0 11 8 11	0 13 8 11	7 13 11 11	4 9 8 9
G	Welche Zahlenreihe ist richtig?	17 14 16 9	5 14 16 9	9 3 16 3	0 14 0 9	5 10 16 9
H	Welche Zahlenreihe ist richtig?	7 12 5 8	2 12 5 8	9 12 6 8	2 15 5 8	17 5 5 5
I	Welche Zahlenreihe ist richtig?	6 6 17 13	6 2 17 13	18 2 10 13	0 2 17 2	0 2 17 13
J	Welche Zahlenreihe ist richtig?	16 1 3 14	12 1 0 14	7 9 3 9	5 9 3 14	5 1 3 14

Schauen Sie sich nur insgesamt etwa 5 Sekunden lang eine Zahlenreihe an.
Suchen Sie diese Zahlenreihe sofort auf der nächsten Seite.

15
18
11
4
8

Weiter: nächste Seite hinter A

19
6
15
11
13

Weiter: nächste Seite hinter B

2
5
11
18
14

Weiter: nächste Seite hinter C

10
17
14
0
5

Weiter: nächste Seite hinter D

2
15
6
4
19

Weiter: nächste Seite hinter E

8
15
12
4
9

Weiter: nächste Seite hinter F

0
13
5
15
18

Weiter: nächste Seite hinter G

1
10
16
12
3

Weiter: nächste Seite hinter H

14
6
9
0
16

Weiter: nächste Seite hinter I

19
12
7
1
10

Weiter: nächste Seite hinter J

A	Welche Zahlenreihe	15	13	19	15	15
	ist richtig?	18	18	18	8	12
		11	5	11	11	11
		4	4	4	8	4
		8	1	8	10	8
B	Welche Zahlenreihe	19	4	5	19	19
	ist richtig?	6	6	6	18	17
		15	15	1	15	15
		11	11	11	18	11
		13	13	12	11	13
C	Welche Zahlenreihe	11	1	2	2	2
	ist richtig?	5	5	1	5	8
		15	11	11	11	11
		18	18	1	18	18
		18	14	4	14	14
D	Welche Zahlenreihe	10	10	10	19	6
	ist richtig?	3	6	17	17	17
		14	14	14	5	14
		3	0	0	0	0
		15	5	5	17	5
E	Welche Zahlenreihe	2	2	10	2	5
	ist richtig?	12	18	15	15	15
		6	6	6	6	4
		4	18	4	4	4
		19	16	19	19	15
F	Welche Zahlenreihe	14	8	8	7	8
	ist richtig?	15	8	15	15	17
		12	12	12	16	12
		4	4	4	4	17
		9	9	9	3	4
G	Welche Zahlenreihe	0	0	6	0	18
	ist richtig?	13	9	13	18	13
		5	5	14	5	5
		15	9	15	15	15
		18	13	5	18	18
H	Welche Zahlenreihe	14	3	1	1	1
	ist richtig?	10	10	11	13	10
		16	5	16	16	16
		12	12	12	13	12
		3	10	3	11	3
I	Welche Zahlenreihe	14	12	0	14	14
	ist richtig?	17	6	6	15	6
		9	6	9	9	9
		17	0	0	0	0
		3	17	16	16	16
J	Welche Zahlenreihe	19	19	19	0	9
	ist richtig?	4	12	9	12	12
		7	7	7	7	15
		1	1	9	1	1
		10	10	9	10	19

Schauen Sie sich nur insgesamt etwa 5 Sekunden lang eine Zahlenreihe an.
Suchen Sie diese Zahlenreihe sofort auf der nächsten Seite.

18
10
6
13
8
Weiter: nächste Seite hinter A

15
2
7
4
13
Weiter: nächste Seite hinter B

6
16
4
13
2
Weiter: nächste Seite hinter C

12
9
18
6
0
Weiter: nächste Seite hinter D

5
10
18
8
1
Weiter: nächste Seite hinter E

16
8
0
4
2
Weiter: nächste Seite hinter F

19
3
1
15
8
Weiter: nächste Seite hinter G

6
9
4
14
11
Weiter: nächste Seite hinter H

13
9
14
19
7
Weiter: nächste Seite hinter I

6
11
17
19
8
Weiter: nächste Seite hinter J

A Welche Zahlenreihe ist richtig?

10	18	18	18	6
10	10	18	7	10
16	6	6	6	6
13	13	13	7	13
3	8	8	9	8

B Welche Zahlenreihe ist richtig?

16	15	15	15	5
2	19	1	2	2
7	7	7	7	14
4	4	1	4	4
13	13	7	13	6

C Welche Zahlenreihe ist richtig?

6	6	5	6	16
2	3	16	16	16
4	4	17	4	4
2	13	13	13	13
8	2	3	2	2

D Welche Zahlenreihe ist richtig?

12	12	4	12	19
17	9	9	8	9
18	18	18	18	8
6	6	6	8	6
0	0	0	18	1

E Welche Zahlenreihe ist richtig?

9	5	4	5	5
10	5	10	10	2
19	18	18	18	18
8	8	8	8	2
13	1	1	1	11

F Welche Zahlenreihe ist richtig?

16	16	7	16	8
8	0	8	11	8
0	0	16	0	0
4	4	4	11	4
2	2	19	5	2

G Welche Zahlenreihe ist richtig?

19	19	9	19	18
8	12	3	3	3
1	1	14	1	1
8	15	15	15	15
13	8	10	8	8

H Welche Zahlenreihe ist richtig?

6	13	6	6	10
9	9	4	2	9
4	4	4	4	9
14	14	14	2	14
11	11	11	5	9

I Welche Zahlenreihe ist richtig?

12	7	13	13	13
9	9	3	8	9
9	14	14	14	14
19	19	3	19	19
4	7	10	7	7

J Welche Zahlenreihe ist richtig?

11	6	6	6	13
11	17	11	3	11
12	17	17	17	17
19	19	19	3	19
14	8	8	1	8

Schauen Sie sich nur insgesamt etwa 5 Sekunden lang eine Zahlenreihe an.
Suchen Sie diese Zahlenreihe sofort auf der nächsten Seite.

1
13
8
5
3

Weiter: nächste Seite hinter A

3
18
7
0
14

Weiter: nächste Seite hinter B

15
13
18
8
1

Weiter: nächste Seite hinter C

11
15
5
10
1

Weiter: nächste Seite hinter D

8
14
12
19
2

Weiter: nächste Seite hinter E

4
1
18
16
10

Weiter: nächste Seite hinter F

14
19
1
3
12

Weiter: nächste Seite hinter G

4
15
6
11
9

Weiter: nächste Seite hinter H

1
13
3
6
10

Weiter: nächste Seite hinter I

15
19
7
17
12

Weiter: nächste Seite hinter J

A **Welche Zahlenreihe ist richtig?**

1	1	1	0	6
13	16	2	13	13
8	8	8	0	8
5	16	5	5	5
3	17	3	4	3

B **Welche Zahlenreihe ist richtig?**

3	3	3	10	2
18	14	8	18	18
7	7	7	15	7
0	0	8	0	0
14	14	4	19	14

C **Welche Zahlenreihe ist richtig?**

15	8	15	15	12
2	13	4	13	13
18	18	18	18	1
8	8	4	8	8
1	1	3	1	9

D **Welche Zahlenreihe ist richtig?**

11	11	11	11	11
10	15	7	15	15
6	15	5	5	5
10	10	7	10	10
1	17	2	1	2

E **Welche Zahlenreihe ist richtig?**

8	8	6	8	7
7	14	14	14	14
12	12	12	12	13
19	19	19	15	19
2	2	2	13	4

F **Welche Zahlenreihe ist richtig?**

4	18	4	4	5
2	1	7	1	1
18	18	18	18	11
2	16	16	16	16
3	10	10	10	17

G **Welche Zahlenreihe ist richtig?**

9	18	14	14	14
19	19	4	19	12
18	1	1	1	1
3	3	4	3	3
0	12	11	12	12

H **Welche Zahlenreihe ist richtig?**

4	4	4	17	16
15	18	2	15	15
6	6	6	6	0
11	18	11	11	11
9	12	9	9	7

I **Welche Zahlenreihe ist richtig?**

15	1	1	1	14
13	13	18	7	13
3	3	3	3	8
6	6	18	6	6
10	10	9	10	13

J **Welche Zahlenreihe ist richtig?**

15	15	17	15	9
19	10	19	19	19
7	7	7	7	9
17	17	17	19	17
12	12	12	7	10

Schauen Sie sich nur insgesamt etwa 5 Sekunden lang eine Zahlenreihe an.
Suchen Sie diese Zahlenreihe sofort auf der nächsten Seite.

11
4
7
0
19

Weiter: nächste Seite hinter A

17
10
15
2
13

Weiter: nächste Seite hinter B

19
12
6
9
14

Weiter: nächste Seite hinter C

2
18
10
8
4

Weiter: nächste Seite hinter D

3
7
0
14
11

Weiter: nächste Seite hinter E

19
12
15
2
4

Weiter: nächste Seite hinter F

9
16
10
0
7

Weiter: nächste Seite hinter G

6
18
13
4
8

Weiter: nächste Seite hinter H

3
14
7
18
16

Weiter: nächste Seite hinter I

8
11
13
5
19

Weiter: nächste Seite hinter J

A	Welche Zahlenreihe ist richtig?	11	11	6	6	11
		3	4	4	4	13
		7	7	7	14	7
		0	0	0	0	13
		19	19	19	9	10
B	Welche Zahlenreihe ist richtig?	17	17	3	14	17
		15	10	10	10	4
		15	15	0	15	15
		15	2	2	2	2
		4	13	9	13	13
C	Welche Zahlenreihe ist richtig?	18	19	1	19	19
		12	12	12	8	6
		6	6	3	6	6
		9	9	9	8	9
		14	14	3	4	14
D	Welche Zahlenreihe ist richtig?	3	2	15	2	2
		18	18	18	10	9
		12	10	10	10	10
		8	8	8	10	8
		10	4	4	10	4
E	Welche Zahlenreihe ist richtig?	17	3	11	3	3
		7	10	7	7	12
		8	0	0	0	0
		14	14	14	14	12
		18	11	11	11	6
F	Welche Zahlenreihe ist richtig?	19	5	11	19	19
		3	12	12	0	12
		15	15	13	15	15
		3	2	2	2	2
		3	4	13	4	4
G	Welche Zahlenreihe ist richtig?	16	9	9	9	2
		16	19	10	16	16
		16	10	10	10	10
		0	19	0	0	0
		15	0	7	7	7
H	Welche Zahlenreihe ist richtig?	6	14	6	11	6
		11	18	17	18	18
		13	13	13	18	13
		4	4	17	4	4
		8	8	14	10	8
I	Welche Zahlenreihe ist richtig?	1	3	3	13	3
		14	6	14	14	0
		7	7	7	6	7
		18	6	18	18	18
		16	1	16	13	16
J	Welche Zahlenreihe ist richtig?	8	2	11	8	8
		11	11	11	9	15
		13	13	0	13	13
		5	5	5	5	15
		19	19	13	19	1

Schauen Sie sich nur insgesamt etwa 5 Sekunden lang eine Zahlenreihe an.
Suchen Sie diese Zahlenreihe sofort auf der nächsten Seite.

1
7
12
19
3

Weiter: nächste Seite hinter A

10
2
11
19
1

Weiter: nächste Seite hinter B

11
7
14
4
17

Weiter: nächste Seite hinter C

13
8
6
2
11

Weiter: nächste Seite hinter D

17
5
8
2
19

Weiter: nächste Seite hinter E

3
12
7
18
1

Weiter: nächste Seite hinter F

0
3
14
7
11

Weiter: nächste Seite hinter G

10
18
4
6
2

Weiter: nächste Seite hinter H

13
16
2
19
11

Weiter: nächste Seite hinter I

11
13
6
15
1

Weiter: nächste Seite hinter J

A	Welche Zahlenreihe ist richtig?	9	1	1	3	1
		7	0	7	7	12
		5	12	12	12	12
		19	0	19	19	19
		9	2	3	3	3
B	Welche Zahlenreihe ist richtig?	12	7	10	10	10
		2	2	17	2	11
		14	11	11	11	11
		19	19	17	19	19
		4	1	16	1	1
C	Welche Zahlenreihe ist richtig?	16	7	11	11	11
		7	7	7	11	10
		19	14	14	14	14
		4	4	4	11	4
		6	17	17	14	17
D	Welche Zahlenreihe ist richtig?	15	13	13	11	13
		8	18	11	8	8
		12	6	6	6	6
		2	18	2	2	2
		2	15	11	11	11
E	Welche Zahlenreihe ist richtig?	17	17	17	4	18
		5	1	14	5	5
		8	8	8	8	17
		2	1	2	2	2
		19	12	19	19	12
F	Welche Zahlenreihe ist richtig?	3	3	7	3	4
		15	12	12	7	12
		7	7	5	7	7
		18	18	18	7	18
		1	1	8	0	1
G	Welche Zahlenreihe ist richtig?	0	3	5	0	0
		3	3	3	16	9
		14	14	3	14	14
		7	7	7	16	7
		11	11	15	6	11
H	Welche Zahlenreihe ist richtig?	10	10	10	11	0
		0	17	18	18	18
		4	4	4	4	18
		0	6	6	6	6
		12	2	2	2	19
I	Welche Zahlenreihe ist richtig?	13	6	14	13	13
		19	16	16	11	16
		2	2	4	2	2
		19	19	19	11	19
		11	11	3	18	11
J	Welche Zahlenreihe ist richtig?	11	13	17	11	11
		2	13	13	13	12
		6	6	2	6	6
		15	15	15	15	12
		1	1	10	1	4

Schauen Sie sich nur insgesamt etwa 6 Sekunden lang eine Zahlenreihe an.
Suchen Sie diese Zahlenreihe sofort auf der nächsten Seite.

13
9
2
4
18
0

Weiter: nächste Seite hinter A

10
14
2
16
9
20

Weiter: nächste Seite hinter B

8
11
15
13
10
18

Weiter: nächste Seite hinter C

10
0
15
13
3
5

Weiter: nächste Seite hinter D

12
4
7
1
6
15

Weiter: nächste Seite hinter E

19
2
8
6
6
18

Weiter: nächste Seite hinter F

5
17
14
7
18
2

Weiter: nächste Seite hinter G

17
11
14
3
16
10

Weiter: nächste Seite hinter H

A Welche Zahlenreihe ist richtig?

13	13	13	17	13
2	9	9	9	10
2	2	0	2	2
2	4	4	4	4
0	18	11	0	18
0	0	9	0	0

B Welche Zahlenreihe ist richtig?

10	10	10	10	9
14	13	14	15	14
2	2	8	2	2
16	13	16	16	16
9	3	2	9	0
20	20	2	0	20

C Welche Zahlenreihe ist richtig?

8	8	7	8	8
5	11	11	11	4
15	16	15	15	15
13	13	13	13	4
10	15	0	10	14
0	3	18	18	18

D Welche Zahlenreihe ist richtig?

10	10	10	10	4
0	0	0	1	0
15	15	10	15	15
0	13	13	13	13
2	3	17	3	0
5	5	16	0	5

E Welche Zahlenreihe ist richtig?

12	12	12	4	12
6	4	4	4	9
7	7	13	7	7
1	1	1	1	9
6	6	3	0	12
0	15	12	15	15

F Welche Zahlenreihe ist richtig?

19	19	19	19	19
2	17	3	2	2
8	8	8	8	16
6	6	3	6	6
6	6	8	0	16
18	0	18	18	2

G Welche Zahlenreihe ist richtig?

8	5	5	5	5
17	11	3	17	17
14	14	14	9	14
7	11	7	7	7
0	13	18	3	18
2	2	0	1	2

H Welche Zahlenreihe ist richtig?

17	17	13	17	17
8	11	11	13	11
14	18	14	14	14
8	3	3	3	3
8	3	0	16	16
10	18	10	0	10

Schauen Sie sich nur insgesamt etwa 6 Sekunden lang eine Zahlenreihe an.
Suchen Sie diese Zahlenreihe sofort auf der nächsten Seite.

10
2
14
0
16
9

Weiter: nächste Seite hinter A

8
11
19
1
0
6

Weiter: nächste Seite hinter B

1
7
13
19
5
10

Weiter: nächste Seite hinter C

11
18
0
3
8
6

Weiter: nächste Seite hinter D

15
6
3
10
4
0

Weiter: nächste Seite hinter E

17
11
9
1
14
4

Weiter: nächste Seite hinter F

6
17
13
7
5
9

Weiter: nächste Seite hinter G

11
4
0
18
1
14

Weiter: nächste Seite hinter H

A	Welche Zahlenreihe	10	10	10	10	11
	ist richtig?	2	9	1	2	2
		14	14	14	10	14
		0	0	1	0	0
		16	16	1	10	0
		9	0	9	1	9
B	Welche Zahlenreihe	8	15	8	8	8
	ist richtig?	11	11	16	11	17
		8	19	19	19	19
		1	1	16	1	1
		1	0	12	0	0
		2	6	6	6	0
C	Welche Zahlenreihe	1	8	1	1	1
		7	7	7	9	7
		19	13	13	13	13
		19	19	7	19	19
		8	0	8	5	5
		14	10	10	0	10
D	Welche Zahlenreihe	11	1	11	11	11
	ist richtig?	18	18	14	18	0
		10	0	0	0	0
		3	3	14	3	3
		3	0	2	8	8
		13	6	6	6	0
E	Welche Zahlenreihe	15	5	15	15	15
	ist richtig?	6	6	1	6	8
		3	3	3	4	3
		10	10	10	10	8
		4	0	4	19	7
		0	0	0	2	0
F	Welche Zahlenreihe	17	17	17	6	17
	ist richtig?	11	11	11	11	10
		10	9	9	9	9
		1	14	1	1	1
		8	17	14	0	14
		17	4	4	4	0
G	Welche Zahlenreihe	6	0	6	6	6
	ist richtig?	6	17	17	17	13
		13	13	13	19	13
		6	7	7	7	7
		18	0	5	2	5
		9	9	9	4	0
H	Welche Zahlenreihe	11	11	11	10	11
	ist richtig?	4	12	4	4	17
		13	0	0	0	0
		18	12	18	18	18
		6	7	1	0	1
		2	14	14	14	0

Schauen Sie sich nur insgesamt etwa 6 Sekunden lang eine Zahlenreihe an.
Suchen Sie diese Zahlenreihe sofort auf der nächsten Seite.

17
9
13
19
7
12

Weiter: nächste Seite hinter A

11
13
0
17
3
7

Weiter: nächste Seite hinter B

12
5
9
11
2
6

Weiter: nächste Seite hinter C

3
6
19
0
2
4

Weiter: nächste Seite hinter D

12
1
19
3
17
7

Weiter: nächste Seite hinter E

9
18
16
5
12
14

Weiter: nächste Seite hinter F

5
8
16
10
12
3

Weiter: nächste Seite hinter G

8
4
17
19
14
3

Weiter: nächste Seite hinter H

A Welche Zahlenreihe ist richtig?

17	17	17	16	17
9	9	18	9	17
13	18	13	13	13
19	19	19	19	17
7	13	7	0	0
12	17	0	12	12

B Welche Zahlenreihe ist richtig?

11	11	2	11	11
13	19	13	10	13
7	0	0	0	0
17	19	17	17	17
10	4	0	3	3
12	7	7	0	7

C Welche Zahlenreihe ist richtig?

5	12	12	12	12
5	5	1	5	18
9	9	9	18	9
11	11	11	11	18
0	2	2	9	16
6	6	0	14	6

D Welche Zahlenreihe ist richtig?

3	3	3	1	3
6	3	19	6	6
1	19	19	19	19
0	0	19	0	0
5	2	3	0	2
8	0	4	4	4

E Welche Zahlenreihe ist richtig?

12	12	12	18	12
1	3	15	1	1
19	19	19	19	7
3	3	15	3	3
17	17	15	0	2
7	0	7	7	10

F Welche Zahlenreihe ist richtig?

9	1	9	9	9
12	18	0	18	18
16	16	16	16	12
12	5	5	5	5
6	0	12	12	4
14	14	0	14	2

G Welche Zahlenreihe ist richtig?

5	5	9	5	5
8	11	8	8	11
16	16	16	1	16
10	10	10	10	11
12	12	0	4	9
3	0	3	5	3

H Welche Zahlenreihe ist richtig?

8	15	8	8	8
8	4	4	4	19
17	17	6	17	17
8	19	19	19	19
16	0	4	14	14
3	3	13	3	0

Schauen Sie sich nur insgesamt etwa 6 Sekunden lang eine Zahlenreihe an.
Suchen Sie diese Zahlenreihe sofort auf der nächsten Seite.

18
8
14
3
16
0

Weiter: nächste Seite hinter A

15
4
1
11
7
2

Weiter: nächste Seite hinter B

9
5
2
11
8
15

Weiter: nächste Seite hinter C

10
6
16
1
3
12

Weiter: nächste Seite hinter D

2
19
17
12
0
13

Weiter: nächste Seite hinter E

7
13
11
1
17
3

Weiter: nächste Seite hinter F

15
9
18
6
1
3

Weiter: nächste Seite hinter G

7
4
16
0
9
13

Weiter: nächste Seite hinter H

A **Welche Zahlenreihe ist richtig?**

18	18	18	18	15
8	8	12	2	8
14	9	14	14	14
3	3	12	3	3
16	7	13	16	0
0	4	0	0	0

B **Welche Zahlenreihe ist richtig?**

15	19	15	15	15
4	4	4	10	5
1	1	7	1	1
11	11	11	11	5
7	0	12	7	13
2	2	17	0	2

C **Welche Zahlenreihe ist richtig?**

16	9	9	9	9
5	5	5	6	9
2	11	2	2	2
11	11	11	11	9
0	18	8	8	3
15	6	15	0	15

D **Welche Zahlenreihe ist richtig?**

6	10	10	10	10
6	6	6	5	12
16	16	19	16	16
1	1	1	5	1
0	3	0	18	3
12	12	8	12	0

E **Welche Zahlenreihe ist richtig?**

11	2	2	2	2
19	19	0	19	18
17	17	17	13	17
12	12	0	12	12
0	0	9	14	0
13	13	13	0	0

F **Welche Zahlenreihe ist richtig?**

5	7	7	7	7
13	10	13	14	13
11	11	11	11	16
1	1	1	14	1
0	17	17	5	15
3	0	3	3	17

G **Welche Zahlenreihe ist richtig?**

15	1	15	15	15
9	9	7	8	9
18	18	18	18	10
6	6	7	6	6
1	0	10	1	16
3	3	3	0	15

H **Welche Zahlenreihe ist richtig?**

7	7	19	7	7
1	4	4	4	6
16	16	16	14	16
1	0	0	0	0
17	9	0	11	9
13	13	13	15	0

Schauen Sie sich nur insgesamt etwa 6 Sekunden lang eine Zahlenreihe an.
Suchen Sie diese Zahlenreihe sofort auf der nächsten Seite.

1
8
16
10
4
11

Weiter: nächste Seite hinter A

5
19
14
2
17
0

Weiter: nächste Seite hinter B

10
5
12
1
9
0

Weiter: nächste Seite hinter C

7
11
19
1
10
3

Weiter: nächste Seite hinter D

0
17
4
18
3
14

Weiter: nächste Seite hinter E

8
11
15
17
1
19

Weiter: nächste Seite hinter F

4
1
6
14
0
13

Weiter: nächste Seite hinter G

9
11
15
0
19
2

Weiter: nächste Seite hinter H

A	**Welche Zahlenreihe ist richtig?**	11	1	1	1	1
		8	17	6	8	8
		16	16	16	18	16
		10	10	6	10	10
		0	4	7	18	4
		11	0	11	0	11

B	**Welche Zahlenreihe ist richtig?**	5	5	5	14	5
		19	5	17	19	19
		6	14	14	14	14
		2	2	17	2	2
		7	17	1	0	17
		4	0	0	0	0

C	**Welche Zahlenreihe ist richtig?**	10	0	10	10	10
		9	5	6	5	5
		12	12	12	11	12
		9	1	1	1	1
		3	0	9	19	9
		0	0	0	6	0

D	**Welche Zahlenreihe ist richtig?**	7	3	7	7	7
		11	11	12	3	11
		7	19	19	19	19
		1	1	12	1	1
		2	0	4	10	10
		4	3	3	0	3

E	**Welche Zahlenreihe ist richtig?**	0	0	0	8	0
		17	6	17	17	12
		4	4	14	4	4
		18	18	18	18	12
		3	3	0	0	7
		14	0	0	14	14

F	**Welche Zahlenreihe ist richtig?**	8	8	8	2	8
		11	11	5	11	0
		15	5	15	15	15
		17	17	5	17	17
		1	13	17	0	1
		19	17	19	19	0

G	**Welche Zahlenreihe ist richtig?**	13	4	4	4	4
		1	1	7	7	1
		6	6	6	6	1
		14	14	14	7	14
		0	0	0	7	7
		13	13	0	13	14

H	**Welche Zahlenreihe ist richtig?**	9	9	9	4	9
		11	1	11	11	14
		15	15	0	15	15
		0	1	0	0	0
		19	8	10	0	19
		2	2	8	2	0

Schauen Sie sich nur insgesamt etwa 6 Sekunden lang eine Zahlenreihe an.
Suchen Sie diese Zahlenreihe sofort auf der nächsten Seite.

18
15
6
1
12
3

Weiter: nächste Seite hinter A

8
10
12
5
8
13

Weiter: nächste Seite hinter B

19
6
12
10
1
3

Weiter: nächste Seite hinter C

5
12
18
2
6
13

Weiter: nächste Seite hinter D

17
10
1
19
18
8

Weiter: nächste Seite hinter E

3
11
7
19
13
1

Weiter: nächste Seite hinter F

9
17
15
7
1
8

Weiter: nächste Seite hinter G

1
12
8
4
19
13

Weiter: nächste Seite hinter H

A	Welche Zahlenreihe	18	4	18	18	18
	ist richtig?	2	15	19	15	15
		6	6	6	8	6
		2	1	1	1	1
		10	0	12	7	12
		3	3	0	10	3

B	Welche Zahlenreihe	8	8	8	8	10
	ist richtig?	2	7	10	10	10
		12	12	12	8	12
		5	7	5	5	5
		8	12	8	9	0
		0	13	13	19	13

C	Welche Zahlenreihe	13	19	19	19	19
		6	6	6	6	7
		12	12	17	12	12
		10	10	10	6	10
		0	1	17	10	1
		3	3	12	3	0

D	Welche Zahlenreihe	5	5	5	5	4
	ist richtig?	14	12	7	12	12
		18	18	18	0	18
		14	2	2	2	2
		10	6	6	19	0
		13	13	0	18	13

E	Welche Zahlenreihe	17	17	17	13	17
	ist richtig?	6	11	10	10	10
		1	1	5	1	1
		6	19	19	19	19
		1	18	12	0	18
		8	0	10	8	8

F	Welche Zahlenreihe	3	3	3	16	3
	ist richtig?	2	11	1	11	11
		7	7	7	7	6
		2	19	19	19	19
		4	13	13	0	2
		1	1	0	1	19

G	Welche Zahlenreihe	10	9	9	9	9
	ist richtig?	17	17	16	17	5
		15	15	15	6	15
		7	7	16	7	7
		0	1	10	16	1
		8	8	8	18	0

H	Welche Zahlenreihe	1	1	4	1	1
	ist richtig?	8	12	12	12	3
		8	5	8	8	8
		4	4	4	4	3
		19	17	0	19	9
		0	17	13	13	13

Übungen C

Übungen C - wie man sie durchführt

Die Übungen C schulen das Gedächtnis (das mittelbare Behalten). Gleichzeitig trainieren sie die Konzentration.

Wie geht man bei den Übungen vor?

Sehen Sie sich einmal diese beiden Zahlen an:

2 7

Prägen Sie sich diese kurz ein, indem Sie einmal kurz vom Buch aufschauen oder die Augen schließen.

Wiederholen Sie dann diese Zahlen für sich, ohne dabei ins Buch zu schauen.

Wissen Sie sie noch?

Das ist beim Einprägen wichtig: für sich einige Male wiederholen. Erst dann das Weitere befolgen.

Fangen Sie gleich einmal an mit dem Beispiel auf der nächsten Seite oben.

Problemlösen - mit wachem Verstand

Ein Leben ohne Probleme ist kaum denkbar. Aber an Ihnen liegt es, ob die Probleme nur Herausforderung sind oder bösartige Stolpersteine. Zum wirkungsvollen Problemlösen braucht der Mensch einen „wachen" Verstand. Denn dabei ist er auf geistiges Herumprobieren und somit auf Flexibilität und Orginalität angewiesen. Und einen „wachen" Verstand erhält man, wenn man Geist und Gedächtnis trainiert. Durch Gehirn-Jogging.

Dann sind Sie in der Lage, das Problem in aller Ruhe anzugehen und die Lösungen zu finden. Mit Hilfe Ihres wachen Verstandes und Ihres Gedächtnisses.

PRÄGEN Sie sich jeweils kurz die zwei Zahlen der folgenden Zeilen ein:

Beispiel	5	3	Bitte auf Seite 288 hinter Buchstabe A weiterlesen
	6	4	Bitte auf Seite 288 hinter Buchstabe B weiterlesen
	5	8	Bitte auf Seite 288 hinter Buchstabe C weiterlesen
	2	6	Seite 288 Buchstabe D
	1	5	Seite 288 Buchstabe E
	2	7	Seite 288 Buchstabe F
	9	6	Seite 288 Buchstabe G
	5	3	Seite 288 Buchstabe H
	7	10	Seite 288 Buchstabe I
	4	2	Seite 288 Buchstabe J
	8	6	Seite 288 Buchstabe K
	5	10	Seite 288 Buchstabe L
	1	4	Seite 288 Buchstabe M
	7	5	Seite 288 Buchstabe N
	6	8	Seite 288 Buchstabe O
	2	9	Seite 288 Buchstabe P
	4	6	Seite 288 Buchstabe Q
	3	5	Seite 288 Buchstabe R
	7	2	Seite 288 Buchstabe S
	8	4	Seite 288 Buchstabe T
	5	9	Seite 288 Buchstabe U
	3	6	Seite 288 Buchstabe V
	7	4	Seite 288 Buchstabe W
	0	8	Seite 288 Buchstabe X

PRÄGEN Sie sich jeweils kurz die zwei Zahlen ein:

Beispiel	5	7	Bitte auf Seite 312 hinter Buchstabe A weiterlesen
	4	6	Bitte auf Seite 312 hinter Buchstabe B weiterlesen
	3	2	Bitte auf Seite 312 hinter Buchstabe C weiterlesen
	8	4	Seite 312 Buchstabe D
	9	5	Seite 312 Buchstabe E
	8	3	Seite 312 Buchstabe F
	1	4	Seite 312 Buchstabe G
	5	7	Seite 312 Buchstabe H
	3	0	Seite 312 Buchstabe I
	6	8	Seite 312 Buchstabe J
	2	4	Seite 312 Buchstabe K
	5	0	Seite 312 Buchstabe L
	9	6	Seite 312 Buchstabe M
	3	5	Seite 312 Buchstabe N
	4	2	Seite 312 Buchstabe O
	8	1	Seite 312 Buchstabe P
	6	4	Seite 312 Buchstabe Q
	7	5	Seite 312 Buchstabe R
	3	8	Seite 312 Buchstabe S
	2	6	Seite 312 Buchstabe T
	5	1	Seite 312 Buchstabe U
	7	4	Seite 312 Buchstabe V
	3	6	Seite 312 Buchstabe W
	10	2	Seite 312 Buchstabe X

PRÄGEN Sie sich jeweils kurz die zwei Buchstaben ein:

Beispiel	P	B	Bitte auf Seite 294 hinter Zahl 1 weiterlesen
	Z	L	Bitte auf Seite 294 hinter Zahl 2 weiterlesen
	A	W	Bitte auf Seite 294 hinter Zahl 3 weiterlesen
	R	D	Seite 294 Zahl 4
	W	G	Seite 294 Zahl 5
	I	V	Seite 294 Zahl 6
	T	D	Seite 294 Zahl 7
	F	M	Seite 294 Zahl 8
	O	E	Seite 294 Zahl 9
	H	P	Seite 294 Zahl 10
	B	K	Seite 294 Zahl 11
	N	T	Seite 294 Zahl 12
	G	C	Seite 294 Zahl 13
	E	L	Seite 294 Zahl 14
	K	H	Seite 294 Zahl 15
	M	D	Seite 294 Zahl 16
	J	M	Seite 294 Zahl 17
	N	Q	Seite 294 Zahl 18
	F	A	Seite 294 Zahl 19
	O	P	Seite 294 Zahl 20
	T	C	Seite 294 Zahl 21
	G	R	Seite 294 Zahl 22
	B	I	Seite 294 Zahl 23
	U	X	Seite 294 Zahl 24

PRÄGEN Sie sich jeweils kurz die drei Zahlen der folgenden Zeilen ein:

Beispiel	2	3	7	Bitte auf Seite 300 hinter Buchstabe A weiterlesen
	8	4	6	Bitte auf Seite 300 hinter Buchstabe B weiterlesen
	6	9	1	Bitte auf Seite 300 hinter Buchstabe C weiterlesen
	2	8	5	Seite 300 Buchstabe D
	3	6	4	Seite 300 Buchstabe E
	2	8	0	Seite 300 Buchstabe F
	3	6	9	Seite 300 Buchstabe G
	8	3	4	Seite 300 Buchstabe H
	6	10	2	Seite 300 Buchstabe I
	0	2	9	Seite 300 Buchstabe J
	8	6	3	Seite 300 Buchstabe K
	9	0	7	Seite 300 Buchstabe L
	4	1	6	Seite 300 Buchstabe M
	7	5	0	Seite 300 Buchstabe N
	8	2	7	Seite 300 Buchstabe O
	3	8	1	Seite 300 Buchstabe P
	4	6	7	Seite 300 Buchstabe Q
	8	5	3	Seite 300 Buchstabe R
	9	2	7	Seite 300 Buchstabe S
	8	4	0	Seite 300 Buchstabe T
	6	9	2	Seite 300 Buchstabe U
	3	6	7	Seite 300 Buchstabe V
	7	4	10	Seite 300 Buchstabe W
	0	8	5	Seite 300 Buchstabe X

PRÄGEN Sie sich jeweils kurz die drei Buchstaben ein:

Beispiel	E	R	H	Bitte auf Seite 306 hinter Zahl 1 weiterlesen
	D	J	R	Bitte auf Seite 306 hinter Zahl 2 weiterlesen
	Q	X	B	Bitte auf Seite 306 hinter Zahl 3 weiterlesen
	A	P	K	Seite 306 Zahl 4
	I	G	W	Seite 306 Zahl 5
	C	F	V	Seite 306 Zahl 6
	G	T	L	Seite 306 Zahl 7
	U	Q	A	Seite 306 Zahl 8
	R	S	B	Seite 306 Zahl 9
	E	P	T	Seite 306 Zahl 10
	N	S	X	Seite 306 Zahl 11
	R	V	K	Seite 306 Zahl 12
	C	M	D	Seite 306 Zahl 13
	J	N	O	Seite 306 Zahl 14
	K	H	M	Seite 306 Zahl 15
	L	W	D	Seite 306 Zahl 16
	Y	C	O	Seite 306 Zahl 17
	I	Z	E	Seite 306 Zahl 18
	H	F	L	Seite 306 Zahl 19
	A	J	G	Seite 306 Zahl 20
	H	N	I	Seite 306 Zahl 21
	R	B	E	Seite 306 Zahl 22
	M	F	A	Seite 306 Zahl 23
	V	L	Q	Seite 306 Zahl 24

PRÄGEN Sie sich jeweils kurz die drei Zahlen ein:

Beispiel	51	23	34	Bitte auf Seite 318 hinter Buchstabe A weiterlesen
	76	14	22	Bitte auf Seite 318 hinter Buchstabe B weiterlesen
	85	38	9	Bitte auf Seite 318 hinter Buchstabe C weiterlesen
	12	96	88	Seite 318 Buchstabe D
	41	55	17	Seite 318 Buchstabe E
	22	17	68	Seite 318 Buchstabe F
	79	6	30	Seite 318 Buchstabe G
	45	23	14	Seite 318 Buchstabe H
	57	10	8	Seite 318 Buchstabe I
	41	26	70	Seite 318 Buchstabe J
	38	16	1	Seite 318 Buchstabe K
	45	10	27	Seite 318 Buchstabe L
	11	74	60	Seite 318 Buchstabe M
	79	9	35	Seite 318 Buchstabe N
	56	68	17	Seite 318 Buchstabe O
	21	93	4	Seite 318 Buchstabe P
	45	26	62	Seite 318 Buchstabe Q
	13	85	9	Seite 318 Buchstabe R
	7	12	72	Seite 318 Buchstabe S
	48	34	19	Seite 318 Buchstabe T
	75	69	82	Seite 318 Buchstabe U
	13	46	33	Seite 318 Buchstabe V
	27	84	91	Seite 318 Buchstabe W
	70	58	64	Seite 318 Buchstabe X

PRÄGEN Sie sich jeweils kurz die vier Zeichen ein:

Beispiel	2	9	5	A	Bitte auf Seite 324 hinter Buchstabe A weiterlesen
	D	7	11	3	Bitte auf Seite 324 hinter Buchstabe B weiterlesen
	8	E	6	10	Bitte auf Seite 324 hinter Buchstabe C weiterlesen
	11	13	F	6	Seite 324 Buchstabe D
	3	D	8	0	Seite 324 Buchstabe E
	12	9	Z	4	Seite 324 Buchstabe F
	K	8	2	6	Seite 324 Buchstabe G
	11	4	8	L	Seite 324 Buchstabe H
	M	3	9	5	Seite 324 Buchstabe I
	2	7	4	W	Seite 324 Buchstabe J
	5	9	P	1	Seite 324 Buchstabe K
	V	7	10	3	Seite 324 Buchstabe L
	6	X	2	9	Seite 324 Buchstabe M
	11	7	0	13	Seite 324 Buchstabe N
	8	Z	5	10	Seite 324 Buchstabe O
	9	4	Y	1	Seite 324 Buchstabe P
	6	B	10	2	Seite 324 Buchstabe Q
	5	11	C	9	Seite 324 Buchstabe R
	4	6	10	U	Seite 324 Buchstabe S
	7	A	9	5	Seite 324 Buchstabe T
	T	8	5	11	Seite 324 Buchstabe U
	1	Q	9	4	Seite 324 Buchstabe V
	3	10	12	S	Seite 324 Buchstabe W
	R	0	8	3	Seite 324 Buchstabe X

C	33 + 4 = ?	Nächste Seite weiter unter A
F	13 + 15 = ?	Nächste Seite weiter unter B
N	38 + 16 = ?	Nächste Seite weiter unter C
Q	51 + 28 = ?	Nächste Seite weiter unter D
I	21 – 8 = ?	Nächste Seite weiter unter E
M	50 – 7 = ?	Nächste Seite weiter unter F
T	16 + 17 = ?	Nächste Seite weiter unter G
A	7 + 8 = ?	Nächste Seite weiter unter H
H	8 + 16 = ?	Nächste Seite weiter unter I
O	79 + 6 = ?	Nächste Seite weiter unter J
D	47 + 3 = ?	Nächste Seite weiter unter K
R	61 – 8 = ?	Nächste Seite weiter unter L
W	32 – 13 = ?	Nächste Seite weiter unter M
E	20 – 4 = ?	Nächste Seite weiter unter N
S	60 – 16 = ?	Nächste Seite weiter unter O
U	40 – 2 = ?	Nächste Seite weiter unter P
B	6 + 6 = ?	Nächste Seite weiter unter Q
V	10 + 13 = ?	Nächste Seite weiter unter R
X	89 – 5 = ?	Nächste Seite weiter unter S
L	18 + 9 = ?	Nächste Seite weiter unter T
P	80 – 18 = ?	Nächste Seite weiter unter U
K	24 – 6 = ?	Nächste Seite weiter unter V
J	102 – 3 = ?	Nächste Seite weiter unter W
G	29 + 9 = ?	Nächste Seite weiter unter X

B	13 + 15 = 28	Nächste Seite weiter
F	50 – 7 = 43	3 Seiten weiter
V	24 – 6 = 18	3 Seiten weiter
K	47 + 3 = 50	Nächste Seite weiter
Q	6 + 6 = 12	Unter dieser Zahl auf der nächsten Seite eingeprägte Ziffern durchstreichen
P	40 – 2 = 38	4 Seiten weiter
J	79 + 6 = 85	3 Seiten weiter
I	8 + 16 = 24	Übernächste Seite weiter
U	80 – 18 = 62	3 Seiten weiter
T	18 + 9 = 27	Übernächste Seite weiter
A	33 + 4 = 37	Nächste Seite weiter
L	61 – 8 = 53	4 Seiten weiter
W	102 – 3 = 99	Übernächste Seite weiter
M	32 – 13 = 19	4 Seiten weiter
N	20 – 4 = 16	Nächste Seite weiter
D	51 + 28 = 79	3 Seiten weiter
O	60 – 16 = 44	4 Seiten weiter
X	29 + 9 = 38	Übernächste Seite weiter
S	89 – 5 = 84	4 Seiten weiter
H	7 + 8 = 15	Wissen Sie noch, welche Ziffern Sie sich anfänglich eingeprägt hatten? Streichen Sie diese unter der dick gedruckten 15 auf der nächsten Seite durch.
G	16 + 17 = 33	3 Seiten weiter
R	10 + 13 = 23	4 Seiten weiter
E	21 – 8 = 13	übernächste Seite weiter
C	38 + 16 = 54	Übernächste Seite weiter

12	15	37	16	28	50
4	5	6	3	8	3
3	2	8	6	3	2
1	5	7	3	7	6
3	1	7	6	5	3
5	2	4	6	5	1
3	6	7	5	2	5
3	3	6	1	4	2
6	4	4	5	6	5
4	2	5	1	7	1
2	1	3	2	3	2
2	6	8	2	6	3
6	1	4	2	4	5
1	2	3	3	1	5
5	1	7	2	3	4
2	4	3	4	7	3
6	1	6	2	1	4
2	3	4	3	4	1
5	5	5	4	7	7
3	1	4	6	9	5
2	2	6	7	3	1
8	1	7	4	5	3
1	6	6	1	6	4
1		8	4	3	1
2		4	6	1	2

Wußten Sie es noch? 5 und 3 waren die Ziffern zum Einprägen. 2mal war die 3 und 3mal die 5 durchzustreichen. Prüfen Sie es.

Wenn Sie es richtig gemacht haben, sind in jeder Spalte 5 Ziffern durchgestrichen.

13	38	27	24	99	54
6	4	5	1	2	3
9	9	7	6	6	7
8	4	8	1	5	6
10	5	3	3	6	4
6	9	9	4	7	6
7	7	10	3	4	6
12	4	7	2	3	7
5	8	9	4	6	3
10	5	10	6	7	4
5	8	8	4	3	3
8	5	5	1	4	6
9	9	6	6	5	8
9	7	9	5	5	3
5	2	9	1	7	6
6	4	4	5	2	5
7	3	2	6	6	6
2	9	4	6	5	4
3	1	3	1	6	7
1	0	5	3	5	8
9	6	8	6	5	5
10	8	7	4	3	8
3	7	9	1	2	3

Wenn Sie es richtig gemacht haben, sind in jeder Spalte 5 Ziffern durchgestrichen.

33	43	18	85	62	79
8	5	10	7	9	5
7	1	7	4	7	6
3	5	5	3	0	7
5	6	6	4	3	5
8	3	10	3	9	4
5	2	5	5	10	7
7	1	5	7	8	2
2	3	10	6	7	7
8	2	5	5	8	2
6	3	8	3	6	4
3	4	7	4	1	1
1	5	0	3	4	7
7	3	8	6	9	6
4	5	5	7	5	5
6	6	6	7	8	2
9	2	0	6	12	2
3	3	9	3	9	4
1	6	7	8	8	7
2	1	9	7	5	5
0	5	3	6	2	5
4	3	8	5	8	8
3	4	7	2	11	7

Wenn Sie es richtig gemacht haben, sind in jeder Spalte 5 Ziffern durchgestrichen.

53	84	19	38	44	23
2	4	5	7	2	2
5	2	8	0	5	3
4	0	9	1	6	5
6	6	0	5	0	10
0	1	8	8	3	3
2	3	2	7	7	4
5	4	5	9	4	7
9	8	6	6	1	5
2	0	4	4	3	2
4	2	6	3	9	7
6	2	0	6	8	8
1	4	7	2	7	3
4	3	8	5	3	9
3	8	6	0	1	2
8	5	7	1	4	6
6	9	1	8	6	1
3	7	8	3	8	4
4	1	6	5	2	5
1	8	0	4	9	9
5	2	9	4	7	6
7	6	4	2	1	1
6	3	7	9	9	0

Wenn Sie es richtig gemacht haben, sind in jeder Spalte 5 Ziffern durchgestrichen.

3	38 – 1 = ?	Nächste Seite weiter unter A
6	15 + 13 = ?	Nächste Seite weiter unter B
14	18 + 36 = ?	Nächste Seite weiter unter C
17	31 + 48 = ?	Nächste Seite weiter unter D
9	20 – 7 = ?	Nächste Seite weiter unter E
13	60 – 17 = ?	Nächste Seite weiter unter F
20	6 + 27 = ?	Nächste Seite weiter unter G
1	8 + 7 = ?	Nächste Seite weiter unter H
8	18 + 6 = ?	Nächste Seite weiter unter I
15	49 + 36 = ?	Nächste Seite weiter unter J
4	37 + 13 = ?	Nächste Seite weiter unter K
18	71 – 18 = ?	Nächste Seite weiter unter L
23	22 – 9 = ?	Nächste Seite weiter unter M
5	30 – 14 = ?	Nächste Seite weiter unter N
19	70 – 26 = ?	Nächste Seite weiter unter O
21	50 – 12 = ?	Nächste Seite weiter unter P
2	16 – 4 = ?	Nächste Seite weiter unter Q
22	0 + 23 = ?	Nächste Seite weiter unter R
24	99 – 15 = ?	Nächste Seite weiter unter S
12	8 + 19 = ?	Nächste Seite weiter unter T
16	90 – 28 = ?	Nächste Seite weiter unter U
11	34 – 16 = ?	Nächste Seite weiter unter V
10	103 – 4 = ?	Nächste Seite weiter unter W
7	19 + 19 = ?	Nächste Seite weiter unter X

B	15 + 13 = 28	Nächste Seite weiter
F	60 – 17 = 43	3 Seiten weiter
V	34 – 16 = 18	3 Seiten weiter
K	37 + 13 = 50	Nächste Seite weiter
Q	16 – 4 = 12	Unter dieser Zahl auf der nächsten Seite eingeprägte Buchstaben durchstreichen
P	50 – 12 = 38	4 Seiten weiter
J	49 + 36 = 85	3 Seiten weiter
I	18 + 6 = 24	Übernächste Seite weiter
U	90 – 28 = 62	3 Seiten weiter
T	8 + 19 = 27	Übernächste Seite weiter
A	38 – 1 = 37	Nächste Seite weiter
L	71 – 18 = 53	4 Seiten weiter
W	103 – 4 = 99	Übernächste Seite weiter
M	22 – 9 = 13	4 Seiten weiter
N	30 – 14 = 16	Nächste Seite weiter
D	31 + 48 = 79	3 Seiten weiter
O	70 – 26 = 44	4 Seiten weiter
X	19 + 19 = 38	Übernächste Seite weiter
S	99 – 15 = 84	4 Seiten weiter
H	8 + 7 = 15	Wissen Sie noch, welche Buchstaben Sie sich anfänglich eingeprägt hatten ? Streichen Sie diese unter der dick gedruckten 15 auf der nächsten Seite durch.
G	6 + 27 = 33	3 Seiten weiter
R	0 + 23 = 23	4 Seiten weiter
E	20 – 7 = 13	Übernächste Seite weiter
C	18 + 36 = 54	Übernächste Seite weiter

12	15	37	16	28	50
Z	J	B	A	X	A
E	B	F	E	C	R
H	H	A	F	F	N
L	I	E	I	K	B
D	P	H	W	V	O
J	L	W	U	D	X
N	U	G	M	L	O
Z	M	B	N	B	G
M	K	C	G	I	L
O	O	M	U	M	M
G	B	C	X	O	D
E	L	G	G	P	A
P	M	A	A	I	R
K	A	E	G	Q	X
Q	X	F	H	L	Q
L	G	O	C	V	S
B	P	W	L	E	D
C	R	P	X	R	U
R	K	Z	B	V	X
I	J	D	M	N	T
S	A	E	W	A	F
L	P	G	J	J	D
A		W	K	H	A
F		U	D	G	V

Wußten Sie es noch? P und B waren die Buchstaben zum Einprägen. 2mal war B und 3mal P durchzustreichen. Prüfen Sie es.

Wenn Sie es richtig gemacht haben, sind in jeder Spalte 5 Buchstaben durchgestrichen.

13	38	27	24	99	54
D	T	U	C	Z	B
E	B	C	E	B	F
J	B	T	M	P	L
G	D	G	H	A	H
H	I	N	D	Z	X
I	F	E	I	W	V
F	E	H	K	C	B
N	J	M	F	E	Z
O	L	O	L	G	W
E	A	B	B	H	L
C	M	F	M	P	G
P	D	G	N	I	M
B	N	B	P	A	E
K	U	X	J	J	Y
L	X	R	M	F	E
O	D	S	R	H	D
M	I	T	O	Z	O
K	H	U	A	K	P
Q	G	H	K	H	C
O	K	D	G	L	L
H	C	N	H	H	Q
A	T	N	F	D	G

Wenn Sie es richtig gemacht haben, sind in jeder Spalte 5 Buchstaben durchgestrichen.

33	43	18	85	62	79
C	X	P	E	M	B
P	Z	K	F	V	C
E	V	E	D	N	J
P	T	G	H	R	F
H	G	P	Y	W	D
X	U	H	B	B	K
J	A	J	A	S	M
O	M	B	Z	C	I
K	C	K	K	M	B
B	X	L	N	B	M
F	N	L	E	A	E
T	W	I	K	X	O
A	P	C	B	E	K
Z	C	M	G	H	N
S	Q	A	X	D	J
K	B	N	H	G	L
Z	O	B	V	D	P
P	G	O	P	T	B
G	S	F	A	F	H
I	Y	T	U	D	G
O	R	D	H	V	J
D	C	K	C	U	A

Wenn Sie es richtig gemacht haben, sind in jeder Spalte 5 Buchstaben durchgestrichen.

53	84	13	38	44	23
E	X	E	T	Y	R
F	W	F	A	M	C
I	U	K	E	A	H
N	A	I	H	U	B
C	E	C	K	V	M
R	F	L	L	B	G
S	D	R	C	Z	N
Q	G	U	P	F	O
U	H	I	U	G	L
F	E	T	X	X	G
C	X	B	N	F	K
Q	C	G	B	M	E
A	K	A	I	B	F
Q	O	W	T	Y	J
T	B	B	J	A	G
H	I	V	F	S	P
U	J	H	O	H	B
D	F	J	M	A	Q
G	B	I	C	L	R
N	U	S	G	W	M
V	W	D	C	Z	I
B	X	E	B	R	D

Wenn Sie es richtig gemacht haben, sind in jeder Spalte 5 Buchstaben durchgestrichen.

C	31 + 6 = ?	Nächste Seite weiter unter A
F	18 + 10 = ?	Nächste Seite weiter unter B
N	32 + 22 = ?	Nächste Seite weiter unter C
Q	53 + 26 = ?	Nächste Seite weiter unter D
I	31 – 18 = ?	Nächste Seite weiter unter E
M	60 – 17 = ?	Nächste Seite weiter unter F
T	17 + 16 = ?	Nächste Seite weiter unter G
A	9 + 6 = ?	Nächste Seite weiter unter H
H	18 + 6 = ?	Nächste Seite weiter unter I
O	69 + 16 = ?	Nächste Seite weiter unter J
D	48 + 2 = ?	Nächste Seite weiter unter K
R	62 – 9 = ?	Nächste Seite weiter unter L
W	34 – 15 = ?	Nächste Seite weiter unter M
E	26 – 10 = ?	Nächste Seite weiter unter N
S	50 – 6 = ?	Nächste Seite weiter unter O
U	60 – 22 = ?	Nächste Seite weiter unter P
B	8 + 4 = ?	Nächste Seite weiter unter Q
V	20 + 3 = ?	Nächste Seite weiter unter R
X	99 – 15 = ?	Nächste Seite weiter unter S
L	8 + 19 = ?	Nächste Seite weiter unter T
P	90 – 28 = ?	Nächste Seite weiter unter U
K	34 – 16 = ?	Nächste Seite weiter unter V
J	202 – 103 = ?	Nächste Seite weiter unter W
G	28 + 10 = ?	Nächste Seite weiter unter X

B	18 + 10 = 28	Nächste Seite weiter
F	60 – 17 = 43	3 Seiten weiter
V	34 – 16 = 18	3 Seiten weiter
K	48 + 2 = 50	Nächste Seite weiter
Q	8 + 4 = 12	Unter dieser Zahl auf der nächsten Seite eingeprägte Ziffern durchstreichen
P	60 – 22 = 38	4 Seiten weiter
J	69 + 16 = 85	3 Seiten weiter
I	18 + 6 = 24	Übernächste Seite weiter
U	90 – 28 + 62	3 Seiten weiter
T	8 + 19 = 27	Übernächste Seite weiter
A	31 + 6 = 37	Nächste Seite weiter
L	62 – 9 = 53	4 Seiten weiter
W	202 – 103 = 99	Übernächste Seite weiter
M	34 – 15 = 19	4 Seiten weiter
N	26 – 10 = 16	Nächste Seite weiter
D	53 + 26 = 79	3 Seiten weiter
O	50 – 6 = 44	4 Seiten weiter
X	28 + 10 = 38	Übernächste Seite weiter
S	99 – 15 = 84	4 Seiten weiter
H	9 + 6 = 15	Wissen Sie noch, welche Ziffern Sie sich anfänglich eingeprägt hatten? Streichen Sie diese unter der dick gedruckten 15 auf der nächsten Seite durch.
G	17 + 16 = 33	3 Seiten weiter
R	20 + 3 = 23	4 Seiten weiter
E	31 – 18 = 13	übernächste Seite weiter
C	32 + 22 = 54	Übernächste Seite weiter

12	15	37	16	28	50
4	5	0	9	8	3
3	2	8	6	3	2
1	5	7	8	7	6
3	1	9	0	5	3
5	7	4	8	5	1
3	6	7	5	2	0
3	3	6	1	4	2
6	4	4	5	6	6
4	8	3	1	7	1
2	1	3	3	3	2
2	6	8	8	6	3
6	1	4	2	4	9
1	0	2	2	0	5
5	1	7	2	3	4
2	4	3	4	7	3
0	1	6	2	1	4
2	3	4	9	4	1
5	5	5	7	7	7
3	1	4	8	8	6
2	2	1	7	3	1
8	1	7	4	5	3
1	6	6	1	8	4
1	Wußten Sie es noch? 2, 3 und 7 waren die Ziffern zum Einprägen. 2mal war die 2, 2mal die 3 und 1mal die 7 durchzustreichen. Prüfen Sie es.	8	7	3	1
2		4	6	1	8

Wenn Sie es richtig gemacht haben, sind in jeder Spalte 5 Ziffern durchgestrichen.

13	38	27	24	99	54
6	4	5	1	2	3
9	9	7	6	6	7
8	4	8	1	5	6
10	5	3	3	6	4
8	0	9	4	7	6
7	7	10	8	9	6
12	4	4	2	3	0
5	8	8	0	6	3
10	5	0	6	7	4
5	8	8	7	3	3
8	5	5	1	4	6
9	9	6	6	0	8
9	7	8	5	5	3
5	2	9	1	7	6
6	4	4	5	2	5
7	3	2	6	6	6
2	9	4	6	5	4
3	1	3	1	6	7
1	0	5	8	5	8
9	6	8	6	5	5
0	8	7	4	3	8
3	7	6	1	2	3

Wenn Sie es richtig gemacht haben, sind in jeder Spalte 5 Ziffern durchgestrichen.

33	43	18	85	62	79
8	5	10	7	9	5
7	1	7	4	7	6
3	5	5	3	0	0
5	6	6	4	3	5
8	3	10	3	9	14
5	2	5	5	10	9
7	0	5	7	8	2
2	3	10	6	7	7
8	2	5	5	8	2
6	3	8	3	6	9
3	8	7	4	1	1
1	5	0	3	4	9
7	3	8	6	9	6
4	5	5	4	5	5
6	6	6	9	18	2
9	2	0	6	12	2
3	3	9	3	9	4
1	6	7	8	8	8
2	7	9	7	5	5
0	5	3	6	2	3
7	3	8	5	6	8
3	4	7	2	11	7

Wenn Sie es richtig gemacht haben, sind in jeder Spalte 5 Ziffern durchgestrichen.

53	84	19	38	44	23
2	4	5	7	2	2
5	2	8	0	5	3
4	0	9	1	6	5
6	6	10	5	0	10
0	1	8	8	3	8
2	3	2	7	7	4
5	4	5	9	4	7
9	8	6	6	1	5
2	0	4	4	3	2
4	2	6	3	9	9
6	2	0	6	8	8
1	4	7	2	6	0
4	3	8	5	3	9
3	18	6	0	1	2
8	5	7	1	4	6
6	9	1	8	6	3
3	7	8	9	8	4
4	1	6	5	2	5
1	8	0	4	9	9
6	2	9	14	19	6
7	6	4	8	1	1
6	3	9	0	0	0

Wenn Sie es richtig gemacht haben, sind in jeder Spalte 5 Ziffern durchgestrichen.

3	23 + 14 = ?	Nächste Seite weiter unter A
6	3 + 25 = ?	Nächste Seite weiter unter B
14	18 + 36 = ?	Nächste Seite weiter unter C
17	71 + 8 = ?	Nächste Seite weiter unter D
9	31 – 18 = ?	Nächste Seite weiter unter E
13	50 – 7 = ?	Nächste Seite weiter unter F
20	26 + 7 = ?	Nächste Seite weiter unter G
1	27 – 12 = ?	Nächste Seite weiter unter H
8	8 + 16 = ?	Nächste Seite weiter unter I
15	69 + 16 = ?	Nächste Seite weiter unter J
4	37 + 13 = ?	Nächste Seite weiter unter K
18	81 – 28 = ?	Nächste Seite weiter unter L
23	62 – 43 = ?	Nächste Seite weiter unter M
5	30 – 14 = ?	Nächste Seite weiter unter N
19	60 – 16 = ?	Nächste Seite weiter unter O
21	50 – 12 = ?	Nächste Seite weiter unter P
2	18 – 6 = ?	Nächste Seite weiter unter Q
22	20 + 3 = ?	Nächste Seite weiter unter R
24	79 + 5 = ?	Nächste Seite weiter unter S
12	18 + 9 = ?	Nächste Seite weiter unter T
16	60 + 2 = ?	Nächste Seite weiter unter U
11	34 – 16 = ?	Nächste Seite weiter unter V
10	162 – 63 = ?	Nächste Seite weiter unter W
7	9 + 29 = ?	Nächste Seite weiter unter X

B	3 + 25 = 28	Nächste Seite weiter
F	50 – 7 = 43	3 Seiten weiter
V	34 – 16 = 18	3 Seiten weiter
K	37 + 13 = 50	Nächste Seite weiter
Q	18 – 6 = 12	Unter dieser Zahl auf der nächsten Seite eingeprägte Ziffern durchstreichen
P	50 – 12 = 38	4 Seiten weiter
J	69 + 16 = 85	3 Seiten weiter
I	8 + 16 = 24	Übernächste Seite weiter
U	60 + 2 = 62	3 Seiten weiter
T	18 + 9 = 27	Übernächste Seite weiter
A	23 + 14 = 37	Nächste Seite weiter
L	81 – 28 = 53	4 Seiten weiter
W	162 – 63 = 99	Übernächste Seite weiter
M	62 – 43 = 19	4 Seiten weiter
N	30 – 14 = 16	Nächste Seite weiter
D	71 + 8 = 79	3 Seiten weiter
O	60 – 16 = 44	4 Seiten weiter
X	9 + 29 = 38	Übernächste Seite weiter
S	79 + 5 = 84	4 Seiten weiter
H	27 – 12 = 15	Wissen Sie noch, welche Ziffern Sie sich anfänglich eingeprägt hatten? Streichen Sie diese unter der dick gedruckten 15 auf der nächsten Seite durch.
G	26 + 7 = 33	3 Seiten weiter
R	20 + 3 = 23	4 Seiten weiter
E	31 – 18 = 13	Übernächste Seite weiter
C	18 + 36 = 54	Übernächste Seite weiter

12	15	37	16	28	50
Z	H	C	F	B	E
V	B	G	W	F	P
D	G	B	J	E	C
E	E	I	O	V	I
M	K	K	C	X	G
O	I	X	N	G	L
J	O	O	I	J	M
F	H	E	D	P	D
N	C	N	Q	W	Q
Q	L	S	I	F	K
T	V	B	R	O	W
R	A	M	H	E	T
G	R	A	E	N	A
X	B	V	K	C	G
S	A	Q	P	L	R
H	N	Z	G	K	L
D	J	R	Y	Z	P
Y	N	T	N	K	J
K	M	L	Z	A	S
I	R	F	W	N	C
L	F	X	L	H	O
P	D	H	C	C	N
W		D	V	I	A
J		J	M	Y	F

Wußten Sie es noch? E, R und H waren die Buchstaben zum Einprägen. 2mal war H, 2mal R und 1mal E durchzustreichen. Prüfen Sie es.

Wenn Sie es richtig gemacht haben, sind in jeder Spalte 5 Buchstaben durchgestrichen.

13	38	27	24	99	54
D	L	F	C	F	Y
F	V	I	F	J	O
G	Y	L	Q	T	Q
B	A	V	G	G	T
K	U	D	F	K	X
J	B	H	A	D	U
M	G	G	F	N	Y
A	R	R	J	P	N
L	X	M	R	B	P
S	M	S	U	O	X
O	P	B	S	E	R
R	Q	O	E	Q	J
I	T	K	T	K	W
K	A	F	A	R	Z
N	B	J	I	T	S
B	O	C	M	I	C
P	L	K	K	C	O
C	S	P	Q	L	V
F	T	Q	R	M	T
H	Z	R	B	E	D
E	C	N	H	R	J
S	N	E	D	H	Z

Wenn Sie es richtig gemacht haben, sind in jeder Spalte 5 Buchstaben durchgestrichen.

33	43	18	85	62	79
R	M	N	G	D	B
Z	G	B	J	E	E
J	H	D	O	H	Y
E	B	F	H	A	H
I	K	S	R	I	M
F	C	G	U	C	F
A	L	L	Z	L	I
K	P	J	X	N	C
H	I	X	K	W	N
B	O	K	G	R	A
L	D	J	T	F	P
G	S	O	M	A	G
N	E	E	I	Q	Y
D	M	I	A	H	J
O	N	M	N	V	L
J	J	S	M	D	I
P	Q	A	E	G	Q
C	F	E	L	Z	K
K	T	H	B	L	C
E	G	G	S	K	O
J	R	N	K	J	R
M	C	C	F	B	D

Wenn Sie es richtig gemacht haben, sind in jeder Spalte 5 Buchstaben durchgestrichen.

53	84	19	38	44	23
I	V	N	I	B	K
G	D	H	W	Z	M
A	I	C	Y	H	B
M	E	A	B	G	I
Z	H	O	V	M	C
C	C	I	H	K	S
J	N	U	R	F	E
H	J	M	Q	P	U
N	V	T	A	E	G
E	O	D	P	Q	A
O	C	J	M	L	T
B	G	B	Q	I	H
P	P	E	C	A	D
D	V	R	F	R	T
L	K	M	H	B	E
K	R	P	A	R	J
I	L	K	E	F	D
Q	W	G	B	N	V
Y	F	F	N	H	R
Z	M	L	I	S	L
N	Q	A	D	J	F
F	E	Q	C	O	B

Wenn Sie es richtig gemacht haben, sind in jeder Spalte 5 Buchstaben durchgestrichen.

C	12 + 25 = ?	Nächste Seite weiter unter A
F	3 + 25 = ?	Nächste Seite weiter unter B
N	28 + 26 = ?	Nächste Seite weiter unter C
Q	61 + 18 = ?	Nächste Seite weiter unter D
I	41 – 28 = ?	Nächste Seite weiter unter E
M	60 – 17 = ?	Nächste Seite weiter unter F
T	26 + 7 = ?	Nächste Seite weiter unter G
A	8 + 7 = ?	Nächste Seite weiter unter H
H	18 + 6 = ?	Nächste Seite weiter unter I
O	69 + 16 = ?	Nächste Seite weiter unter J
D	27 + 23 = ?	Nächste Seite weiter unter K
R	81 – 28 = ?	Nächste Seite weiter unter L
W	22 – 3 = ?	Nächste Seite weiter unter M
E	30 – 14 = ?	Nächste Seite weiter unter N
S	70 – 26 = ?	Nächste Seite weiter unter O
U	50 – 12 = ?	Nächste Seite weiter unter P
B	16 – 4 = ?	Nächste Seite weiter unter Q
V	20 + 3 = ?	Nächste Seite weiter unter R
X	89 – 5 = ?	Nächste Seite weiter unter S
L	8 + 19 = ?	Nächste Seite weiter unter T
P	90 – 28 = ?	Nächste Seite weiter unter U
K	34 – 16 = ?	Nächste Seite weiter unter V
J	102 – 3 = ?	Nächste Seite weiter unter W
G	9 + 29 = ?	Nächste Seite weiter unter X

B	3 + 25 = 28	Nächste Seite weiter
F	60 – 17 = 43	3 Seiten weiter
V	34 – 16 = 18	3 Seiten weiter
K	27 + 23 = 50	Nächste Seite weiter
Q	16 – 4 = 12	Unter dieser Zahl auf der nächsten Seite eingeprägte Ziffern durchstreichen
P	50 – 12 = 38	4 Seiten weiter
J	69 + 16 = 85	3 Seiten weiter
I	18 + 6 = 24	Übernächste Seite weiter
U	90 – 28 = 62	3 Seiten weiter
T	8 + 19 = 27	Übernächste Seite weiter
A	12 + 25 = 37	Nächste Seite weiter
L	81 – 28 = 53	4 Seiten weiter
W	102 – 3 = 99	Übernächste Seite weiter
M	22 – 3 = 19	4 Seiten weiter
N	30 – 14 = 16	Nächste Seite weiter
D	61 + 18 = 79	3 Seiten weiter
O	70 – 26 = 44	4 Seiten weiter
X	9 + 29 = 38	Übernächste Seite weiter
S	89 – 5 = 84	4 Seiten weiter
H	8 + 7 = 15	Wissen Sie noch, welche Ziffern Sie sich anfänglich eingeprägt hatten? Streichen Sie diese unter der dick gedruckten 15 auf der nächsten Seite durch.
G	26 + 7 = 33	3 Seiten weiter
R	20 + 3 = 23	4 Seiten weiter
E	41 – 28 = 13	Übernächste Seite weiter
C	28 + 26 = 54	Übernächste Seite weiter

12	15	37	16	28	50
4	5	6	9	8	3
3	2	8	6	3	8
1	5	2	3	7	6
3	1	7	6	5	3
5	2	4	6	5	1
3	6	7	5	2	5
3	7	6	1	4	8
6	4	4	5	6	5
4	2	3	1	7	1
2	1	3	2	3	2
2	6	8	2	6	3
6	1	4	2	4	5
1	2	3	3	1	5
5	1	7	2	3	4
2	4	3	4	7	3
6	1	6	2	1	4
2	7	4	9	4	1
5	5	5	4	7	7
3	1	4	6	9	5
2	2	6	7	7	1
8	1	7	4	5	3
1	6	6	1	6	4
1	**Wußten Sie es noch? 5 und 7 waren die Ziffern zum Einprägen. 2mal war die 7 und 3mal die 5 durchzustreichen. Prüfen Sie es.**	8	4	3	1
2		4	5	1	2

Wenn Sie es richtig gemacht haben, sind in jeder Spalte 5 Ziffern durchgestrichen.

13	38	27	24	99	54
6	4	5	1	2	3
9	9	7	6	8	7
8	8	8	7	5	6
0	5	3	3	6	4
6	9	9	4	7	6
7	7	0	3	7	6
12	4	7	2	3	7
5	8	9	4	6	8
0	5	0	6	7	4
5	8	8	7	3	0
8	5	5	1	4	6
3	9	6	6	5	8
9	7	9	5	5	3
5	2	9	1	7	6
6	4	4	5	2	5
7	3	2	6	6	6
2	9	4	7	5	4
3	1	3	1	8	7
1	0	5	3	5	8
9	6	8	6	5	5
10	8	7	4	3	8
3	1	9	1	2	3

Wenn Sie es richtig gemacht haben, sind in jeder Spalte 5 Ziffern durchgestrichen.

33	43	18	85	62	79
8	5	10	7	9	5
7	1	2	4	7	6
3	5	5	3	0	7
5	6	6	4	3	5
6	3	10	3	9	4
5	2	4	5	1	7
7	1	5	7	8	2
2	9	10	6	7	7
8	2	5	5	0	2
6	3	8	3	6	4
3	4	7	4	1	1
1	5	0	3	4	7
7	3	8	0	9	6
4	5	2	7	5	5
6	6	6	2	8	2
9	2	0	6	12	2
3	3	9	3	9	4
1	6	7	8	0	7
2	1	4	7	5	5
0	5	3	6	2	5
7	9	8	5	8	8
3	4	2	2	11	7

Wenn Sie es richtig gemacht haben, sind in jeder Spalte 5 Ziffern durchgestrichen.

53	84	19	38	44	23
2	4	5	7	3	2
5	2	8	0	5	7
4	0	9	1	6	5
6	6	0	5	0	10
0	1	3	8	8	3
2	3	2	7	7	4
5	4	5	9	4	7
9	8	6	6	1	5
2	10	4	4	3	2
7	4	3	3	9	7
6	2	0	6	0	8
1	4	7	2	7	3
4	3	8	5	3	9
3	8	6	0	1	2
8	5	7	1	4	6
6	9	1	8	6	3
3	7	8	9	8	4
4	1	6	5	2	5
1	8	0	4	9	9
5	2	9	4	7	6
7	6	4	2	1	1
6	10	7	9	9	0

Wenn Sie es richtig gemacht haben, sind in jeder Spalte 5 Ziffern durchgestrichen.

C	29 + 8 = ?	Nächste Seite weiter unter A
F	17 + 11 = ?	Nächste Seite weiter unter B
N	36 + 18 = ?	Nächste Seite weiter unter C
Q	48 + 31 = ?	Nächste Seite weiter unter D
I	41 – 28 = ?	Nächste Seite weiter unter E
M	54 – 11 = ?	Nächste Seite weiter unter F
T	12 + 21 = ?	Nächste Seite weiter unter G
A	32 – 17 = ?	Nächste Seite weiter unter H
H	9 + 15 = ?	Nächste Seite weiter unter I
O	42 + 43 = ?	Nächste Seite weiter unter J
D	33 + 17 = ?	Nächste Seite weiter unter K
R	64 – 11 = ?	Nächste Seite weiter unter L
W	42 – 23 = ?	Nächste Seite weiter unter M
E	31 – 15 = ?	Nächste Seite weiter unter N
S	62 – 18 = ?	Nächste Seite weiter unter O
U	49 – 11 = ?	Nächste Seite weiter unter P
B	24 – 12 = ?	Nächste Seite weiter unter Q
V	14 + 9 = ?	Nächste Seite weiter unter R
X	100 – 16 = ?	Nächste Seite weiter unter S
L	16 + 11 = ?	Nächste Seite weiter unter T
P	79 – 17 = ?	Nächste Seite weiter unter U
K	32 – 14 = ?	Nächste Seite weiter unter V
J	52 + 47 = ?	Nächste Seite weiter unter W
G	27 + 11 = ?	Nächste Seite weiter unter X

B	17 + 11 = 28	Nächste Seite weiter
F	54 – 11 = 43	3 Seiten weiter
V	32 – 14 = 18	3 Seiten weiter
K	33 + 17 = 50	Nächste Seite weiter
Q	24 – 12 = 12	Unter dieser Zahl auf der nächsten Seite das Eingeprägte durchstreichen
P	49 – 11 = 38	4 Seiten weiter
J	42 + 43 = 85	3 Seiten weiter
I	9 + 15 = 24	Übernächste Seite weiter
U	79 – 17 = 62	3 Seiten weiter
T	16 + 11 = 27	Übernächste Seite weiter
A	29 + 8 = 37	Nächste Seite weiter
L	64 – 11 = 53	4 Seiten weiter
W	52 + 47 = 99	Übernächste Seite weiter
M	42 – 23 = 19	4 Seiten weiter
N	31 – 15 = 16	Nächste Seite weiter
D	48 + 31 = 79	3 Seiten weiter
O	62 – 18 = 44	4 Seiten weiter
X	27 + 11 = 38	Übernächste Seite weiter
S	100 – 16 = 84	4 Seiten weiter
H	32 – 17 = 15	Wissen Sie noch, welche Zahlen Sie sich anfänglich eingeprägt hatten? Streichen Sie diese unter der dick gedruckten 15 auf der nächsten Seite durch.
G	12 + 21 = 33	3 Seiten weiter
R	14 + 9 = 23	4 Seiten weiter
E	41 – 28 = 13	Übernächste Seite weiter
C	36 + 18 = 54	Übernächste Seite weiter

12	15	37	16	28	50
40	52	60	30	68	43
39	20	82	62	34	72
14	51	9	37	72	96
32	19	74	63	50	33
58	26	43	96	45	81
30	60	85	55	22	95
37	39	69	17	44	72
76	94	41	53	62	45
41	23	38	41	70	31
2	12	33	24	13	12
27	6	84	52	64	43
63	18	47	28	94	75
14	82	32	93	19	85
51	10	73	29	3	94
25	34	38	41	17	13
62	31	62	27	19	96
28	73	4	63	54	21
53	51	50	47	73	87
37	16	49	62	90	5
22	23	65	18	63	41
80	18	73	44	58	88
17	63	6	17	68	4
14		85	54	63	71
20		42	60	17	12

Wußten Sie es noch? 51, 23 und 34 waren die Zahlen zum Einprägen. 2mal war die 51, 1mal die 34 und 2mal die 23 durchzustreichen. Prüfen Sie es.

Wenn Sie es richtig gemacht haben, sind in jeder Spalte 5 Zahlen durchgestrichen.

13	38	27	24	99	54

62	40	35	71	12	30
69	19	27	62	46	79
38	44	18	14	5	67
10	95	93	43	26	42
46	98	89	48	73	63
8	79	10	23	70	66
12	47	29	92	3	78
35	38	19	40	76	31
10	52	10	66	37	40
50	18	38	45	83	9
48	5	85	10	41	16
99	79	66	62	59	81
59	75	79	53	75	3
57	52	9	11	70	62
36	34	45	5	32	35
77	30	12	67	16	63
22	92	44	36	5	45
13	10	33	14	76	79
1	0	65	23	55	81
9	6	38	60	85	50
10	88	27	24	23	87
83	79	59	13	26	35

Wenn Sie es richtig gemacht haben, sind in jeder Spalte 5 Zahlen durchgestrichen.

33	43	18	85	62	79

48	15	10	7	93	15
7	19	37	24	70	96
34	35	95	93	20	77
25	60	16	84	35	45
58	43	1	33	93	4
95	92	52	56	10	37
70	11	5	47	8	26
12	83	10	66	73	17
78	72	25	85	88	22
36	23	38	73	16	84
63	74	77	14	1	71
19	15	30	3	4	73
7	3	98	56	49	62
48	95	45	17	50	15
56	36	16	27	38	26
39	12	70	86	12	22
13	73	29	33	93	45
21	60	37	68	78	74
42	41	99	7	25	15
60	55	13	68	21	5
7	23	38	95	18	89
34	74	7	12	11	70

Wenn Sie es richtig gemacht haben, sind in jeder Spalte 5 Zahlen durchgestrichen.

53	84	19	38	44	23
12	64	5	27	32	20
5	22	8	10	45	33
74	70	91	31	7	95
36	36	0	5	50	10
90	11	8	82	13	13
22	3	27	77	7	4
45	44	5	69	24	47
9	78	6	96	12	75
12	70	84	34	93	62
4	92	6	43	79	37
86	32	0	6	28	18
13	14	7	22	72	33
64	3	8	75	43	9
18	58	6	40	21	32
85	55	7	31	4	46
26	39	91	8	56	53
13	7	8	69	88	74
74	41	6	95	22	15
41	38	0	74	9	9
85	12	9	4	17	26
7	64	4	82	12	13
76	93	27	59	29	80

Wenn Sie es richtig gemacht haben, sind in jeder Spalte 5 Zahlen durchgestrichen.

C	33 + 4 = ?	Nächste Seite weiter unter A
F	13 + 15 = ?	Nächste Seite weiter unter B
N	38 + 16 = ?	Nächste Seite weiter unter C
Q	51 + 28 = ?	Nächste Seite weiter unter D
I	21 – 8 = ?	Nächste Seite weiter unter E
M	50 – 7 = ?	Nächste Seite weiter unter F
T	16 + 17 = ?	Nächste Seite weiter unter G
A	7 + 8 = ?	Nächste Seite weiter unter H
H	8 + 16 = ?	Nächste Seite weiter unter I
O	79 + 6 = ?	Nächste Seite weiter unter J
D	47 + 3 = ?	Nächste Seite weiter unter K
R	61 – 8 = ?	Nächste Seite weiter unter L
W	32 – 13 = ?	Nächste Seite weiter unter M
E	20 – 4 = ?	Nächste Seite weiter unter N
S	60 – 16 = ?	Nächste Seite weiter unter O
U	40 – 2 = ?	Nächste Seite weiter unter P
B	6 + 6 = ?	Nächste Seite weiter unter Q
V	10 + 13 = ?	Nächste Seite weiter unter R
X	89 – 5 = ?	Nächste Seite weiter unter S
L	18 + 9 = ?	Nächste Seite weiter unter T
P	80 – 18 = ?	Nächste Seite weiter unter U
K	24 – 6 = ?	Nächste Seite weiter unter V
J	102 – 3 = ?	Nächste Seite weiter unter W
G	29 + 9 = ?	Nächste Seite weiter unter X

B	13 + 15	= 28	Nächste Seite weiter
F	50 – 7	= 43	3 Seiten weiter
V	24 – 6	= 18	3 Seiten weiter
K	47 + 3	= 50	Nächste Seite weiter
Q	6 + 6	= 12	Unter dieser Zahl auf der nächsten Seite eingeprägte Zeichen durchstreichen
P	40 – 2	= 38	4 Seiten weiter
J	79 + 6	= 85	3 Seiten weiter
I	8 + 16	= 24	Übernächste Seite weiter
U	80 – 18	= 62	3 Seiten weiter
T	18 + 9	= 27	Übernächste Seite weiter
A	33 + 4	= 37	Nächste Seite weiter
L	61 – 8	= 53	4 Seiten weiter
W	102 – 3	= 99	Übernächste Seite weiter
M	32 – 13	= 19	4 Seiten weiter
N	20 – 4	= 16	Nächste Seite weiter
D	51 + 28	= 79	3 Seiten weiter
O	60 – 16	= 44	4 Seiten weiter
X	29 + 9	= 38	Übernächste Seite weiter
S	89 – 5	= 84	4 Seiten weiter
H	7 + 8	= 15	Wissen Sie noch, welche Zeichen Sie sich anfänglich eingeprägt hatten? Streichen Sie diese unter der dick gedruckten 15 auf der nächsten Seite durch.
G	16 + 17	= 33	3 Seiten weiter
R	10 + 13	= 23	4 Seiten weiter
E	21 – 8	= 13	Übernächste Seite weiter
C	38 + 16	= 54	Übernächste Seite weiter

12	15	37	16	28	50
4	3	16	T	8	3
3	2	8	6	3	2
1	7	7	3	7	6
8	1	D	6	S	3
5	9	4	16	5	1
Z	6	17	5	12	Q
M	3	6	13	14	2
6	4	4	8	L	5
4	B	3	1	7	11
2	1	F	12	3	2
D	6	J	0	6	3
6	D	4	2	4	C
7	A	3	13	B	5
5	1	7	2	3	4
N	4	10	4	7	13
6	C	O	2	1	4
2	3	4	23	Z	1
Q	5	5	4	7	7
3	1	W	8	9	15
2	A	6	7	3	R
8	1	7	D	B	F
1	6	H	1	6	4
11		M	I	13	11
2		E	6	4	12

Wußten Sie es noch? 2, 9, 5 und A waren die Zeichen zum Einprägen. Je 1mal waren die 2, 9 und 5 und 2mal A durchzustreichen. Prüfen Sie es.

Wenn Sie es richtig gemacht haben, sind in jeder Spalte 5 Zeichen durchgestrichen.

13	38	27	24	99	54
6	4	Z	1	2	3
9	D	7	6	16	7
8	4	8	11	5	6
10	5	3	N	6	14
16	9	9	4	17	Q
7	7	10	3	7	6
12	4	7	2	3	D
5	K	19	14	6	13
10	5	18	6	V	4
X	8	8	14	3	3
8	5	5	L	4	6
M	U	6	6	15	O
T	7	A	15	5	3
G	2	9	1	W	R
6	V	4	5	12	5
7	3	2	8	6	11
2	9	C	6	F	4
3	1	3	P	6	17
1	0	5	3	K	18
9	6	8	8	15	5
10	8	V	4	3	O
13	7	9	P	2	3

Wenn Sie es richtig gemacht haben, sind in jeder Spalte 5 Zeichen durchgestrichen.

33	43	18	85	62	79
8	5	10	7	9	5
7	1	7	K	7	6
3	B	5	3	0	7
S	6	6	4	3	5
18	Z	10	H	R	4
5	2	15	5	10	B
R	1	S	E	F	2
2	C	10	6	7	7
8	12	M	15	8	12
6	3	8	3	6	4
3	4	7	4	1	10
M	X	0	10	4	P
7	3	B	6	S	16
4	5	P	17	F	5
6	0	6	Z	8	12
9	9	0	6	12	2
3	3	9	3	Y	4
11	6	7	8	8	R
2	11	1	7	5	5
0	5	3	6	2	A
A	8	5	5	Y	8
13	4	7	12	11	7

Wenn Sie es richtig gemacht haben, sind in jeder Spalte 5 Zeichen durchgestrichen.

53	84	19	38	44	23
2	4	15	7	2	2
5	2	8	0	5	3
4	0	9	11	6	A
K	6	10	15	0	10
0	1	K	8	13	N
12	3	12	G	7	4
15	4	5	9	4	7
9	8	6	6	1	5
2	10	4	4	D	D
4	2	S	3	A	7
Z	D	0	G	8	8
11	4	7	2	7	3
4	N	8	5	3	9
13	R	3	0	10	2
8	5	7	1	14	6
C	9	11	B	6	J
3	7	B	9	8	4
4	1	6	5	12	5
11	M	10	4	E	Q
5	2	9	T	7	6
7	6	4	2	1	1
L	3	F	C	U	0

Wenn Sie es richtig gemacht haben, sind in jeder Spalte 5 Zeichen durchgestrichen.

Erfolgreiches Beispiel - 14 Tage-Übung

In 62 ärztlichen Praxen wurde es mit 345 Patienten ausprobiert (1): Die Hälfte der Patienten sollte täglich nach dem Buch "Gehirn-Jogging: Geist und Gedächtnis erfolgreich trainieren" nur 5 bis 10 Minuten üben. Hierfür erhielten sie den Vorschlag, der unten wiedergegeben ist. Die übenden Patienten waren den anderen Patienten (Kontrollpersonen), wie psychologische Testungen zeigten, in kurzer Zeit geistig deutlich überlegen.
Vielleicht versuchen Sie es selbst mit diesem Übungsvorschlag. Oder Sie stellen sich Ihr eigenes Trainingsprogramm zusammen. Oder Sie besorgen sich zusätzlich ein Heft mit fertigen Übungseinheiten für 14 Tage (2). Bitte üben Sie ab morgen **täglich** mit diesem Buch "Gehirn-Jogging"

	Ich habe heute die Übung durchgeführt		Datum:
1. Übungstag:	Einführung in die Übung A, S. 79, S. 80, S. 81		....
	Einführung in die Übung B, S. 199, S. 200		....
2. Übungstag:	S. 83,	S. 201	
	Falls Sie noch Lust haben: S. 84		....
3. Übungstag:	S. 85,	S. 229	
	Falls Sie noch Lust haben: S. 86		....
4. Übungstag:	S. 87,	S. 231	
	Falls Sie noch Lust haben: S. 88		....
5. Übungstag:	S. 91,	S. 233	
	Falls Sie noch Lust haben: S. 92		....
6. Übungstag:	S. 93,	S. 239	
	Falls Sie noch Lust haben: S. 94		....
7. Übungstag:	S. 95,	S. 201	
	Falls Sie noch Lust haben: S. 96		....
8. Übungstag:	S. 99,	S. 241	
	Falls Sie noch Lust haben: S. 100		....
9. Übungstag:	S. 105,	S. 229	
	Falls Sie noch Lust haben: S. 106		....
10. Übungstag:	S. 123,	S. 243	
	Falls Sie noch Lust haben: S. 124		....
11. Übungstag:	S. 129,	S. 231	
	Falls Sie noch Lust haben: S. 130		....
12. Übungstag:	S. 131,	S. 239	
	Falls Sie noch Lust haben: S. 132		....
13. Übungstag:	S. 135,	S. 233	
	Falls Sie noch Lust haben: S. 136		....
14. Übungstag:	S. 141,	S. 241	
	Falls Sie noch Lust haben: S. 142		....

(1) FISCHER, B.; W. WEIDENHAMMER; S. LEHRL: Ergebnisse einer Multicenter-Studie zur kombinierten Therapie mit Nicergolin und mentalem Training (Gehirn-Jogging) bei Patienten mit zerebraler Insuffizienz. Geriatrie & Rehabilitation 1,1 (1988) 22-33.

(2) LEHRL, S.; B. FISCHER; G. KOCH: Gehirn-Jogging 3: Übungen für 14 Tage. Mediteg, Wehrheim.